世界平和への冒険旅行

ダグ・ハマーショルドと国連の未来

ステン・アスク＋アンナ・マルク＝ユングクヴィスト❖編
ブライアン・アークハート、セルゲイ・フルシチョフ❖他著
光橋翠❖訳

新評論

今、人類は大きな危機に直面していると言える。そして、われわれ国際連合の役割はささやかなものかもしれない。しかし、国連の活動は、この危機を少しでも回避できるように一丸となって立ち向かうための手段なのである。

われわれの任務を「平和のための闘い」というと、少しドラマチックに聞こえるかもしれない。しかし、崩壊と暴力という名の洪水をせき止めるダムを築くために（数々の制約はあるものの）きわめて重要で効果のある活動と表現すれば、かなり現実味を帯びたものとなる。

ダグ・ハマーショルドが国連職員に向けた最後のスピーチより。(*)

一九六一年九月八日、国連総会ホールにて。

（＊）本スピーチは、ハマーショルドが自らの命をも犠牲にすることになるコンゴ紛争の調停に向かう直前に行われたものである。彼は、新興独立国家コンゴに冷戦下で対立する米ソ東西両陣営が介入することを国連が食い止めなければ、アフリカ全土が代理戦争の戦場になると危惧していた。

謝辞

平和の道を探求し、国際連合を発展へと導くこと――

ダグ・ハマーショルドを真に突き動かしていた信念といえば、この一言に尽きるであろう。それはまさしく、「偉大なる人類の冒険」のワンシーンにほかならないが、ハマーショルドは卓越したリーダーシップを発揮して全世界に自らのビジョンを指し示したことで、世界中の人々もまた、この偉大な冒険のワンシーンを担っていることを実感させてくれたのである。本書が、このことを現在そして未来の世代に語り継ぐものとなることを願っている。

ハマーショルドの功績については、すでに論じ尽くされたように思えるかもしれないが、十分に議論されていない重要な論点がまだまだ存在する。そのような題材のいくつかを本書で論じたわけだが、そのなかでもとくに、ハマーショルドが遺した「政治的な遺産」ということに焦点を当てている。具体的には以下の三点が挙げられる。

●ハマーショルドが国際問題や国際紛争にどのように対処したかを振り返ることで、われわれは何を学ぶことができるだろうか？
●ハマーショルドが事務総長に就任して以来、国連にどのような変化がもたらされたのだろうか？
●今日、国連はどのような問題に直面しているのだろうか？

本書は、多くの人々の献身的な努力の結晶である。著者の方々には、このテーマに情熱と関心をもっていただいたこと、そして各自の専門知識をもって執筆していただいたことに心より感謝の意を表したい。なかでも、ブライアン・アークハート卿との対談や議論はかけがえのないものであった。彼の創造力あふれる提案や豊富な経験は、われわれに多くのインスピレーションをもたらしてくれた。また、国連事務次長であるシャシ・タルール氏は、企画の段階で本書の内容について適切な方向性を指示してくれた。とくに感謝したい。

そのほかにも、副総長のヨーラン・ベクセル（Göran Bexell）、部長のオーレ・ノルドベリ（Olle Nordberg）、ピーター・ウォレンスティーン（Peter Wallensteen）教授にも深い感謝の意を表したい。さらに、ブクフェラーエ・アトランティス（Bokförlaget Atlantis）社のピーター・ルーセルソン（Peter Luthersson）とキングストン（Kingston）社のヨハン・ナッティンギウス（Johan Cnattingius）、アンナ・サーリン・エングスネル（Anna Sahlin Engsner）、アンナ・トリベルホルン（Anna Tribel-horn）からも、多大なご協力をいただいた。ステファン・クロール（Stephan Croall）、カルミラ・フロイド（Carmilla Floyd）、マレーネ・ハシュトレム（Marlene Hagström）、エリノール・ハマーショルド（Elinor Hammarskjörd）、グスタフ・ペルシヴァル（Gustav Percivall）、スチュアート・シールド（Stuart Sheild）から、また、親愛なるわが同僚のハンス・ルンドボリ（Hans Lundborg）とサラ・モディン（Sara Modin）からもさまざまな形で本書に協力をいただいた。これに加えて、国連フォトアーカイブではマーティン・レデ（Martin Redi）とデヴィ・パラニヴェル（Devi Palanivelu）に、ストックホルム王立図書館のアーカイブではジャック・ザウィストスキー（Jack

Zawistowski）にも感謝を述べたい。

私事ではあるが、もっとも身近にわれわれを支えてくれた方々には温かい感謝の念を伝えたい。また、ダグ・ハマーショルドの私生活をより深く理解する助けとなったエピソードや写真を提供して下さったグレタ・ベスコフ・ウェルンシュテット（Greta Beskow Wernstedt）にもお礼を述べたい。

最後に、トシュテン・エルン（Tosten Örn）大使への感謝の言葉を述べておきたい。彼が原稿を忍耐強く査読してくれることがなければ、今日、本書が日の目を見ることはなかったであろう。

スウェーデン外務省　ダグ・ハマーショルド生誕一〇〇周年事務局　編集担当
ステン・アスク（Sten Ask）大使
アンナ・マルク＝ユングクヴィスト（Anna Mark-Jungkvist）デスク・オフィサー

ダグ・ハマーショルド（Dag Hammarskjöld）

1905年7月29日スウェーデン生まれ。ウプサラ大学卒業後、1933年ストックホルム大学にて博士号取得。財務次官（1936年～1945年)、スウェーデン国立銀行総裁（1941年～1948年)、外務次官（1949年～1951年）を経て、無任所大臣（1951年～1953年）として事実上の外務副大臣を務める。

1953年4月10日、第2代国連事務総長に就任。1955年に朝鮮戦争中に捕虜となったアメリカ軍兵士解放のために中国の周恩来首相と交渉し解放を実現し、1956年のスエズ危機では国連初の平和維持軍を編成するなど、世界各地の紛争の平和的解決に従事。1961年9月18日、コンゴ動乱の際に停戦調停に向かう途上、アフリカのエンドーラで飛行機事故により殉職。

1954年からノーベル文学賞を選考するスウェーデン・アカデミーの会員。没後、ノーベル平和賞を受賞。1963年、日誌『Vägmärken（道しるべ)』が出版される。

自宅の書斎で仕事をするハマーショルド
（1954年5月1日） 写真提供：UN Photo/AF

もくじ

第1部　ダグ・ハマーショルドの軌跡　9

第1章　なぜ、ダグ・ハマーショルドを国連事務総長にしたのか？

第10章 「独立した国際公務」の確立を目指して　ジェームス・O・C・ジョナー　247

第11章 ピースキーパー　ジャン・マリー・ゲーノ　269

第12章 国際的リーダーシップとカリスマ　ドロシー・V・ジョーンズ　292

凡例

1．本書は、*The Adventure of Peace. Dag Hammarskjöld and the Future of the UN, Sten Ask and Anna Mark-Jungkvist, eds., New York, Palgrave Macmillan, 2005* のうち、*Part 1: Dag Hammarskjöld*、*Part 2: What Can We Learn from Dag Hammarskjöld?*、２章から構成される *The Future* のうち *With Dag Hammarskjöld to Guide Us: A Vision of Peace and Security* の翻訳である。*Part 3: Challenges Facing the UN* については、ハマーショルドと国連に議論の起点を置いているものの、出版時（2005年）の時事問題に関わる各論が中心となるため割愛することとした。なお、*The Future* のもう一章である *Dag Hammarskjöld's Assumptions and the Future of the UN* も割愛した。

2．原文中の“　”（クォート）およびイタリック対で表記された熟語は基本的に「　」で示した。

3．著者が付した補足は（　）で示した。

4．本文中の訳注は行間にアラビア数字で示した。

5．本文中の人物については訳注とは別に巻末に索引を設けた。

6．本文中の「ソビエト連邦（ソ連)」は、1922年に成立し、1991年に解体した旧ソビエト連邦を意味する。

7．ダグ・ハマーショルドの手記『Vägmärken』の引用部分の翻訳に関しては、邦訳『道しるべ』(鵜飼信成訳、みすず書房、1967年初版、1999年新装版）を使用した。

8．国連憲章を含める国際連合に関する専門用語については、複数の専門家の意見を参考にさせていただいたうえで、主に国連広報センターのウェブサイト（http://unic.or.jp)、『国際連合の基礎知識』(国際連合広報局著、八森充訳、関西学院大学出版会、2009年)、『国際連合～奇跡と展望～』明石康、岩波新書、2006年、などを参照した。

世界平和への冒険旅行——ダグ・ハマーショルドと国連の未来

The Adventure of Peace.

Dag Hammarskjöld and the Future of the UN.

Edited by Sten Ask and Anna Mark-Jungkvist

序文

スウェーデン首相ヨーラン・パーション（在任一九九六〜二〇〇六）

冷戦によって安全保障理事会の機能が麻痺し、国際政治の舞台において独立の立場を保たなければならないはずの国連が弱体化の一途を辿っていた一九五三年、国際連合に事務総長として就任したダグ・ハマーショルドは、まさに危機に瀕した国連機構を引き継ぐことになった。しかし、ハマーショルドは、就任して一年も経たないうちにこの潮流に変化をもたらしたのである。

ハマーショルドは、「政治とは可能性の芸術である」[1]という格言を証明してみせた人物であった。とりわけ彼は、冷戦下の東西陣営の対立が生み出した行き詰まりを中小の国連加盟国からの幅広い協力を取り付けることによって打開し、「予防外交」、「静かな外交」、そして「国連平和維持活動」を発展させることに貢献した。

（1）ドイツの政治家ビスマルクの格言とされている。

また、全世界的な機構である国連をより中立的な役割に位置づけ、国連事務総長という立場の権限をより強力なものにした。ハマーショルドの功績はその後の国連のあり方に大きな影響を及ぼすことになったわけだが、その貢献は今日もなお脈々と受け継がれている。

ハマーショルドは、国連が地球全体の平和と安全を守るためのダイナミックな手段であるべきだという信念を抱き、情熱に満ちた未来志向の決意をもってその信念の実現を試み、成功へと導いた。また、彼の数々の業績によってスウェーデンは、国連を率先して支援する国としての地位を確立することができただけでなく、彼をはじめとして国連に仕えた多くのスウェーデン人が遺した遺産は、スウェーデンの政策そのものにも影響を与え続けてきた。スウェーデンにとって、国連こそが外交政策と安全保障政策の礎であり、平等と博愛の究極のシンボルなのである。

ハマーショルドの関心と功績の領域は、時に外交の枠を超えるものであった。たとえば、彼はいち早くから環境問題と社会発展のつながりの重要性について理解していたし、スウェーデンの山岳に対して強い興味を寄せるとともに、スウェーデン観光協会の活動に大いなる貢献をした。さらに、彼は作家・翻訳家でもあり、一八人の会員からなるスウェーデン・アカデミー[2]のうちの一人でもあった。

ハマーショルドは、没後の一九六一年にノーベル平和賞を受賞している。そして、二〇〇五年は彼の生誕一〇〇周年記念となるのだが、この一〇〇年間、スウェーデン政府は彼の偉業をたたえ、彼自身が国連の役割がどうあるべきだと考えていたのかを解明する数々のプロジェクトを進めてきた。本書の刊行は、その試みの一つと言える。

今日、国連は再び岐路に立たされている。現在進められているきわめて重大な改革の過程において、ハマーショルドが抱いた国連に対する建設的な思想にわれわれの行く先を照らしてもらおうではないか。そして、より強固で、より近代的で、より効果的な国連のあり方を探求するために力を合わせようではないか。

（2）一七八六年にスウェーデン国王グスタフ三世により設立された学士院で、一九〇一年よりノーベル文学賞の選考委員会も兼ねている。会員数は、設立当初から一八名で終身会員である。

はじめに

第七代国連事務総長コフィー・アナン（在任一九九七～二〇〇六）

ハマーショルドは、没後四〇年以上経った今もなお世界中の人々の興味や賞賛をひきつけてやまないが、本書はこのことを示す多くの例証を語り継ぐものである。いまだに多くの人々が、国連事務総長の任期中に発揮された個性の強さとモラル感覚を彼がどこで身に着けたのだろうかと問い続けている。そしてまた、多くの人々が、平和と発展を追求する任務にあたる彼の姿勢を特徴づけることになった「清廉潔白さ（Integrity）」と深遠な知性を生み出した根源を探しあてようと試みてきた。一九六一年、最期のときを迎えるまでハマーショルドを導いてきた忠誠心と精神性に対する思想、さらには文化と自然に対する造詣の深さについて研究を重ねてきた人もたくさんいる。

私も含めて多くの人々が、もし彼が今もなお生きていて、われわれの目の前に立ちはだかっている現実に直面したとしたら、いったい彼はどのような行動をとっただろうかと考えをめぐらせてきた。

ハマーショルドの生と死、言葉と行動は、国連事務総長、そしてまさに国連機構そのものが果たすべき役割を形づくるにおいて国連史上の誰よりも貢献したと言える。彼の英知、謙虚さ、非の打ちどころのない清廉潔白さ、任務へのひたむきな献身は、国際社会に仕える職務に就くすべての人々（言うまでもなく、彼の後継者にとってはことさら）のための規範をつくり出した。しかし、われわれがその規範に到達することはとうてい不可能であろう。

私自身の経験から、国連事務総長にとって、新たな課題や危機的な状況に直面したときに「ハマーショルドだったらどう対処しただろうか？」と問い掛けることほど有意義な方策はない。もし、すべての国連事務総長が同じように感じるのであれば、ハマーショルドが国連を率いたときに成人を迎え、彼が没した翌年に国連での職務をスタートした私がどれほどこのことを強く感じたかが想像できるであろう。

ハマーショルドの思想の中核をなすものが、今日の国際社会にも深く関係しているということは明らかである。われわれの挑戦は、この新しい環境に当てはめて考えたときに、それをいかに応用するかということである。彼は、国連は単なる「静的な会議体」ではなく、むしろ「加盟国が集団的に執行権に基づく行動をとるためのダイナミックな手段」であるべきだという信念をもっていた。この思想は、彼の国連事務総長としての言動に一貫して影響を与えることになった。

もし、ハマーショルドが今日再び国連に戻ってくることがあれば、適応しなければならない困難な変化がある。それは、今日の世界がとてつもなく複雑化しているという事実である。しかし、彼はきっとこのチャレンジに喜々として立ち向かうにちがいない。そして彼は、国連のもっとも重要な任務が「強者から弱者を守ることである」という根本的な信念を決して見失わないだろう。

長期的な視野に立つと、国連の持続力と実行力は、変わりゆく現実に適応しながら任務を遂行する能力をもっているかどうかにかかっていると言える。そして私は、このことこそが新しい世紀において国連が直面している最大の試練だと感じている。これは、もしハマーショルドが生きていたら、われわれが乗り越えられるように全力を尽くしてくれたであろう試練でもある。本書は、著名な思想家や実務家の方々の見識を盛り込んだものであるため、このミッションを達成するうえにおいて貴重な示唆を与えてくれるだろう。

第1部

ダグ・ハマーショルドの軌跡

第1章 なぜ、ダグ・ハマーショルドを国連事務総長にしたのか？

ブライアン・アークハート卿

一九五二年一一月一〇日の午後のことであった。国連総会に集まった各国の代表は、予定されていたベルギー外相からのスピーチを待っていた。ところが、驚くべきことに、その代わりに初代事務総長のトリグブ・リーから辞任表明を聞くことになった。リーは、「自らが事務総長をこれ以上続けるよりも、大国と加盟国が満場一致で選んだ国連事務総長のほうがより機能するであろう」と総会の席で告げたのである。

彼は、常任理事国である五か国[1]の外相が出席する場であれば、後継者の選定については速やかに合意ができるであろうと望みをかけたのである。

史上最悪の状態にあった国連

振り返ってみると、この辞任劇とそれに付随する一連の出来事は、国連の発展において歴史的な転換期となったと言える。一九五二年、設立七年目を迎えた国連は、かつてないほど危機的な状況にさらされていた。サンフランシスコ会議[2]で高まった期待感は、いつしか悲観主義、国際的な緊張、摩擦、そして国連への幻滅といったものに転じてしまっていた。

冷戦は、国連安全保障理事会に基礎を置く集団的安全保障システムの構想を麻痺させていたし、国際社会では、「神聖なる国際平和の守護国」であるはずの常任理事国同士の敵対心が蔓延していた。[3]そして、北大西洋条約機構（NATO）[4]やワルシャワ条約機構[5]などの新たな地域防衛協定が、少なくとも一般の人々の目には、国連の安全保障理事会に取って代わって国内的にも国際的にも安全保障を確保する頼みの綱と映るようになっていた。敗北感と幻滅感が、かつての勝者であった国連の地位を一気に押し下げてしまったのだ。さらには、二年以上を経過していた朝鮮戦争[6]も、休戦の見込みがほとんどないまま激しさを増していた。

(1)　アメリカ、イギリス、中国（当時は中華民国）、フランス、ロシア（当時はソ連）の五か国

(2)　五〇か国の政府代表が国連憲章起草のために会した、いわゆる「サンフランシスコ会議」（一九四五年四月二五日～六月二六日）。

(3)　国連安全保障理事会では、常任理事五か国のみに拒否権が与えられており、常任理事国のうち一か国でも反対すれば決議は否決される。冷戦期には、アメリカとソ連がたびたび拒否権を行使したために決議が滞ることがあった。

(4)　一九四九年にアメリカが中心となって発足した軍事同盟で、西ヨーロッパ諸国を中心加盟国としている。冷戦下のヨーロッパでソ連を封じ込めるために結成された。

(5)　一九五五年、NATOの成立を受けて、西側に対抗する軍事組織としてソ連が中心となって発足した軍事同盟で、ソ連の衛星国となった東ヨーロッパ諸国を中心加盟国とする。

(6)　朝鮮半島において大韓民国（韓国）と朝鮮民主主義人民共和国（朝鮮）が成立した二年後の一九五〇年に朝鮮半島の覇権をめぐって北朝鮮が南北境界の三八度線を越えたことにより勃発。北朝鮮が中国やソ連の援助を受ける一方で、韓国を支援するためにアメリカを中心とする国連軍が結成される。朝鮮半島全土が戦場となり膨大な被害をもたらした。一九五三年に休戦協定が成立し、現在に至る。

その間、リー自身もみじめな二年間を過ごしていた。北朝鮮による韓国への攻撃に対して安全保障理事会がとった措置を彼が公式に支持するや否や、ソ連はリーの国連事務総長として二期目の続投に対して拒否権を発動したのである。ところがその後、大多数の国々がリーの交代を拒んだため彼は「職務を継続」することになったのだが、これを受けてソ連は彼との連絡を一切絶って、すべてのコミュニケーションを「国連事務局」とのみ行うようになった。

さらに、冷戦の舞台裏では、アメリカのジョセフ・マッカーシー上院議員の旗印のもとで共産主義者を告発する「赤狩り」が進められていたが、国連事務局もまた、アメリカ人職員の間に共産主義者が潜んでいないかを探し出す絶好の狩り場となっていた。

この事態をなんとか収拾しようとリーは試みたわけだが、その努力はかえってアメリカ国内での批判を招くこととなり、新たな悩みの種を生み出すことになった。そして、事務局職員の怒りが頂点に達したことから、リー自らの管轄である事務局内部との信頼関係を崩壊させることとなり、急速に組織内の士気が低下してしまっていた。

第二代国連事務総長はどのようにして選ばれたのか

後継者は迅速に任命されるであろうというリーの期待は、すぐに打ち砕かれることとなった。事務総長は安全保障理事会が挙げた候補者のなかから総会が任命するという手順になっているのだが、安全保障理事会の動きは緩慢で、新しい事務総長を選考するための事前の機密会合が開かれたのは、リーが辞意を表明してから四か月も経った一九五三年三月であった。

最初に候補者として理事会に提案されたのは、アメリカが推薦するフィリピン人のカルロス・P・ロムロ、ソ連が推薦するポーランド人のスタニスラフ・クレゼウスキー（Stanislaw Kreszewski）、そしてカナダ人のレスター・ピアソンの三名であった。なかでも、国際的にも非常に高い評価を受けていたピアソンはデンマークから提案された人物で、イギリスとフランスからも支持を得ていた。

ピアソンの朝鮮戦争に対する見解が理由であまり気乗りがしていなかったアメリカは、ロムロが拒否された場合の二番目の候補としてピアソンを確保しておきたいという思惑をもっていた（ピアソンは、一九四六年にソ連によって、すでに事務総長の候補としては除外されていた）。案の定、ロムロとピアソンには拒否権が発動され、ソ連が推す候補者だけが一票を得るという結果となった。最初の会議は、このように行き詰まったまま幕を閉じている。

それからは、無数とも言えるほどの新たな候補者の名前が浮上した。インドのヴィジャヤ・ラクシュミー・パンディット（ネール首相の妹）、タイのワン・ワタヤーコン王子、コロンビアのエデュアルド・ズレタ・エンジェル、パキスタンのアフマド・ブクハリ、レバノンのチャールズ・マリク、ワシントン駐在のスウェーデン大使エリク・ボーヘマンなどである。もはや、安全保障理事国にとっては政治的に受け入れられるかどうかということのみが選考基準となり、これらの候補者が国連事務総長という想像を絶する過酷な職務を遂行するための適正や資質を備えているのかという議論はまったくなされなかった。

このような閉塞感が続く状況を見たリーが、事務総長の座に留まる意志があることを表明すると、アメリカはすぐさま支持を表明した。ところが、イギリスとフランスは新たな提案をもち出してきた。それはフランス大使アンリ・オプノが提案したもので、アメリカが受け入れることのできる四人の名前をソ連大使のワレリアン・ゾリンに提出し、そのなかからソ連が同意できる名前があればそれを通知してもらうというものであった。

そこで、国連の創立準備委員会の事務局長であったため国連事務総長として望ましい資質を十分に理解していたイギリス大使のグラッドウィン・ジェブは、オプノの合意を得てダグ・ハマーショルドをゾリンに提出する四人のうちの一人として含めることを提案した。ちなみに、そのほかの三名は、イランのアッバス・アミル・エンテザーム（Abbas Amir Entezam）、メキシコのアマード・ネルボ、オランダのディルク・スティッカーであった。

このときジェブは、イギリス蔵相のスタッフォード・クリップス卿とともにハマーショルドとはすでに面識があった。マーシャル・プラン[7]など欧州地域で立ち上がったばかりの組織のために献身的に働くハマーショルドのことをジェブは高くかっていたのである。さらにジェブは、当時、国連総会へのスウェーデン使節団の代表を務めていたハマーショルドと一緒に仕事をする機会も得ていた。当時、国際的な人物として広く知られていたわけではないハマーショルドだが、職務をともにした人物の間では卓越した評価を得ていたのである。

非公式な議論や熟考を一週間にわたって重ねた三月三一日、ジェブは常任理事国がハマーショルドを推薦することで合意に達したことを安全保障理事会に知らせた。これを受けて、新しくソ連の代表としてニューヨークに着いたばかりのアンドレイ・ヴィシンスキーは、「現在、事務総長の任務に就いている人物の代わりにハマーショルドが指名されたことはとても喜ばしいことである」と述べた。

唯一、中国大使だけが（おそらく、スウェーデンが北京に政府を置く中華人民共和国を承認していたからであると考えられるが[8]）投票では棄権せざるを得ないというコメントを発表した。こうして、一時は解決不可能であるかと思われた難題が奇跡的な形で収束し、国連加盟国間に安堵感が広がった。

（7）第二次世界大戦で被災したヨーロッパ諸国のためにアメリカのジョージ・マーシャル国務長官が提案したヨーロッパ復興計画のことで一九四七年から開始された。戦後のヨーロッパ経済の疲弊が共産主義浸透につながることを恐れたアメリカが、ヨーロッパ復興と経済的自立を目的に実施した。西ヨーロッパ一六か国に受け入れられ、援助の受け入れ調整機構としてヨーロッパ経済協力機構（OEEC）が成立している。スウェーデンの代表としてハマーショルドはマーシャル・プラン策定のための交渉にあり、中心的な役割を果たすほか、OEECの執行委員会の副議長を務める。

（8）中国国民党率いる中華民国は一九四五年国際連合設立当初からの加盟国であり、一九四九年に中国共産党が北京政府を樹立し、中華人民共和国の建国を宣言し、事実上の中国大陸の支配権を掌握したにもかかわらず、国連における中国の代表権は一九七一年まで中華民国が保持し続け、安全保障理事会の常任理事国の座にも就いていた。一方、スウェーデンは、中華人民共和国樹立翌年の一九五〇年に中華人民共和国の北京政府をはやくも承認していた。

ハマーショルドは、この決定をどう受け止めたのか

この時点においては、誰一人としてハマーショルドがこの任務を承諾するかどうかを知る人物はいなかった。それどころか、今まさにこの任務が差し向けられようとしていることをハマーショルド自身が知っているかどうかさえ知る者はいなかった。このとき、ストックホルムではすでに真夜中を回っていたが、安全保障理事会によるこの合意内容を伝える電報が打たれた。そこには、「現在計り知れない重要性をもっている任務がゆえに、安全保障理事国一同、貴殿が承諾してくれることを切に願っている」と記されていた。

この安全保障理事会の決断に、ハマーショルドはさぞかし驚いたことであろう。事実、国連事務総長の選考が行われている噂をＡＰ通信のストックホルム特派員からの電話で初めて聞かされたとき彼は、「あなたの時計が進んでいるのであって、まだエイプリルフール（四月一日）になってはいない」と語って、真に受けることすらしなかったのだ。しかし、まもなく正式な打診が彼の手元に届くと、もはやジョークなどは言っておれないと事の重大さを真剣に考えるようになった。

ハマーショルドは、スウェーデン首相と外相に相談したうえでスウェーデン内閣から辞任の承諾を得たのち、入院している父を訪れたうえで、この申し出に対して次のように返答している。

「私という人間ではとうてい不十分であるという思いから、立候補（正式な選出には、これから行われる総会の決議が必要であった）をためらう気持ちは否めない。しかしながら、私に課せられた任務を断ることができないとも感じている」

最初は半信半疑であったもののの、すぐにハマーショルドは、自らが長年にわたって待ち望んでいたまたとない使命をついに与えられたということを確信した。のちに自らの著書である『道しるべ（Vägmärken）』[9]のなかで、このときの気持ちを次のように記している。

> 自由であること、立ち上がって、いっさいをあとにして去れること——しかも、ただの一目も振り返らずに。『よし』と言えること…。（鵜飼信成訳、みすず書房、一九六七年、九三ページ）

ハマーショルドが国連本部に向かうべくニューヨークのアイドルワイルド空港に降り立つと、リーは陰うつな態度で甚だいまいましく感じる自分の後継者を、「地球上でもっとも不可能な職務」に迎え入れた[10]。とはいえリーは、この後継者に対して批判的な態度をとり続け、取り巻き連中を歓待して、国連ビルの三八階の執務室に三週間以上にもわたって居座り続けた。リーが陰口をたたい

（9）ハマーショルドの飛行機事故での不慮の死のあとに、彼のニューヨークのアパートで発見された日誌のタイトル。ハマーショルド本人の遺志により、一九六三年にスウェーデンで出版されたのちに世界各地で翻訳出版された。鵜飼信成による日本語訳は、株式会社みすず書房から一九六七年に初版が出版されている。

（10）リーが国連事務総長の座をハマーショルドに引き継ぐ際に、「あなたは地球上でもっとも不可能な職務に就こうとしている」と言ったことが知られている。

国連事務総長就任のためにニューヨークに降り立つハマーショルド
（1953年4月9日）　写真提供：UN Photo

ハマーショルドの就任式（1953年4月10日）　写真提供：UN Photo/AK

ていることを知っていたハマーショルドにとっては大きな屈辱であったが、慎みの心と理解をもって耐え忍んだ。

当時、ニューヨークのほとんどすべての人々にとってハマーショルドは得体の知れない人物であったが、この新しい任務を彼は鳴り物入りの行事を執り行うこともなく静かにスタートさせた。四七歳には決して見えないほど若く、人格、明朗さ、創意あふれる知性が醸し出す存在感と国連の地位と実行力を押し上げようとする確固たる決意によって、ハマーショルドは大げさな触れ込みなどもなく次第に頭角を現していった。

この間の国際社会はというと、リーが辞任した前年の九月よりもはるかに明るいものとなっていった。具体的には、一月にアイゼンハワーがアメリカ大統領に就任したことで朝鮮戦争の終焉に向けての進展が見られたこと、そして三月には、ソ連のヨシフ・スターリンが死去し、東西関係が改善する兆しが見えはじめていた。事実、ハマーショルドがニューヨークに到着して一週間後、朝鮮戦争休戦のための決議が国連総会において全会一致で採択されている。

国連事務総長への就任

就任後、ハマーショルドが真っ先に取り組んだのは、国連加盟国との信頼関係を築くこと、そして弱体化している国連事務局を立て直すという二つの課題であった。とくに、事務局の立て直しについては、職員の規律と士気を取り戻すために、翌年までかけて事務局内のありとあらゆる部署一つずつに自ら足を運んでいる。そこで彼は、職員に対して、「独立的な立場を保つことが国連職員の権利であると同時に義務でもある。国連事務局が完全なる独立性を保つためには職員一人ひとりが政治的にも中立性を保つという責務を一貫して順守しなければならない」と説いて回った。そして、この原則を事務局内で徹底させるために職員の規則までも書き換えている。

さらに、「事務局の統制と規律を維持する責任と権限を与えられているのは事務総長のみである」ということを強調し、ジョセフ・マッカーシーの手先やアメリカ連邦捜査局（ＦＢＩ）が国連事務局に侵入してくるという事態に終止符を打った。それと同時にハマーショルドは、一八か月かけて国連の行政機構の変革と合理化に着手して、職員と予算の規模を縮小したが、この改革は、今日までに国連で実行された行政機構改革のなかでもっとも効果的なものであったと言える。

ハマーショルドがことさら努力したのは、国連の記者団と良好な関係を築くことであった。最初の記者会見で、彼は次のように語っている。

「私は任務に差し支えがないかぎり、隠すことなくすべてを語りたいと思っている。あなた方からの批判があれば、それが事実に基づき、あなた方を駆り立てている責任感によって主張されたものであれば、感謝の意をもってそれを受け入れ、学びたいと考えている」

決して特定の記者をひいきすることなくすべての人を公平に扱い、公開の記者会見においては、卓越した思慮分別さを彼は発揮していった。事務総長という立場から、機密情報の扱いに対しては、慎重かつ細心の注意を払わなければならないため、彼自身がニュースのねたを提供する機会は著しく制限されていたにもかかわらず、ジャーナリストたちはなお彼を慕い尊敬していたのである。彼が死去したとき、国連の特派員たちは次のような賛辞を表している。
「われわれは、（中略）報道陣が国連にとって欠くことのできない重要な一部であるとたびたび語っていた事務総長と特別な関係を築いていたと言える。ハマーショルドとこのような関係をもつことができたことに誇りを感じるとともに、彼が一人の人間であり、しかも偉大な人物であるということを知ることができたことで、彼に対して深い尊敬の念と愛着を感じるようになった」

国連事務局の新しい概念

ハマーショルドが国連に着任した当時、事務総長の立場はまだ単なる行政官という見方が主流であり、事務総長が政治的な役割を果たそうとするものならば懐疑のまなざしで見られ、時には反感さえ買うこともあった。そういう意味から、ハマーショルドが遺したもので、もっとも長く、今日に至るまで実践されている功績を一つ挙げるとすれば、事務総長の政治的な役割を発展（つくり出したといっても過言ではない）させたことであろう。その背景には、冷戦によって安全保障理事会が麻痺し、核戦争の脅威が蔓延する国際情勢のなかで、東西衝突を回避するためには万人から敬意を集める勇敢で独立した「国際公務員」が求められるという風潮が醸成されていたということがある。

ハマーショルドは、各国政府との間にある程度の信頼関係が築けるまで、また事務総長として積極的な関与がどうしても必要とされる危機的な状況が訪れないかぎり、「表舞台に出ない」ように注意を払っていた。そして、ついにそのような状況が訪れたのは、一九五四年、朝鮮戦争中に中国に降り立ったアメリカ空軍兵士数名がスパイ容疑で捕虜となった事件をめぐって米中関係に危機が迫ったときである。

このとき初めて、ハマーショルドはこの危機を回避するために表舞台での大胆な行動に出た。当時のアメリカ政府は中華人民共和国政府との関係をすべて断絶していたが、その一方でソ連もまた、安全保障理事会に提案されたあらゆる決定に対して拒否権を発令して阻止するという状況にあった。アメリカ議会では、中国に対して軍事行動をとるべきだという声が次第に高まり、緊迫した状態となっていった。打開策がなかなか見いだせない事案に関して、国連総会はしばしば事務総長に検討を仰ぐことがあるが、本件の解決も同じく事務総長の手に委ねられることとなった。だからといって、この時点では事務総長がこの問題を解決するだろうと期待していた者は誰一人としていなかった。

すぐさまハマーショルドは北京に飛び、自らと対等な知識人であると認識していた周恩来との交渉に臨むという行動に出た。そして、その八か月後の一九五五年八月一日、ハマーショルドの五〇歳の誕生日の恩赦として、B29でリーフレットを散布する任務にあたっていたアメリカの空軍兵士すべての釈放が実現し、多くの人々に驚きを与えることになった（第3章参照）。

この目覚しい功績によってハマーショルドは、国際社会における地位を揺るぎないものとし、その後の人生において、さまざまな危機なる場面で何度となく助けを求められる存在となった。

いつしか報道記者たちは、国連安全保障理事会では解決困難な外交問題の打開策を事務総長のハマーショルドに一任するという意味で「ダグに任せておけ」と言うようになっていた。なかでも、この方策がもっとも効果を上げた事件の一つといえば、一九五六年のスエズ危機であろう。このときハマーショルドは、イギリス、フランス、イスラエルの軍隊にエジプトから撤退するためのきっかけを提供するとともに、その撤退を実現させるために、信じがたいスピードで国連初となる平和維持軍を編成した。それ以来、この平和維持軍は危険地域における紛争を抑制し、冷戦下の勢力均衡を崩すことなく予防するという効果的な方策として認められるようになった。

さらに一九五八年、彼はレバノンに派兵していたアメリカと、ヨルダンに派兵していたイギリス、そして当地域の関係国と連携して予防外交を展開するという輝かしい業績を残したほか、一九六〇年にはコンゴで史上初にして最大規模の包括的な平和維持活動をつくりあげるとともに、初めて国連が一国内だけで活動を展開するという功績を残している。

しかし、その一方で、このコンゴへの関与が最終的に自らの死を招くことになっただけでなく、事務総長のもつ権限の性質と制限について、ニキータ・フルシチョフとシャルル・ド・ゴールとの間に大きな溝をつくることにもなった。

はるかなるゴールに向かって

ハマーショルドは、絶え間なく発生する危機的な状況に対処するという職務に大きな理想をもって全身全霊で立ち向かったわけだが、その行動の一つ一つはよく考えられたうえで取られたものであった。かつて彼は、国連を「正義の法のもとにある平和な国際社会へ向かって進む冒険」とたとえたことがあるが、自らの努力はすべてこの目標に向かって突き進むための闘いの一部分であると考え、最終的なゴールに一歩でも近づけるように自らの行動を意識的に組み立てていったのである。たとえば、一九五五年に中国で捕虜となったアメリカ空軍兵士の仲裁に臨む際に、先例のない行動に出るための法的な根拠をつくり出している。のちに「北京フォーミュラ」と呼ばれるようになったこの手法は、安全保障理事会や総会による政治的な決議と事務総長の行動を区別したほうが有効と考えられる場合にはそちらを選択するというものである。

もう一つの例として、一九五六年にハマーショルドは史上初の国連平和維持軍を編成したわけだが、受け入れ国であるエジプトと関係事項を規定する地域協定作成のために多くの時間と労力を注いでいる。これもまた、将来の平和維持活動にとって法に基づく先例が重要であることを見越してのことである。

国連事務総長の権限と行動について激しい論争が巻き起こっていたさなかの一九六一年、もっとも重要とも言えるハマーショルド最後の指針演説がオックスフォード大学にて行われた。そのタイトル「法律および実践における国際公務員（The International Civil Servant in Law and in Fact）[11]」のなかで彼は、効果的な国際秩序を築くために中枢となる「独立した国際公務」という概念について説明している。この演説の内容は、このテーマについての基本原典として今日においてもなお読み継がれている。

ハマーショルドは、揺るぎない公正な世界秩序は先例と判例を積み上げることによってのみ、また実際に重大な緊急事態が発生した場合に一つずつ解決策を見いだしてゆくことによってのみ、徐々に築いていくことができると信じていた。彼は、国連が単に「制度的な組織」を超えて、最終的にはすべての国家から支持されて尊重される「立憲政的なシステム」へ移行することを望んでいた。だからといって彼は、そのような進化がいかに時間を要し、いかに複雑なものかというような幻想を抱くことはなかった。むしろ、平和と正義を実現するためには、国連憲章の原則を絶えず主張し続けることによってこそ道が開かれると確信していたのである。

ハマーショルドは、国連憲章の原則を具現化するために、英雄のように見えるほど大胆な行動をとることによって世界中の人々に深い感銘を与えた。不可侵とされてきた主権国家に対する彼の挑戦は、ついにフランスとソ連をはじめとする強大国の許容範囲を超えるものとなったわけだが、それはまさに、国連憲章を死守しながらあく

パレスチナのガザ地区からスーダンへ向かう機中（1958年12月26日）　写真提供：UN Photo

（11）　スピーチ原稿は左記サイトよりダウンロードできる。
http://www.un.org/depts/dhl/dag/docs/internationalcivilservant.pdf

までも独立を保ち続ける勇敢な事務総長が、時には重要な出来事に対して影響を与え得るということを身をもって示したとも言える。

一九五三年、ハマーショルドが「私という人間ではとうてい不十分であるという思い」をもちつつも事務総長への就任を承諾したとき、彼のことをよく知るわずかな人々ですら、彼が政治的に中立で、非常に有能な国際公務員といったイメージを超えるような活躍をするとは予期していなかった。おそらく彼自身でさえ、この挑戦に立ち向かうだけの資質や能力をもち合わせているとは思っていなかっただろう。もし、常任理事国が事前に彼の秘めたる能力に少しでも気付いていたら、彼を事務総長として推薦することはほぼまちがいなくなかったであろう。

最終的には、国連事務総長という特異な使命に注がれたハマーショルドの情熱、類まれな知性、清廉潔白さ、実行力を伴った英知、そして勇気ある性格と任務を遂行するための根気は、ただ単に任期中に立派に仕事をこなしたというだけでは語り尽くせないものを生み出したと言える。それは、早すぎる死を迎える、まさにその日まで全身全霊をもって仕えた国連に根本的な変革と強化をもたらすことになった偉大な冒険旅行にほかならない。

第2章 国連への道のり──国際公務員ダグ・ハマーショルド

ハンス・ランドベリ

ご存知の通り、私の経歴はわが祖国の公務員であるが、この公務という職務は確固たる法的根拠に基礎を置いており、長い伝統によって強化されてきた。私が国際協力の経験を積んだのは、ヨーロッパ諸国が欧州地域の未来を形成するために設立した諸機構においてであるが、この経験から私は、そこに従事する人々が忠誠心、献身、そして清廉潔白さを保つことの重要性を学んできた。

（ダグ・ハマーショルド　一九五三年）

一九五三年四月九日、国連事務総長に就任するためにニューヨークに降り立ったハマーショルドは、自分自身のプライベートな事柄や個人的な感想といったことにいっさい触れることなく、開口一番、「これから私は国連事務局の行政責任者に就任する」と述べたうえで、国際公務員としての役割と責任に関する自らの考えを強調した。

彼は一人の公僕として、「必要となる状況が訪れたときに適切な助言ができるように、どのような力関係が働いているのか、どのような利害関係が存在するのかを完璧に理解するために、耳を傾け、分析を加え、学習する」ために国連に赴いたと語る一方で、この公務は、時に「仲立ちとなり、きっかけを与え、あるいは人々にインスピレーションを与える」といった積極的な役割を果たすことを防げるものではないという考えも付け加えた。

国連事務総長に任命された時点でハマーショルドは、すでに二三年間にもわたってスウェーデン政府の国家公務員としての経歴を有していたが、その間、彼は自らの役割についての考えを温めていただけでなく専門知識、実績、そして人脈を積み上げていた。これらの蓄積は、国連の安全保障理事会や総会のすべての加盟国にとっても、事実上まったく無名であった人物を国連事務総長という唯一無二の責務、必要性、可能性を有する国際社会での最高の行政ポストにまで押し上げるにおいて十分なものであった。

では、スウェーデン政府の国家公務員として、彼はどのようなキャリアをもっていたのであろうか？　そして、それらの経験は彼をどのように国連事務総長という職務に導いたのであろうか？

若き急進派エコノミスト

ハマーショルドは早くから経済学者としてのアイデンティティを確立していたが、とくにウプサラ大学の担当教官であった哲学者アレクス・ヘーゲルストレムが唱える「価値論急進主義」の概念を実践哲学コースの修了後に経済学の研究にもち込んだことは、その後の彼の発展に大きな影響を与えることになった。また、経済学こそが当時の社会経済学と政治学の主要な問題に接する機会を彼に提供したという事実も忘れてはならない。

彼が学部時代に執筆した小論文は、もっぱら分配政策についての急進的な考えについて論じたものであったが、この考えは現代政治の論争のなかで「ブルジョア社会主義」であるとして一蹴されてしまった。しかし、その後の修士論文では純粋に理論のみに基づいたテーマを選んでおり、なかでも価格形成に関する一貫した新理論を展開させようとした。この分野は、当時まだ古典的な価値論の影響を大きく受けていただけに、彼の研究は非常に野心的なものであったと言える。

ハマーショルドは学術界で成功を収めるという大望を抱いていたが、教授が研究論文の承認をためらったために大きな挫折を経験している。彼の論文が低い点数ながら合格できたのは、ハマーショルドを高く評価していた指導教官で、のちに教授となったエリク・リンダールが助け舟を出したからである。

ストックホルムに、国家一流の経済学者と若い世代が集まって専門的な議論を闘わせる場として「経済学クラブ（Economic Club）」というのがある。ハマーショルドは、その会員の間で、まさに名声を挙げようとしていたところだった。とくに彼は、新古典主義の経済学者を強く批判していたグンナー・ミュールダルを支持したことによって、聡明な急進派経済学者としての評価を得ることとなった。

エコノミストから国家公務員へ

とはいえ、修士論文がぎりぎりの合格であったため、ハマーショルドはその後すぐ、博士論文そして博士号取得へと駆け登る夢をあきらめなければならなかった。それが理由で、特別な熱意をもっていたわけではなかったが、以前よりはじめていた法学の勉強に集中することとなった。法学位の取得はスウェーデン政府の国家公務員としてのキャリアを目指すうえにおいて必須条件であったが、その結果、彼の双肩にはハマーショルド家の伝統が重くのしかかることになった。(1)

一九三〇年の秋、ハマーショルドは、政府が設置した失業対策委員会の秘書官補佐として社会人の経歴を歩みはじめた。そして、一九三二年から一九三五年まで同委員会の筆頭秘書官を務めている。経済学者としてのアイデンティティをもった彼の国家公務員としてのキャリアは、こうしてスタートしている。

失業対策委員会の任務は分析力と創造力を要する高い知力が求められ、影響力も多大なものではあったが、最終的な意思決定権をもっているのは同委員会であったため、秘書官でしかなかったハマーショルドは下部組織の職員として働く最初の経験となった。

また、同委員会のメンバーのなかには社会民主党のイデオロギー・経済問題の首席スポークスマンであるエルンスト・ヴィグフォシュが在籍していたが、彼は一九三二年に委員会を辞して財務大臣に就任している。さらに、経済学教授でのちに保守党の党首となったヨスタ・バッゲもメンバーに含まれていたため、ハマーショルドはきわめて政治性の強い環境でうまく立ち回ることを余儀なくされた。(2)

客観的な根拠に基づいて委員会の審議が進められることを望んでいたハマーショルドは、「価値判断から切り離された」専門的な分析を行ったうえで最重要課題を扱い、議論を展開させようとしていた。そうすることで、必要な政策上の調整や提案の起草が委員会にとってより容易になると考えたのである。結局、この目論見は日の目を見ることがなかったが、この過程で数多くの研究がなされている。

その一つであり、彼自身が行った専門的な研究である「景気循環の発展（Konjunkturspridningen）」は博士論文として最終的にまとめられている。弁論試験においても見事な成果を収め、一九三三年九月にストックホルム大学より博士号が授与され、ようやく雪辱を果たすことができ、学術界でのキャリアの展望が再び切り開かれることになった。

このハマーショルドの論文は、難解なうえに読破不可能かつ理解不可能なことで有名となったが、結果的には、これが理由で彼は高度な思想家としての評価を得ることになった。弁論試験では、反論者の立場となる弁論試験官に指名されたミュールダルが数多くの厳しい批判を投げかけたが、その採点報告書では、「この論文の著者は、疑いの余地もなく研究者としての才能を有している」と断言しており、この研究が「並外れた功績」であることを強調している。

ミュールダルは、最高位ではないものの高位の評価をハマーショルドの論文に下している。その一方で、当時学部長であったバッゲはそれより低い評価を主張したため、論文そのものに関しては学術界における価値を下げる結果となってしまった。とはいえ、弁論試験に対しては教授陣から最

（1）ダグ・ハマーショルドの家系は古くからスウェーデン政府の要職に就いてきた伝統をもつ。父であるヒャルマル・ハマーショルド（一八六二～一九五三）は法務相を経たのちスウェーデン首相（一九一四～一九一七）を務めた。また、二人の兄も政府の高官に就いている。

（2）社会民主党と保守党（スウェーデン語では「穏健党（Moderaterna）」と呼ぶ）は、スウェーデンにおいて対立する政党である。当時、ヴィグフォシュとバッゲは経済政策の考え方の相違から激しい議論を闘わせていた。

高得点が与えられたため、彼は「docent（上級講師もしくは助教授）」の地位を獲得した。

このときハマーショルドは、ようやく自らの研究に没頭することができる「自由」が数年間にわたって訪れると胸を弾ませていたが、現実はそうならなかった。失業対策委員会から身が引けなかったどころか、同委員会での最後の年には、ミュールダルが去ったあとに権力を掌握して同委員会を意のままに動かそうとするバッゲへの妥協を強いられ、うんざりするような日々を過ごすことになった。

とはいえ、経済学者としてのアイデンティティを彼が保ち、さらにそれを伸ばすことができたのは、長年にわたる同委員会での経験と博士論文における弁論試験の大成功があったからである。つまり、ハマーショルドの研究成果は、純粋なる科学的貢献として卓越しているとは見なされなかったものの、同委員会における功績のおかげでベルティル・オリーンによって、のちに「ストックホルム学派（Stockholm School）」と呼ばれる経済学者の一派に属することになった。

かくして、学術界の排他的な世界を身をもって体験したハマーショルドの目には、自分のスキルと専門性をより必要としてくれる公務員としてのキャリアのほうが魅力的なものに映ったことは想像に難くない。事実、彼は、一九三一年秋には失業対策委員会のほかにいくつかの公務を引き受けている。折しも同年、スウェーデンは国際的な経済危機のあおりを受けて金本位制を廃止せざるを得ない状況にまで追い込まれていたためにスウェーデン国立銀行（Sveriges Riksbank）は新たな価格指標をつくることを検討していたが、そのプロジェクトの責任者であったエリク・リンダールのもとでハマーショルドは、その業務に従事した。

もう一つの任務は、小規模ではあったものの、ハマーショルドに財務省との直接的なかかわりを初めてもたらすこととなった。当時、社会保険省の事務次官であったハマーショルドの兄のボー・ハマーショルドは、この職務がダグに「いささか理論的な彼の性癖を改めるのに役立つ実践的な経験を与えるであろう」と語っている。

一九三四年の初春、ハマーショルドは財務大臣であったエルンスト・ヴィグフォシュから直々に、政治的に重要となる個人的な任務を受けている。ヴィグフォシュは、当時の経済状況として発生していた景気循環の変動に対処するために、社会主義とまではいかないものの一時的な緊急政策の域を超える計画経済の考えを発展させようとしていたのである。

当時、スウェーデン国立銀行の総裁であったイヴァル・ルースもまた、ハマーショルドの専門知識を活用したいと切望していた一人である。ルースは彼に、通貨政策と景気循環の分析について国立銀行の理事会に直接かかわるように申し出ている。その結果、国立銀行と財務省は、ハマーショルドが失業対策委員会の職務の合間にできるわずかな時間を分け合わなければならなかった。

同年四月一日、ハマーショルドは財務省の事務次官補佐に任命された。このことによって彼は、経済学の専門知識を発揮することのできる二つのキャリアに確固たる足場を築くことができた。しかし、一九三五年の夏に国立銀行での常勤ポストの申し出を受けたことで、財務省での職務はあきらめることになった。そして、そこで初めて彼は、国際的な人脈をつくり上げてゆくことになった。

このような経緯は、ハマーショルドに中央銀行での経済学者としてのキャリアが約束されたかのように見えるが、彼自身はこの職務に物足りなさを感じていた。事実、再び財務省から税制の再編を行う職務の申し出を受けたとき、彼は二つ返事でそれを引き受けている。

さらに一九三六年二月、ヴィグフォシュはハマーショルドに財務省事務次官のポストを言いわたしている。ハマーショルドの若さで、このような高位のポストが与えられるというのは異例のことである。明らかに早すぎる昇進に当惑し、二の足を踏んだハマーショルドは、最初は辞退したものの、のちに説き伏せられて承諾するに至っている。

そして、財務省事務次官へ

財務省事務次官への就任は、ハマーショルドにとっては公務員キャリアにおける大いなる飛躍であり、その一〇年にわたる任期中に得た経験は、その後の彼の任務にとってきわめて重要なものとなったと考えられる。しかし、それにしてもいったいどうしてこのようなことが実現したのだろうか。ようやく三一歳になろうという人物が、正規の行政官としての職歴ももたないまま、いかにして一国のもっとも高位で重要なポストの一つに就任することができたのであろうか。

もちろん、彼の卓越した職務に対する才能がその理由の一つであっただろうが、それと同じくらい重要なことは、彼のキャリアを導いていた原動力が法学ではなく経済学であったという事実である。スウェーデンが国内的にも国際的にも失業や金融・通貨の危機に苦しめられていた一九三〇年代の前半は、それまでにはないほど経済学者が求められていた時代であった。そして、若くて、有能で、意欲に満ちあふれ、論理学の発展の最前線を走っているハマーショルドはまさしく時の人であった。

彼の早い出世のさらなる理由として、急進派の経済学者として、ヴィグフォシュの計画を支えることができたことも挙げられる。とはいえ、彼は特定の政党に肩入れしていたわけではなかった。なぜなら、正式に特定の政党に属するということは、清廉潔白であること、科学的に客観的であること、公務員として公平性を保つこと、といったハマーショルドの個人的な規範に反していたからである。

では、彼を駆り立てていたものはいったい何だったのであろうか。おそらくそれは、家族に対する対抗心ということが、少なからず要因の一つになっていたと考えられる。彼の父親であるヒャルマル・ハマーショルドは、教授、上訴裁判所の裁判長、そして県知事を経て、最後には一国の首相にまで上り詰めている。また、彼の二人の兄も輝かしい業績を上げていた。

父と兄らが投げ掛けたとてつもなく巨大な影が、末っ子の彼に、自分がなし得ることはいったい何なのかということを誇示したいという欲望を目覚めさせたのであろう。伝統的な法律職のキャリアに進んだ父や兄たちと違って、急進派の経済学者という独自の道を選んだ彼には、成功しなければならないというプレッシャーが重くのしかかっていたにちがいない。

しかし同時に、強い義務感にもハマーショルドは駆り立てられていた。その義務感とは、生まれ育った家庭に根差したものでありながら彼自身によって独自の色づけがなされたもので、「自分に与えられた才能は最大限に活用すべきである」というきわめて真摯な決意であった。ハマーショルドの「精神を綴った日記」である『道しるべ』の一九二五年から一九三〇年までの記述の所々に、人生に与えられた義務と使命をまっとうすることについての考えを探求している箇所があるが、これは彼の人生において永遠のテーマであった。

ハマーショルドは、財務省事務次官として大臣が管轄するすべての政策に関しての責任を負っていたものの、当時この職務は今日のようにはっきりとした政治的な性質をもっておらず、政党への所属も必要とされていなかった。[3]とはいうものの、事務次官は一般的な公務員とも異なり大臣からの信認に十分値する人物でなければならない。また、大臣は政策に対する見解について公表する前に批評的な視点からも精査することができるが、事務次官は一公務員として大臣の見解を一方的に受け入れなければならない。つまり、最終的に判断を下すのはあくまでも大臣であった。

回想録のなかでヴィグフォシュは、ハマーショルドとの親密な関係を次ように記している。

「われわれの間には、意見の食い違いよりもはるかに多くの合意点があった。もし、そうでなかったら、われわれの協力関係は一〇年間も続くことはなかったであろう」

そして、彼は次のように追記している。

「実のところ、われわれが推し進めていた金融政策は、私のものであると同時に彼のものでもあった」

影響力をもつ下部組織としての役割はハマーショルドにとって適任であり、すぐにこの地位を揺るぎないものとしたが、その結果、彼の仕事量は劇的に増えることとなった。深夜にまで及ぶ残業という習慣、そして自らと同僚に課す高い要求と効率性についての評判は、瞬く間に省内に広まっていった。そして、一筋縄ではいかない予算の問題について他省庁と緊密な連携を行わなければならないという状況は、彼の交渉スキルを試す機会ともなった。また、事務次官としての初期の数年間は主に戦略の策定に関する業務が多かったため、彼の経済と行政の分野での才能は最大限に発揮されることになった。

その業務の一つが、経済動向の調査・分析のための独立した機関として創設された「国立経済調査研究所（National Institute of Economic Research）」である。ハマーショルドはこの研究所を通して学問的な研究に携わり、経済学者としてのアイデンティティを保つことができた。そのほかにも、政府と国会が景気循環の変動に対してより迅速な対応ができるように会計基準および予算関連の意思決定過程を近代化するという任務を任されていたが、実はこの改革は、刻一刻と近づいてくる戦争の脅威を見据えた政府の準備対策でもあった。

一九三九年九月の第二次世界大戦の勃発を目前として、財務大臣と事務次官は、国家経済に大きな打撃を与えることなくスウェーデン国民の生活を守り、軍隊を戦争に備えさせるための財政調整を行うこととなった。このときヴィグフォシュとハマーショルドは、理論的で高度な解決方法をとらず、どちらかと言えばより実用的なアプローチを採用した。

さらに財務省が取り組まなければならなかった多くのやっかいな課題の一つとして、当時拡大しつつあった価格・賃金の抑制システムの調整があったが、ハマーショルドはスウェーデンのビジネ

（3）現在スウェーデンでは、政権を担当している政党の党員が事務次官に就くことになっている。

ス界、労働組合、政府当局など、時に利害が対立するさまざまな関係者の間に入って、国益を第一に考えて身を粉にして調停役を務めた。その過程では、利益団体の代表者との密接な協力体制が要求されたわけだが、親しい同僚はこの努力そのものこそが、彼がすでに卓越した行政処理能力と交渉技術をもち合わせていることを示していたと振り返っている。

一九三九年一二月に連立政権が発足すると、[4] ハマーショルドの職場環境に政治的な風向きの変化が訪れた。まず、これまで野党だった反対勢力が「政府に入り込んできた」ため、ハマーショルドは財政・金融政策について改めて説明しなければならなくなったほか、新しい連立政権から出てくる批判に対して、これまでの政策の必要性を説得するために多くの時間を割くことになった。

さらにスウェーデンは戦時中、枢軸国と連合国の両陣営とも貿易関係を保つという中立政策を貫いていたが、この政策の影響は外交政策と貿易政策だけではなく金融政策や為替政策にまで及ぶことになった。そして一九四〇年、政府は国立銀行に為替取引の独占権を与えたが、その結果として、大量に発生した為替取引を統制するための特別な部署が設置されることになった。このときハマーショルドは国立銀行の理事となっていたが、さらに一九四一年には総裁として任命されることとなった。この任命によって、政府と国立銀行の間に緊密な協力関係を築くことの重要性がいっそう明確になった。

言うまでもなく、国立銀行は国会が所有する銀行であるために総裁ポストは高位となる。そのため、ハマーショルドは多少なりとも公衆の面前にさらされる存在となった。それに、複数政党からなる理事会を統括するために最大限の中立性が必要とされるほか、財務省事務次官と国立銀行総裁という、時に利害が衝突する二つの役職のバランスをとるという能力が彼に試されることになった。彼の職能の高さと専門性は疑いの余地がなかったが、これを財務省の影響力を強めるための不当な人事だと考える人々もいた。おそらく、どの政党にも属していないということがこの人事の前提条件であったと思われるが、ハマーショルドが国立銀行に差し向けられたヴィグフォシュの手先と揶揄《やゆ》されることは避けられなかった。

戦後の復興計画——そして、新しい局面へ

ドイツによる攻撃が終焉を迎え、第二次世界大戦が収束の兆しを見せると戦後秩序の立て直しの議論が各国で一斉にスタートしたが、スウェーデンの連立政権は、各政党の利害関係の対立に阻まれて戦後の経済政策の主導権を握ることに苦戦をしていた。当然、政府にのしかかるプレッシャーは日増しに大きくなっていった。

一九四三年の春、戦後体制の政策立案のためにより明確な論拠を準備しようと政府は多くの調査研究を実施したが、そのなかの一つで、ハマーショルドが責任者を務めることになったものがある。ヴィグフォシュは、政治的に中立なうえに専門性の高い行政官であるというハマーショルドの評判

（4）一九三九年にヨーロッパにおいて第二次世界大戦が勃発した当時、スウェーデンの防衛体制は貧弱な状況にあり、再軍備の必要性が急速に高まっていた。とくに、隣国のデンマークとノルウェーがドイツからの侵略という脅威にさらされるなか、中立を固辞するために挙国一致内閣が結成された。

が政治的な緊張関係の均衡を保つのに有効であると考え、彼に計画調整官の役割を担うことを命じたのである。

ところが、戦後体制の計画においては政党の利害がより尊重されるべきだという主張が各政党から台頭し、無党派であるハマーショルドの役割はその意義が薄れるという事態になってしまった。そして、一九四四年初めに「戦後経済計画委員会（Commission for Post War Economic Planning）」が設立されて、ミュールダルがその議長に任命されると、ハマーショルドは第一線から退くことを余儀なくされた。

当時、ミュールダルの金融政策は、ヴィグフォシュとハマーショルドのものとは見解を異にしていた。ミュールダルは、政府予算を賄うための恒常的な財政赤字と中央政府の負債の増加は、国民所得を引き上げる対策がなされるのであれば妥当な措置だと主張していた。一方、ヴィグフォシュとハマーショルドは、財政赤字の急増は黒字予算をもって抑えられるべきだと考えていた。

ハマーショルドは、ミュールダルの見解は理論上正しいと認めながらも、現在の予算方針を考慮に入れると彼の提案するシステムは政府の分配政策に予測できない結果をもたらす可能性があり、政府はそのようなリスクのある政策に加担すべきでないと主張した。また、ハマーショルドは、体系的な赤字予算を導入すれば資産査定の厳密さが損なわれるとも考えていた。

一九四六年、ハマーショルドは、外務省が彼のために特別に用意した経済担当の上級顧問のポストに就くために財務省を後にしている。このポストは、当時、スウェーデンが直面していた国際経済問題に対処するために新設されたものである。これによりハマーショルドは、財務大臣のヴィグフォシュとの連絡を絶やすことなく、新任だが経験豊富な外務大臣エステン・ウンデンと、まだ当時は経験の浅かった通商大臣のグンナー・ミュールダルとの協力を取り付けるという職務に従事することになった。

立場を異にする三人の大臣との駆け引きには、それぞれの発言の微妙なニュアンスを聞き分ける耳ときわめて高度な外交手腕が必要とされ、そのうえ、外務省内においてもフリーエージェントとして立ち回わらなければならないこのポストは細心の注意を必要とした。さらに、このポストのこのような性質は、彼が国立銀行の総裁という地位を継続することによってより強まった。

戦後、社会民主党政権が連立政権を引き継ぎ、財務省事務次官としての大役をこなした一〇年間が幕を閉じると、ハマーショルドの関心は自らの未来へと向けられることになった。新政府が表明した新たな政策によって職場環境に変化が訪れると、彼は何か新たな目標を成し遂げたいという欲求に掻き立てられるようになった。

当然、政治の舞台におけるトップレベルの行政官の申し出が彼にあってもおかしくないわけだが、ヴィグフォシュは彼の望みをかなえることを約束していた。その望みとは、ウプサラ県知事であった父親の歩んだ道をたどるものであった。外務省の財政問題の専門顧問の座は、当時のハマーショルドにとっては腰掛けにすぎなかったのである。

国際交渉人としての第一歩

ハマーショルドの国際交渉人としてのキャリアは、一九四三年にはじまった戦後復興計画への関与からスタートしている。スウェーデンは当時、有識な経済学者の助けを借りて、ヨーロッパの大国が戦後の経済復興に対してスウェーデンにどのような役割を期待しているのかを見極めたかった。そこでハマーショルドはイングランド銀行との関係を当てにしたのだが、焦土と化したロンドンがスウェーデンの戦後計画に目を向けるにはあまりにも時期尚早であり、まるで取り付く島がないという様子であった。とはいえ、戦時中に中立を維持していたスウェーデンが道徳上の名誉を挽回するためには、ヨーロッパ再建にかなりの貢献をすることが唯一の道であるということは明白であった。[5]

そこでスウェーデンは、一九四三年初めに直接的な救済支援と借款という二通りの方法で国際的な再建事業のために巨額の資金を用意した。借款に充当された金額は救済支援よりも大きな割合を占めていたため、終戦直前と直後の数年間、借款や貿易に関する協定を目的として北欧地域をはじめとする数々の各国政府との交渉が展開されることになった。

これらの交渉の準備は、財務省、通商省、外務省の密接な協力体制によって行われたが、それに加えて国立銀行とも連携がなされた。これにより、国立銀行は決して無視できない重要な役割を担うことになったわけだが、その国立銀行はまさにハマーショルドの手中にあった。

当時、イギリスはスウェーデンに対してポンド建ての膨大な負債を抱えていたが、ポンドの価値が弱くなっていたため、スウェーデンはイギリスと貿易に関する協議だけでなく、為替レートや返済に関する懸案についても交渉の場をもつことを望んでいた。当然、ハマーショルドが有する特殊な専門知識が必要とされることとなり、一九四四年以降、彼はロンドンとストックホルムを何度も行き来して継続的な会合に臨んでいる。しかし、イギリスからの強いプレッシャーによってスウェーデンは、イギリスに対してかなりの輸入超過とともに借款の最高限度額を受け入れざるを得なった。こうしてイギリスは、スウェーデンにとって最大の借り手国の一つとなってしまった。

国際交渉はアメリカでも行われたが、とくに厄介な問題となったのは、スウェーデン領域内に存在するドイツ人もしくはドイツ資本が所有する「避難資産（Safe Haven）」問題[6]であった。アメリカ側は、この資産を没収してヨーロッパの大国が自由に処分できるようにすべきだと主張したが、スウェーデン側の交渉団はこの要求に当然のごとく反対している。

財政分野の専門家であり、スウェーデン国立銀行の総裁であったハマーショルドは、この難題をめぐる議論にかかわっていた。ちょうど彼がアメリカにいた一九四六年六月から七月にかけて、この問題の交渉にあたっていたスウェーデン政府と緊密に彼は連絡を取り合っていた。最終的には、

（5）スウェーデンは第一次世界大戦・第二次世界大戦ともに中立政策を堅持した。とくに、友好国であるデンマークやノルウェーなどの隣国がナチスによって占領された際にも支援を拒んだということ、また戦時中にも、ドイツとの交易を保ってナチスの軍備に必要な物資を提供し続けて少なからずの利益を得ていたなど、武装中立を保つために国際的な道義上の試練に立たされた。国民生活や産業基盤が壊滅的な影響を受けた他のヨーロッパ諸国とは対照的に戦争の被害を受けなかったスウェーデンは、ヨーロッパの戦後復興に率先して協力するべき立場にあった。

（6）第二次世界大戦後にアメリカを中心とする連合国は、敗北したドイツの資産が国外に流出するのを防ぐ動きに出た。その主な狙いは、ナチスの復活を阻止するとともに、ドイツの資産を連合国への賠償金と欧州再建に充てることであったが、なかでもスウェーデンやスイスなどの中立国への流出が懸案となっていた。

スウェーデン側がヨーロッパ再建支援の一環として資金供与に合意することでようやくこの問題に決着がついた。

そののちも、一九四七年と一九四八年にハマーショルドは、アメリカとの厄介な交渉を任務とするスウェーデン側の代表団を二度にわたって率いている。当時、スウェーデンの輸入額が急速に膨れ上がったため、国内の準備通貨が流出してドル不足となる緊急事態が起きていた。

一九四八年三月、スウェーデンは輸入制限の措置を取らざるを得なくなったわけだが、当時アメリカは、これを二国間で結ばれていた貿易協定に対する違反と見なした。そこでハマーショルドは、不信感を抱いているアメリカ側の代表団に対して、スウェーデンがこのような対策に踏み切らざるを得なくなった背景を事細かに説明しなければならなかったのである。幸いにも、スウェーデンが講じた措置はおおむね容認され、その年の六月には双方の合意が得られている。

ところが、スウェーデンのドル準備高の流出はとどまるところを知らず、一九四七年の終わりから一九四八年の初めにかけて、ハマーショルドは再びアメリカに赴いて新たな交渉のための会合に臨むこととなった。スウェーデン側はドル建ての借款を受けることを期待していたが、ほどなく東西陣営の対立が深まったためにアメリカの態度が硬化した。そこでハマーショルドは、スウェーデンの経済状況と貿易政策の全般について詳細にわたる説明をするように強いらることになった。

とくにアメリカの不信感をあおる原因となっていたのが、一九四六年にスウェーデンとソ連の間で結ばれた貿易・借款に関する協定の存在である。アメリカは、スウェーデンがヨーロッパ再建のために必要とされる公式な無償支援の供与を明確に表明するように政治的なプレッシャーをかけてきた。そこでハマーショルドは、自国の政府に対して無償支援の供与がいかに重要であるかを強調し、実現させた。一定の成果は収めたものの、スウェーデン側の交渉団はドル建て借款については受けることができなった。

ハマーショルドは、この二国間交渉に臨んだことで数多くの新たな人脈を築いただけでなく、独特の交渉スタイルを身に着ける機会を得ることができた。なかでも重要な要素となったのは、交渉相手と自分を隔てる溝を埋めるために最善の努力を尽くし、双方の間に個人的な信頼関係を築くことであった。具体的には、オープンな姿勢と可能なかぎり相手の立場を受け入れる代わりに自らの立場への配慮をさせるという戦略をもって、ともに問題を解決しようという連帯感をつくり出そうとしたのである。

戦後のヨーロッパ協調

終戦直後の数年間、ヨーロッパ諸国はいずれも経済的な困窮に苦しんでいたが、そのなかでも頭痛の種となっていたのが急激なドル不足であった。一九四七年六月、アメリカのジョージ・マーシャル国務長官の手によってヨーロッパ復興のための支援計画［マーシャル・プラン］に参加する条件が定められたが、その条件とは、ヨーロッパ諸国がアメリカに協調的な自助努力を行うことであった。

当然、その時点でソ連と東欧陣営が参加することはないであろうことは明らかとなる。しかしながらスウェーデンは、ヨーロッパ一六か国が結集して一九四七年七月にパリで行われることになった協力体制の枠組みづくりのための協議会に参加することにした。

そこで、スウェーデンの代表として選ばれたのがハマーショルドである。アメリカとの二国間交渉を終えるとすぐに、今度はヨーロッパの多国間交渉に臨んだのである。そこでのスウェーデンの方針は、経済援助計画には参加するものの、中立政策を保つためにそれ以上の政治的な協調には関与しないというものであった。

その後、ヨーロッパ諸国における援助の必要性や協力体制の展望についての報告を行うために、経済協力を協議する特別委員会が設立された。ハマーショルドはその委員会で報告担当官の代表を務め、交渉を見守るうえにおいて絶好の位置に立つことができた。ところが、恒久的な組織が創設されることを望んでいたアメリカ側は、交渉プロセスだけでなくその結果にも不満を示した。

そこで、一九四八年に再びパリで開催された会議においてヨーロッパ経済協力機構（ＯＥＥＣ）を設立するという協定が締結された。ハマーショルドは同機構の規約を起草する作業部会の議長に選ばれるだけでなく、ＯＥＥＣが運営を開始した最初の一年間、執行委員会の副議長を務めることになった。

中立政策を保ちながらもＯＥＥＣ加盟国であり続けたスウェーデンには、常に問題が発生していた。というのも、アメリカはマーシャル・プランのもとでの支援を受けるすべての国は同一の二国間協定をアメリカと締結するように要求していたからである。しかし、提案された協定に盛り込まれていた条項は多くの加盟国には許容し難いものであったため、ハマーショルドはヨーロッパ諸国側の反対意見をとりまとめる作業に加わることになった。一方、スウェーデンについては、協定そのものとは別の枠組みで実施に関して合意するという決着をつけている。

パリ会議の会期中、ハマーショルドは国際舞台での多国間協議における交渉人としての才能を開花させることになった。彼は自らのヨーロッパの経済問題の理解度に自信を強めただけでなく、その理解力をさらに深めていった。そして、鋭い分析能力、功妙な表現力、外交手腕は自ずと関係者の信頼を勝ち取ることとなった。また、人的ネットワークを広げ、ヨーロッパの政治家や外交官などの間で知名度を上げるとともに尊敬をも集めるようになり、国際機関の設立と維持に必要とされる行政処理能力やそれに基づく経験を積み上げていった。

ハマーショルド自身この任務に面白みを感じていたためにOEECのスウェーデン代表を一九五三年まで続けたが、その任期を通して、スウェーデン政府の慎重路線政策を忠実に実行するよう常に心がけた。しかし、その一方でヨーロッパ諸国への関与を深めていった彼の存在は、ヨーロッパ協調が進展するにしたがってスウェーデン政府の政策に影響を及ぼす存在にまでなっていった。

OEECの任期中にハマーショルドは数多くの問題に直面したわけだが、そのなかでもっとも困難なものだったのが、マーシャル・プランの参加国がソ連をはじめとする東側陣営諸国に対して貿易制限を課すようにアメリカが要求してきたことである。この主張は、東側諸国とすでに貿易協定を結んでいるスウェーデンをはじめとする中立国を苦境に陥れることになった。そして、ここでもまた、ハマーショルドの政治的なバランス感覚をもった巧みな言動と「個人的な信頼関係」に基づいた外交スタイルが試されることになり、間接的にではあるが、その後の彼のキャリアに影響を与えることになった。

一九四七年から一九四八年の間、ハマーショルドがアメリカとの二国間協議において東側陣営に対する貿易制限の難題に取り組んだのは先述した通りだが、一九四八年の秋にアメリカは、今度はOEECに対して同じ要求を突きつけてきたのである。

この要求はとうてい受け入れ難いもので、突如として、OEECは政治的に利用される危険にさらされることになった。そこで一九四九年、OEECとは別に交渉団が設置されたが、その名前は「調整委員会（Coordinating Committee）」の頭文字をとって「Cocom」と呼ばれていた。ハマーショルドは初期の段階で審議には参加したものの、中立政策を保つスウェーデンは当然のごとく加盟国になれなかったため、ほとんど孤立無援の状態で問題の対処にあたることになった。

そこで解決案として考え出されたことは、アメリカが貿易制限を望む製品についてはスウェーデン側が個別に輸出の認可を与え、スウェーデン自身が独自に輸出を制限するという措置であった。この間、アメリカは、旧ソ連や旧東側諸国に対するスウェーデンからの輸出の規模と内容についての通知を継続して受けることとなった。

スウェーデンにとっては大きな譲歩となったこの駆け引きは、公式な協議の場ではなく個人的な接触によってなされたものであったが、旧ソ連の面目を保つことができると同時にアメリカにとっても納得のいくものであった。しかし、ハマーショルドは、朝鮮戦争のさなかであった一九五一年にアメリカの態度が硬化した際、スウェーデン外交諮問協議会に対して、「このようなスウェーデンの非公式な交渉の仕方では今後行き詰まる可能性があり、ついてはより公式な場での協議が必要となる」と忠告している。とはいえ、結果としては非公式なまま継続したが、問題が起きることはなかった。

この道の行き先

この数年間スウェーデンは、ハマーショルドのような国際交渉人、つまり経済・通貨政策の分野における最先端の専門知識を有する一方で政治的文脈を幅広くかつ深く理解しており、政府の方針にも忠実であり続ける人材を必要としていたと言える。たとえば、外務大臣のウンデンは、自らは専門知識をもっていない分野である経済政策（彼自身、このことを認めていた）に対する責任をハマーショルドに任せられたことを喜んでいた。

ハマーショルドの業績はまた、トップレベルの政治家たちによっても高く買われている。首相のターゲ・エランデルが自ら綴った一九四七年六月の日記のなかで、「ハマーショルドはアメリカにおいて立派な成功を収めたようだ」と記している。さらに翌年、彼はいまだかつてないほどの賞賛の言葉でハマーショルドに対して高い敬意を表している。

「マーシャル・プランに関する交渉は、ハマーショルド本人にとっても大きな成功であり、私も大変うれしく思う。当時の状況は、彼にとって決して容易なものではなかったと思われるが、この数日間で彼が成し遂げたことは、スウェーデンにとってはもちろんのこと、間接的にはヨーロッパ全体にとっても評価しきれないほど高いのものである」

とはいえ、すべての人がエランデル首相が記述したように彼を賞賛していたわけではなかった。

特別な地位を確実なものとし、日に日に名声を高めてゆくことよって、望めばいかなる大臣とも直接にコンタクトが取れるだけでなく、外務省内の日常業務を避けることもできるようになっていったハマーショルドは省内で批判を買うこともあった。政府の財政政策の有識者であり、国立銀行の総裁でもあった彼は、次第に同僚の経済学者からの批判にさらされるようになり、政治的な反対勢力からも攻撃されるようになっていった。かくして彼は、一九四九年に国立銀行の総裁ポストを辞職することになった。

この間、ハマーショルドは、自分の業績とキャリアに対して虚無感と屈辱感にさいなまれていた。当時、周囲の人に対してそのことについてもらすことはなかったが、その苦悩の様子は彼の日記である『道しるべ』のなかに赤裸々に綴られている。

そんな精神状態であったこともあり、次なる任務へ出発する機は熟していた。新たな職務として、彼は引き続き国際交渉にあたる任務を期待していた。そのため、一九四九年にウンデン外相がコペンハーゲンでの大使のポストを申し出たとき、彼はこれを断って外務省の事務次官のポストを依頼し、ウンデン外相もこれを聞き入れている。この新しい任務は、ハマーショルドのキャリアに転機をもたらすことになる。

この結果、経済・財政政策の専門家としての役割に加えていまや彼は、外務省においてより広範な責任領域とすべての外交政策を掌握することになった。とはいえ、財務省時代にヴィグフォシュのもとで事務次官であったときほどには多くの権限をもったわけではない。

一九五〇年の秋、エランデル首相とウンデン外相は、ハマーショルドを入閣させようと検討していた。ウンデン外相が描いていた思惑は、ＯＥＥＣと、一九四九年にスウェーデンが発足を支援して設立された「欧州評議会（Council of Europe）[7]」に関連して浮上していた問題を彼に任せることであった。この欧州評議会に関して、スウェーデンはその非軍事的な性質を守ろうとしていた。一方、エランデル首相は、ハマーショルドが有する経済の専門知識を政府内の政治議論に活用したいと考えていた。

しかし、この人事案には政府内で異論が生じ、思惑通りには進まなかった。ハマーショルド自身もこのポストに意欲がなかったわけではないが、あくまでも非政治的な専門家としての立場が明確になるようにと主張していた。結局、この時点では、この人事はエランデル首相の手に負えないものとなって流れてしまったが、一九五一年の初め、彼は再びこの問題をもち出している。

このときの人事決定は、スウェーデンの東側陣営との貿易に関するアメリカからの圧力に対処するという直接的な理由からなされたものであった。エランデル首相は、ハマーショルドの存在なしには、内閣がこの特異な難問に対して効果的な対処ができるとは思っていなかった。かくしてハマーショルドは、今度は滞りなく内閣の無任所大臣[8]の座に就いたが、事実上は外務大臣の代行として

---

(7)　フランスのストラスブールに本部を置く国際機関で、一九四九年に設立された当時は一〇か国からスタートし、現在は四七か国の加盟国を有する。第二次世界大戦によって分断されたヨーロッパにおいて人権の保護、民主主義の促進、法の支配などの社会面での統合を図ることを主な目的とする。加盟国二七か国を有する欧州連合（ＥＵ）とは異なる機関。

(8)　内閣総理大臣や各省大臣が所管しない特定の行政事務を行う国務大臣のこと。

の役割を担うこととなった。

とくに、国際社会で活躍する関係者に対しては、この人事によってハマーショルドが真に値する地位と影響力を得たことが証明された。言うまでもなく、彼は専門知識を有する忠実な国家公務員であり続けるという自らの信念にまったく妥協することもなく任務を遂行した。そして二年後、彼が国連という国際舞台に踏み出したとき、すでに国連事務総長として十分に通用するだけの人物になっていた。

これまでは、公務員という立場から個人的な意見を表に出さないように細心の注意を払っていたハマーショルドも、非政治的ではあるものの大臣となった今、その時々の問題に対する自らの立場を公に示さなければならなくなった。当時、彼は三つの記事において自らの見解を述べているが、その記事が社会民主系と保守系という二つの相反する定期刊行物に掲載されたことは、決して偶然ではなかったと考えられる。

最初の記事が掲載されたのは〈Tiden（タイム）〉という定期刊行物であったが、そこで彼は、政府の役人としての役割について論じたうえで、一般的な政治的哲学についての率直な見解を述べている。具体的には、アルベルト・シュバイツァーが提唱する倫理規範である「生命への畏敬」を引き合いに出しながら、自らの政治に対する姿勢について三つの側面を挙げている。

一つ目は「保守的な」側面で、われわれ人類が歴史のなかで受け継いできた伝統への尊敬の念から生まれるものである。二つ目は「リベラル、社会急進的な側面」で、個人の良心にしたがって生きる権利だけでなく、社会正義、つまり権利や機会がすべての人々に平等に与えられるべきであるという彼の信念の現れであった。そして最後の側面として、「自らの利益は自ずと全体の利益に服従する」という考えについて述べている。

ハマーショルドはこの最後の点を、道徳上の義務、言い換えれば祖国への忠誠心にかかわると論じているが、さらには、国家を超えて「国際主義として具体化されるより広範な意味での社会」に対する忠誠心としても理解されるべきであると語っている。

次の記事は同じく〈Tiden〉に掲載されたものだが、そのなかでハマーショルドは、国内政治と同様に国際政治の分野においても多くの人々の支持を受けたイデオロギーが必要であると強調している。彼は任期中に実施した政策方針の方向性から乖離《かいり》することは述べなかったが、避けられないであろう次の段階として、将来的には「高まりつつある国際的な責任というものが次第に受け入れられてゆくであろう」と語っている。

三つ目の記事は〈Svenska Tidskrif（スウェーデン・ジャーナル）〉に掲載されたが、ヨーロッパ協調に関する展望を中心に論じたもので、まさに彼が政府内で特命を受けていたヨーロッパ協調の可能性と目標に関する考察についてであった。

スウェーデンはNATOに加盟すべきではないと考えていた彼は、スウェーデン政府としては非公式な文書をOEECに提出しているが、この文書は、ほぼまちがいなく彼が書き上げたものと考えられる。その中心となる主張として、「われわれには、エルサレム、アテネ、ローマから受け継いできた生活様式と精神的・文化的な遺産を守るためにヨーロッパの人々を統合する責任がある」こと、そして「これらすべての遺産によってこそ、ヨーロッパの人々は西洋世界、そして国際連合というより広範の文脈においても、特有の国家集団に属する一構成員としての地位を保つことができる」と語っている。

スウェーデン政府は（また、ダグ・ハマーショルド本人も）、彼の能力は政府内での任務では収まり切らないであろうということ、そして次に何かが待ち構えているであろうことを予期していた。彼には新たな挑戦を受け入れる覚悟ができており、人生が彼のために敷いた「公務」という名の道に従ってさらに進んでゆくための準備は整えられていたのである。経済の専門家、忠実な国家公務員、熟練した交渉人という経歴を考えると、彼が国連にもち込んだ価値観と理想をうかがい知ることは決して難しくない。

第3章

北京ミッション──国際交渉人ダグ・ハマーショルド

曲　星

ダグ・ハマーショルドの伝説的な生涯のなかで忘れ難いエピソードの一つと言えば、一九五五年の北京での任務にまつわることである。その任務とは、朝鮮戦争中に領空侵犯の罪で抑留されていたアメリカ空軍兵士の解放について、周恩来首相と直接交渉する機会をもったことである。

当時、米中関係は極度に冷え切っていただけでなく、中国の国連に対する不信感も深まっていた。このような状況にもかかわらず、ハマーショルドは周恩来から約束をとりつけ、最終的には兵士を解放に導いたのである。さらに彼の中国訪問は、国連事務総長として最初の訪中となり、朝鮮戦争後、中国と国連のトップレベルでの直接対話のきっかけをつくり出すことにもなった。

ミッション・インポッシブル

一九五二年一一月二九日、ＣＩＡの工作員であるリチャード・フェクトー（Richard Fecteau）とジョン・ダウニー（John Downey）は、大韓民国（韓国）のソウルから中国北東地方でのスパイ活動にあたるため飛び立ったが、航空機は撃ち落とされ、二人の工作員は安図《あんと》県で捕らわれの身となった。また、一九五三年一月一二日の夜、「第五八一航空再補給・通信部隊」に所属するカーネル・ジョン・K・アーノルド（Colonel John K. Arnold）とその他一〇人のアメリカ空軍の兵士たちが、日本の横田基地からB29で遼寧《りょうねい》省の安東《あんとう》(1)まで飛行したが、その途中、彼らもまた中国の地対空砲撃によって撃ち落とされて捕虜の身となっている。

その後、詳細な調査を経て、最高人民検察院によって最高人民法院での公訴手続きが開始されることとなった。一九五四年一一月二三日、最高人民法院の軍事法廷は、「スパイ活動に従事し、中国の安全保障を侵害した」罪でダウニーには終身刑を、フェクトーには懲役二〇年を言いわたし、アーノルドとその他一〇人にはスパイ活動の罪で四年から二〇年の禁固刑が宣告された。

この判決に大きな衝撃を受けたアメリカ政府は、イギリス大使代理を通して中国政府に不服の申し立てを行ったが、北京はこれを拒否するどころか抗議文を送り返してきたため、この一件を国連にもち込むという決断を下した。そして、朝鮮戦争に関与していた一六か国に対して、「朝鮮戦争休戦協定に違反して国連軍人を拘留および禁固刑に処したことに対する申し立て」と題する決議案を国連総会において共同で支持するように呼び掛けたところ、一二月一〇日、この決議案は「第九〇六決議」として採択された。

この国連決議の内容は国連事務総長による措置を要求するものであったため、この一件はハマーショルドが対処しなければならない問題となった。とくに、アメリカによって出された決議であったということから、本件の優先順位は引き上げられることになった。とはいえ、当初、ハマーショルドに与えられたこのミッションは誰の目にも失敗が運命づけられたもののように映っていた。

なぜなら、まず第一に当時の中国は国連をまったく信頼していなかったという事実がある。中華人民共和国は、国家樹立以来、国連における正統な地位を獲得するために多大な努力をしてきたが、アメリカの影響力が強かった国連は台湾に逃れていった蒋介石が率いる政府を引き続き国連における中国の正統な代表としており、中華人民共和国政府に議席を与えるという決議を拒否していたのである。やがて朝鮮戦争が勃発すると、国連はアメリカ軍が率いる国連軍を創設する決議を通して即座に参戦したため、北京政府は単独で国境まで進軍させて反撃せざるを得ない状況に追い込まれた。このことが原因で、中国と国連は対立するようになっていたのである。

これを受けて一九五一年二月、国連は中国を朝鮮戦争における「侵略国」として非難する決議を採択し、同年五月には、すべての国連加盟国が中国に対して「通商禁止」を発動するというさらなる決議がなされた。

この一連の国連の動きの結果、中国は、「国連は中国人と絶交した」、また「国連は、侵略戦争の拡大を推し進めようとするアメリカ主導の帝国主義陣営の救いようのない手先へと日に日に変貌しつつある」と断言したのである。このような状況にある中国側としてみれば、まさか国連事務総長という立場のハマーショルドが訪中することになろうとは考えもしなかったのである。

第二の理由として、中国とアメリカにおけるあからさまな敵対関係は、外交問題のなかでもっともデリケートなものとして中国では扱われるようになっていたということがある。アメリカは、中国共産党と敵対する中国国民党を支持するだけでなく、国民党政府が台湾に追い出されたあとも中国の代表権を継承することを公式に支持すると表明していた。つまりワシントンは、北京に樹立さ

(1)　丹東《たんとう》の旧称。

れた中華人民共和国政府を承認することを拒んでいたのである。また、朝鮮戦争の間、中国軍がアメリカ軍と交戦したという背景も関係を悪化させる原因の一つとなっていた。

さらに朝鮮戦争後の一九五四年一二月二日、アメリカはさらなる一歩を踏み出した。具体的には、蔣介石政府と相互防衛協定を結ぶことで中国を軍事力によって二分したままにするという意思を示したのである。このことは中華人民共和国の大いなる反感を招くことになり、中国国内では抗議の声が沸き上がっていたが、そのようなさなかに、よもやハマーショルドがアメリカ空軍兵士の解放を求めて乗り込むということなどはとうてい想像できない状況にあった。当然のことながら、北京から見れば彼のミッションは、単にアメリカの利益を代弁するものでしかないと感じられた。また、それだけでなく、彼は中国を徹底的に失望させて憤慨までさせた国際機関の事務総長だった。

第三の理由は、そもそも中国は、朝鮮戦争の捕虜問題の対処について国連に大いなる不満を抱いていたということがある。というのも、戦時中、アメリカは峰岩島および巨済島にある韓国の収容所における中国人と北朝鮮人の捕虜の扱いをめぐって国際的な物議を醸していたにもかかわらず、国連はこの事件に対して適切な対応をとるどころか、逆に中国と北朝鮮が戦時中に国連軍に対して「残虐行為」を働いたとする非難決議を通過させていたのである。

また、それだけではなく、朝鮮戦争の休戦協議の間、交戦国は戦争捕虜の「間接的な本国送還」に関する合意を交わしたものの、韓国の李承晩政府と台湾の蔣介石政府によって策定されたこの計画のもとでは、何万人という中国人と北朝鮮人の戦争捕虜がこの二国政府の軍隊に強制的に編入されることとなり、捕虜の本国送還の権利は拒否されていたということがある。そして、国連もまたこれを黙認していた。

しかし、今度は中国の法廷が一九五四年に一一人のアメリカ空軍兵士と二人のCIA工作員をスパイ容疑で禁固刑を課すと、すぐさま国連はアメリカに促されるままに第九〇六決議を採択し、事務総長が「もっとも適切であると判断する手段によって」アメリカ空軍兵士の解放を求めてきたのである。

中国にとっては、朝鮮戦争問題に関してこれまでに採択された国連決議は「国連を朝鮮戦争の交戦国の一つとしてレッテルを貼るものであり」、国連が「公平で理性ある方法で朝鮮問題を扱う適性と道徳性に対する職能」をすでに喪失しているととらえていた。そして、国連の第九〇六決議は「恥ずべきものである」という烙印を押していた。

この第九〇六決議はあからさまに中国政府を非難するものであったため、ハマーショルドはこの決議を根拠にしては中国が交渉の席に着くことには同意しないであろうと察知していた。そこで彼は、第九〇六決議が採択された日に周恩来に宛てて電報を打ったが、そのなかでは決議内容については触れず、「国連事務総長という独立の立場としての責務。これは決議そのものに由来するというよりは、むしろ国連憲章に記された通りの責務もしくは国連の理念に由来する責務」を果たしたいと書き記した。

つまり彼は、国連決議に基づいてというよりは、むしろ国連事務総長の権限に基づいて北京にて会談をもちたいと申し込んだのである。こうすることで、中国政府が国連決議を意識することなくハマーショルドの訪中を受け入れることができるように配慮したわけである。ハマーショルドが生み出したこの効果的な手法は、のちに「北京フォーミュラ」と呼ばれるようになった。

国連総会が第九〇六決議を採択した当日、周恩来は訪中していたビルマ首相のウ・ヌーとの会談のなかで、アメリカ空軍兵士について、「われわれは、一一人のアメリカ人スパイ容疑者に対する判決について、たとえアメリカ人が騒ぎ立てようと、そしてイギリス人がそれに雷同しようと、あるいは国連総会の決議が何となろうとも、微動たりとも変更する意向はない」という基本見解を述べている。

ハマーショルドからの電報を受け取った周恩来は、中国の外務省と公安省の高官を招集して一二月一四日・一五日の二日間にわたって協議を重ねた結果、「中国側の公式な見解を表明する一方で、ハマーショルドの訪中の要請は断るべきではない」という方針を固め、アメリカのスパイ事件と国連事務総長の訪中を個別に取り扱うという結論を下した。これに基づいて一二月一七日、周恩来はハマーショルドに二本の電報を打ったが、その一通目では強い語気で次のように断言している。


中国で捕虜となった外国人スパイの件についての措置は、中国国内の司法権によって処理されるべき問題である。国連が、破壊活動のためにスパイを送り込んで中国の領域を犯したアメリカに対する国連憲章の違反行為を非難することなく、逆に確固たる証拠に基づく中国の決定に介入しようとする行為はまったくもって不当なものと言える。アメリカ人のやかましさとまやかしに紛れて、四万八〇〇〇人もの朝鮮人および中国人の戦争捕虜が拘留され、みじめにも拉致されたという事実を見すごす一方で、中国の一一人のアメリカ人スパイ容疑者に対する判

北京へ向かう前に行われた記者会見（1954年12月30日）　写真提供：UN Photo

北京へ向かうハマーショルド（1954年12月30日）　写真提供：UN Photo/ES

――決を大きく取り上げるという国連の決議は、中国人民に大いなる憤慨を引き起こす以外の何ものでもない。

そして二通目の電報で周恩来は、より穏やかな表現で「貴殿の訪中を歓迎いたします。ついては、ご都合のよい訪問日をお伝えください」と書き記していた。

中国の戦略は明快そのもので、アメリカ空軍兵士の問題に関しては譲歩する用意はまったくなかった。そして、このことは、捕虜の即時解放を要求するハマーショルドのミッションが実現不可能なものであるということを意味していた。しかしながら、周恩来が中国訪問を受け入れたことによってハマーショルドは、自らの外交手腕を発揮して、事態を収拾へと向かわせるチャンスを手に入れたわけである。

周恩来との交渉

一九五五年一月五日、周恩来は北京に到着したハマーショルドを温かく出迎えた。その午後には、ハマーショルドと中南海の西花庁[2]で会合をもった。それは二人の名高い政治家と外交家の最初の会談であったが、世界平和という目標を共有できたために和やかなスタートとなった。

この初会談を終えると周恩来は、ハマーショルドに敬意を表してカクテルパーティーを催し、さらにその夜の八時には夕食をともにしたが、その席上、ハマーショルドは中華料理が自分の好みであると絶賛している。彼はその日の午後のほぼすべてを、通常の来賓ではまず入ることのできない格別な場所である西花庁で過ごしたのである。

一月六日、周は再び西花庁にてハマーショルドとの公式な協議をスタートさせた。最初に口火を切ったのはハマーショルドであったが、彼は自分が国連総会の多数派や特定の国家や個人を代表するためではなく、あくまでも国連事務総長として訪中したことを強調したうえで、国連憲章のもとでは、事務総長は「深刻な緊張状態へと発展し得る状況を抑制もしくは好転させるために適切と判断されるイニシアティブをとる」権利と義務を有していることを主張した。そして、アメリカ空軍兵士の捕虜の問題について触れ、西欧諸国はアーノルドおよびほかの一〇人に下された判決に対して強い反感を抱いていることを告げ、とくに容疑者らは朝鮮戦争中に国連の任務のために搭乗していた航空機が墜落して捕虜となったと考えられることを伝え、それゆえに彼らは判決の対象となる罪を犯していないと述べた。この場でハマーショルドは、周恩来と「基本的な事実」を共有しようと、中国がまだ把握していないと考えられる八つの重要情報を伝えた。

❶問題となっているB29は、第一三航空再補給・通信部隊であり、この機は国連指令部の指揮下で朝鮮紛争に関する任務にあたっていた。

❷一九五三年一月一二日の同空軍兵士の任務は、国連司令部の命令事項を告げるリーフレットを散布することであり、北朝鮮の領土を対象にしたものであった。

---

(2) 当時、北京にあった周恩来の住居兼執務室のことで、外国からの要人をもてなす際にも利用された。現在は、中国天津にある「周恩来・鄧穎超記念館」にほぼ原寸大で復元されている。

❸国連司令部は、北朝鮮の領空域外で飛行することを明確に禁止していた。

❹航空機に搭乗していた乗組員は全員アメリカ空軍の制服を着用していたが、アメリカは北朝鮮での国連活動の参加国の一つである。

❺戦時中の敵地でのリーフレット散布は完全に合法的な行為であり、第二次世界大戦時のすべての交戦国によって合法的な行為と認識されてきた。

❻一九五三年一月一二日に一二機の敵軍戦闘機から攻撃を受けたとき、国連のレーダーは同航空機が北朝鮮の宣川《ソンチョン》の上空にいたことを記録している。

❼国連の無線局は同航空機から遭難を知らせる国際無線救助信号を受信したが、これは航空機が制御不可能な状態にあったことを示している。

❽一九五三年一月一三日および一六日に国連司令部は二つの被災報告書を報告したが、そこには、同航空機およびその乗組員は国連軍の任務にあたっていたことが記されている。

この情報を周恩来に提供する際にハマーショルドは、自分の意図は合法性について議論をするためではないということ、あるいは中国法廷の統治権に異議を唱えるものではないことを告げている。つまり、ハマーショルドは、ただ周恩来に政治的な観点からこの件を判断してもらうこと、そして可能であれば、服役中の二年間の素行などを理由に空軍兵士の早期解放を決断してもらうことを願っていたのである。

最後にハマーショルドは、この兵士の運命がこの先の平和の行方を左右する可能性があることを

周恩来首相と会談するハマーショルド（1955年1月10日）　写真提供：UN Photo

述べている。というのも、国際法は戦時行動にも同じように正当に適用されるため、この問題は純粋に中国国内だけのものではなかったからである。

一月七日に第二回目の会合が開かれたが、周恩来はまず、ハマーショルドが国連事務総長の職権に基づいて平和と国際緊張の緩和について協議するために訪中したことに対して歓迎の意を示した。そのうえで、国連は中国の代表権の問題に関して不公平な立場をとっていること、また中国の司法決定は完全に主権問題であるため国連が関与すべきではない、と断言したのである。というのも、アメリカ人スパイに関して国連総会で採択された決議は、形式としても内容としても中国には受け入れ難いものであったからである。とはいえ、中国側としては、ハマーショルドと本件に関して対話することを拒むつもりはなかった。

さらに周恩来は、アメリカ側の隠された思惑と真実をもみ消そうとする企てを明るみにすると同時に、アメリカから一方的に提示されて歪められた情報に基づいたハマーショルドの前日の発言に対して返答するために、事件とその周辺事項についての重要な事実を説明する必要があると考えた。もし、この説明がハマーショルドを通じて国際社会の関係者に伝われば、アメリカの独断的なプロパガンダの結果として問題を巻き起こすことになった誤解を取り除くことができるのではないかと希望を託したのである。

そこで周恩来は、事件に関する重大な事実を次のように簡潔にまとめて説明した。

❶中国は一一人でなく一三人に判決を言いわたした。両事件に関与した犯罪者らはＣＩＡのスパイ活動の任務中に捕らえられており、この二つの事件は本質的に関連するものである。

❷両航空機は、中国領空を侵犯した際に中国軍によって撃ち落とされた。このことは、住民と兵士を含む目撃者によって確認されており、二機の航空機の残骸は現在も中国の領域にある。したがって、これらは中国と北朝鮮の国境を越えることを禁じられている国連の航空機ではあり得ない。また、中国領空に強制的に追い込まれたものでも、中国領土に強制的に着陸させられたものでもない。

❸送信機などの証拠品が二機の航空機から発見されており、このことはスパイ行為が行われていたことを示している。

❹ダウニーの航空機は駐日のCIA機関の指令によって韓国のアメリカ空軍基地から派遣されたもので、韓国を離陸したのちに中国領空を侵犯している。一方、アーノルドの航空機は横田のアメリカ空軍基地から飛行してきたもので、北朝鮮を通過して直接中国領空に侵入した。

❺この二件のスパイ事件の犯罪者は軍服を着用しており、朝鮮戦争という名目のもとで中国に侵入し、スパイ行為に従事しようとした。中国とアメリカが直接的には交戦状態ではなかったため、拘束されたアメリカ人スパイが戦争捕虜と見なされることも、国際法が適用されることもあり得ない。

周恩来は、アメリカ空軍兵士は「重大な罪を犯したにもかかわらず、われわれ（中華人民共和国）は死刑を宣告しておらず、刑期を終えたあと、最終的には解放されてやがては帰国することができる」と述べたうえで、中国法廷は国家主権を守る義務と「国連憲章の目的と原則」に従ってダウニー、アーノルド、その他の捕虜を刑に処したにすぎないと主張した。そして、国連総会で採択された本件に関する決議は、「本質上いずれかの国の国内管轄権内にある事項への干渉にあたり、国連憲章第二条七項に違反するものと考えられる」と述べた。

また周恩来は、アメリカ領土に居住する中国人に関する件について、一九五四年のジュネーブ会議(3)の舞台裏で行われた米中問題の議論をもち出した。ジュネーブ会議のなかで、周恩来は次のように述べたことをハマーショルドに告げた。

われわれは、アメリカ内の中国市民の問題をアメリカ側に対して取り上げ、アメリカが中国人の市民を拘留して帰国する権利を拒否したという事実に対して抗議すると同時に、中国政府が中国領土に居住するアメリカ人に対して友好的に接してきたことをアメリカ側に伝えた。

われわれは法律に従う者は保護するし、一握りの違法者については法律に従って処罰を与えることにしている。また、アメリカ市民が帰国申請を出した場合は、審査のうえできるだけ速やかに帰国できるようにするつもりだし、アメリカ市民の違法者に刑を処する場合は、一般的には事実と供述内容を考慮してより寛大な処遇を与えるようにする。たとえば、判決を言いわたしたあとでも、もし素行がよければ刑期を迎える前に減刑や受刑者の釈放を考慮する可能性もある。

これに加えて周恩来は、この二つの件で出された判決は「ジュネーブ会議後に在中アメリカ市民六六人に対する判決を出した際の判例に基づいており、関連もしている」と述べて、最後に次のように付け加えている。

「われわれは国連憲章の目的と原則に賛同しており、これを損ねるいかなる行為にも反対する。また、真の緊張緩和に向けたすべての歩み寄りを歓迎し、それに向けた努力の助けになるように、われわれからも歩み寄りの一歩を踏み出す用意がある」

ハマーショルドが前日に「アメリカ空軍兵士の運命が今後の世界平和の行方を決めることになるだろう」と述べたこと、そして、言葉を選びながら戦争の脅威を暗示することを述べたことに対して周恩来は、はっきりと次のように返した。

「中国は平和を愛する。しかし、われわれは平和と引き換えに領土と主権を明けわたすことはない。

(3)　一九五四年四月二六日〜七月二一日スイスのジュネーブで朝鮮休戦後の政治問題やインドシナ休戦について交渉するために開かれた「ジュネーブ極東平和会議」のこと。略して「ジュネーブ会議」とも言われる。中国（中華人民共和国）を含めた五大国（米英仏ソ中）で世界平和を話し合おうという旧ソ連の提案により実現した。五大国を含めて二六か国が参加したが、イギリスからイーデン外相、フランスからマンデス＝フランス首相、アメリカからダレス国務長官、旧ソ連からグロムイコ外相、中国から周恩来が出席した。中国には会議に出席することでアジアの大国としての地位を確立する狙いがあった一方で、アメリカは会議に対して積極的な姿勢は見せなかったものの、最大限有利な展開になるように舞台裏で活発に動いた。この会議の結果としてジュネーブ協定が締結され、第一次インドシナ戦争の休戦が実現した。

中国は戦争に反対する。しかし、戦争の脅威によってひるむことはないであろう。これは過去の経験から証明されてきた通りであり、未来永劫そうあり続けるであろう」

この会談のなかで周恩来は、中国は外国による国内問題の干渉を容認することも、いかなる脅威に屈することもないと語気を強めた一方で、解決への糸口を断ち切ることはしなかった。彼は、ハマーショルドにアメリカ空軍兵士が「刑期を終えたあと、最終的には解放されてやがては帰国することができる」と約束するだけでなく、ジュネーブ会議中に米中間で行われた協議の要点を伝え、素行がよければアメリカ空軍兵士に対して減刑あるいは刑期前の釈放を検討する余地があると述べたのである。そして周恩来は、「われわれは約束を守り、自ら従うべき方針は貫き通す」と強調して、その日の会談を締めくくった。

一月八日および一〇日、周恩来はハマーショルドとの第三回目、そして第四回目の会談を設けた。ハマーショルドは、第二回目の会談で周恩来が述べた言葉のなかに前向きなニュアンスを察知したため、あえてアメリカの見解を繰り返すことは控え、「刑期の前に釈放する」という周恩来の言葉が「すぐにでも実現することを期待している」と表するだけにとどめた。

この会談のなかでハマーショルドは、中国政府がジュネーブ会議で表明した方針にのっとって中国内のアメリカ人の問題に対処していると周恩来が述べたことに注目した。というのも、もし中国政府がまだ保留中の事件の対処を早めることになれば大いなる貢献となるだろうと考えたのである（国連司令部に所属する別の四人の軍人が、中国に拘留されていることが知られていた）。

またハマーショルドはアメリカ人受刑者の家族の心配を和らげるために、周恩来に彼らの健康状態についての情報を提供できるかどうか尋ね、自らもまた、このような情報を得ることができれば深く感謝すると伝えた。これに対する周恩来の返答は、次のように再度念を押したものとなった。

「中国政府は、ジュネーブにおけるアメリカ側との接触の際に発表した方針に従う。われわれが協議した内容を、今回のアメリカ人服役者と容疑者の場合にも同様に適用することになる」

そのうえで、周恩来は進んで写真を含むアメリカ人服役者の健康状態についての情報を提供すると述べ、ハマーショルドに、服役者の家族が訪中を希望した場合には中国政府が必要な施設と支援を提供すること、さらに「彼らの家族が好きなときにいつでも来るように」と付け加えている。

一月一〇日の第四回目の会談のあとに周恩来とハマーショルドは共同コミュニケを発表したが、先述の合意に達したことやアメリカ空軍兵士に関してはまったく触れず、形式的な外交用語で固められたものとなった。

一九五四年一二月一〇日の海外電報により、国連事務総長からの対面して協議を行いたいという申し出に対する返答として、一九五四年一二月一七日、中華人民共和国の国務院総理および外務大臣による歓迎の意に従い、一九五五年一月六日、七日、八日および一〇日に北京にて会談を行った。会談の内容は国際的な緊張緩和にかかわるさまざまなことに関してであったが、われわれはこの会談が有用なものであると考え、提案の通り、今後も協議の継続を期待する次第である。

中国政府は、ハマーショルドの訪中と周恩来との会談を非常に重大なものと位置づけ、国連事務総長が帰国した翌日、早速、周恩来は関係当局に合意事項を実行するようにと指示を出した。

ついに実現した解放

ハマーショルドはニューヨークに帰国するとすぐに、アメリカ国連大使ヘンリー・カボット・ロッジとアメリカ国務長官ジョン・フォスター・ダレスに周恩来との会談が好意的なものであったことを報告した。ところが、アメリカ側の考えは空軍兵士の即時解放以外の結果はすべて失敗であったため、この報告に対して不満感を示した。それだけでなく、アメリカ空軍兵士との面会のために彼らの家族を中国に招待するという申し出に対しても、そのような機会を使って中国がプロパガンダに利用しようとしているのではないかという疑念を抱いて強い関心を示すことはなかった。

実のところ、中国にはこのスパイ事件を利用して、アメリカを交渉のテーブルに着かせようという考えが部分的にはあったと考えられる。そのような交渉の場を設けることができれば、中国は米中関係における重要課題、つまり台湾からの米軍撤廃などの問題も議論できるだろうし、そもそもこのような直接交渉の実現は、アメリカが中華人民共和国を事実上承認したことを意味することになる。

このような動機が隠されていたからこそ、中国は第三者の調停によってアメリカ空軍兵士を解放するという意図はさらさらなかったのである。現に、一九五四年のジュネーブ会議中にイギリス外相アントニー・イーデンが周恩来に対して、アメリカ側から空軍兵士の問題に関して議論する権限を与えられているということを告げたときでも、周恩来は中国とアメリカの両国ともジュネーブにそれぞれ代表団を派遣しているため、代理国を通しての議論は不要であると返答している。

結局アメリカは、ジュネーブにて中国と四回にわたる「領事レベル」での会合を強いられることになったが、解決策の合意に至ることはなかった。その後、インドネシアのバンドンで開催された第一回アジア・アフリカ・サミットに出席していた周恩来は、一九五五年四月に出した次の声明のなかで、アメリカ側と直接の接触をもつ意思があることを表明した。

「中国人民はアメリカ人に友好的であり、アメリカ人との戦争は望んでいない。中国政府はアメリカと交渉のテーブルに着き、台湾海峡にまたがる緊張関係の緩和について協議する用意がある」

この声明は世界中に大きな反響を巻き起こし、イギリス、インド、インドネシア、ビルマ、その他の国々が次々と米中間の調停役を買って出ている。さらには、ダレス国務長官さえも中国との二国間協議の可能性を除外しないという見解を述べている。

ハマーショルドは国連事務総長として中国との接触を継続し、中国とアメリカが直接接触を図るようにと促した。すでに一九五五年二月、彼は北京のスウェーデン大使館を介して北京で依頼したアメリカ空軍兵士の写真を受け取り、兵士たちの家族が少しでも早く見られるようにアメリカ政府に写真をすぐに送る手配をした。

一九五五年七月一三日、アメリカ政府は中国に対して、二国がそれぞれ大使を派遣してジュネーブで協議をもつという提案をイギリスを介して申し出たところ中国はこれに合意し、一九五五年八月一日、「大使級会談」を開始する運びとなった。ところが、会談前日の七月三一日、中国は突然次のような決定を下している。

「人民最高法院の軍事法廷は、カーネル・アーノルドとその他一〇人のアメリカ空軍兵士を中国の法的手続きにしたがって刑期前に釈放することを決定した」

そして、大使級会談の初日、中国側の代表であった王炳南大使はこの決定を直接アメリカ代表のアレクシス・ジョンソンに伝えている。

この決定を行った周恩来の狙いは明らかであった。つまり、アメリカ側が中国と会談をもつ唯一の目的は空軍兵士の釈放であったが、中国側は台湾問題について協議することを望んでいたのである。そのため、会合前日にアメリカ空軍兵士を釈放することによってアメリカ側の唯一の目的を実質的に議題から外し、アメリカが中国側の主要関心事に焦点を絞らざるを得ない状況をつくり出したわけである。

ハマーショルドがアメリカ空軍兵士の解放を調停するために中国を訪問したことは事実であるし、また中国がハマーショルドに対して刑期前に空軍兵士を釈放すると約束し、彼との連絡を継続的に行ったことも事実である。しかし、興味深いことに、この決定について最初に事前に伝えられたのは国連事務総長ではなく、在中国インド大使ラガワンであった。周恩来は、七月三一日にラガワンと会い、「われわれは、自らの意思でこの行動を決定した。もちろん、ネール、メノン、そしてウ・ヌーの努力の結晶でもある」と告げている。

周恩来がハマーショルドではなくインドの外交官に最初の合図を送ったという事実は、ハマーショルドが中国とアメリカの間に挟まれて困難な立場にあったということを意味している。というのも、アメリカは本件を打開するためにハマーショルドを利用したいと思ってはいたものの、中国の譲歩を導き出すための切り札を彼に用意する準備ができていなかったからである。

一方、インドもまたこの二国間の調停にあたっていたが、国連事務総長とは異なり、アメリカ側からもアメリカ国内に居住する中国人の利益を保護するための仲介役として認められていた。そのため、「ジュネーブにおいて、アメリカ側を歩み寄りに向かわせようと努力するインド大使のメノンを後押しすることになるであろう。具体的には、アメリカ在住の中国人、とくに中国人学生が自由に祖国に帰れるように承認させることにつながるであろう」と考えた中国は、まずインドに知らせたのである。

しかし、中国政府がアメリカ空軍兵士を刑期が終わる前に釈放することを最終的に決定したとき、周恩来はハマーショルドに知らせることを決して忘れなかった。八月一日、周恩来はスウェーデン大使を西花庁に招き、次のように告げている。

「われわれ中国政府は、中国の法律を犯した一一人のアメリカ空軍兵士を釈放すること、そしてハマーショルド氏との友情を守ることにした。ついては、この決定を彼に伝えていただきたい。ただし、われわれの決定は、国連決議およびハマーショルド氏による国連への関連報告とはまったく関係がないことをはっきりと申し上げておく。ハマーショルド氏が、この点について厳粛に受け止めることを望む」

スウェーデン大使が、「ハマーショルドは、ちょうど今、スウェーデンで自身の五〇歳の誕生日を祝っているところだ」と告げると、即座に周恩来はハマーショルドに誕生日の祝辞を伝えるように大使に依頼するとともに、ハマーショルドと育んだ関係と友情を維持してゆきたいという意志を付け加えた。

ハマーショルドの北京への旅は、即座にアメリカ空軍兵士を解放することにはならなかったが、この問題を解決に導く大きな要因となった。すなわち、ハマーショルドは中国のトップから刑期前に空軍兵士を釈放するという約束をとりつけたうえに、空軍兵士の家族らの訪中の許可をもとりつけたのである。

また、それだけにとどまらず、中国はこの問題を検討したことをきっかけに国連を仲介機関の一つとして認めることになり、その後、国連と中国の直接協議への扉を開いたのである。このことは、ハマーショルドの政治キャリアに輝かしい業績を残すことになり、二年後の国連事務総長の再選挙において、満場一致で続投が決定した大きな要因となった。

第4章

ダグ・ハマーショルドとニキータ・フルシチョフ

セルゲイ・フルシチョフ

ダグ・ハマーショルドとソ連の最高指導者であったニキータ・フルシチョフは、ほぼ同時期に政治的なキャリアの全盛期を迎えている。具体的に言うと、一九五三年四月、ハマーショルドが国連事務総長に任命されたとき、同年九月にフルシチョフは政党という枠を超えて国家全体の行政を取りまとめていたソビエト共産党中央委員会の第一書記に就任している。

この年の三月五日にヨシフ・スターリンが死去して血なまぐさい恐怖政治の幕が降りると、ソ連の指導者たちは岐路に立たされることになった。つまり、これまでと同じ道を歩み続け、西側との「避けられない戦争」の準備に向かってひた走るのか、それとも、デタント(1)に向けたフルシチョフが呼ぶところの「平和共生」の道を選ぶのかという選択を迫られたのである。

過去に歩んできた道のりのことが重くのしかかるフルシチョフにとって、修正路線の決断を下すということは決して容易なことではなかった。そうかといって、東西の両陣営が戦車の砲弾の発射ボタンに手を置いたまま照準器をのぞきながらにらみ合い、いつ開戦してもおかしくないという第三次世界大戦に備えている状況のなかで、西側陣営のリーダーたちと歩調を合わせることは困難な

(1)　対立する国家間の緊張が緩和すること。とくに、第二次世界大戦後の米ソ東西陣営間の対立の緩和を指す。

道に見えた。

当時、フルシチョフをはじめとするソ連の指導者たちは、国連をアメリカ国務省が牛耳る反ソ連勢力の道具の一つとしてしかとらえていなかった。折しも、このとき朝鮮半島では、国連のお墨つきをもらったアメリカ主導の同盟軍がソ連側の同盟軍と対峙するという形で戦争が続けられていた。そのうえ、ソ連にとっては、当時の主要な同盟国であった中華人民共和国を国連に加盟させようという試みもアメリカのおかげで完全に阻止されているという状況であった。

つまりこの時期、ソ連からすれば、ハマーショルドも国連も自国の外交政策を展開するなかにおいて特別注目に値する存在ではなかったのである。端的に言えば、モスクワの目にはアメリカと国連の関係は常に主従関係としてしか映っていなかった。そのため、実質的な権限を握っているアメリカのリーダーとさえ合意に達することができれば、あとはアメリカ大統領が国連事務総長に指示を与えるだけだと考えていたのである。

もちろん、ソ連の外務省も独自のルートで国連に協力をしていたし、代表を送り込んで国連総会や安全保障理事会といった場では冗長で熱の込もったスピーチを行ってはいたが、モスクワは国連を実質的な協議を行うための機関というよりも、東西両陣営がプロパガンダを披露する場としてしかとらえていなかったと言える。したがって、当然のことながらフルシチョフは、国連事務総長に対して何ら個人的な興味を抱くことはなかった。むしろ、当時のアメリカ大統領であるドワイト・D・アイゼンハワーと、そして緊急時には、国務長官ジョン・フォスター・ダレスと直接会談をしたり、書簡を通して意思疎通を図ることを好んでいた。

初めての出会い

フルシチョフが初めてハマーショルドに出会ったのは一九五六年のことである。そもそもフルシチョフという政治家は、好奇心が旺盛で精力的な性格のもち主であり、西欧からの著名人となれば誰でも好んで訪問を受け入れて、それまで閉ざされていた「西欧文明」の多くを学んだほか、時には西側陣営に外交上のメッセージを送るためにも利用もしていた。

一九五六年の前半、フルシチョフは「秘密」の演説[2]をきっかけに非スターリン化に乗り出し、同じくソ連の指導者であったブルガーニンとともにイギリスを訪れている。そののち数か月の間は、かつてないほどの諸外国の代表団が大挙して旧ソ連を訪問することになったが、そのなかには、アメリカ軍部の代表団やスターリンの宿敵であったユーゴスラビア大統領ヨシップ・ブローズ・チトーといった顔ぶれまであった。

そのため、ハマーショルドの訪問といっても、フルシチョフにとっては通常の外交日課となんら変わるものではなかった。それはハマーショルドにとっても同じで、国連事務総長としてこれ以上モスクワ訪問を先延ばしにするわけにはいかなかっただけである。確かに、フルシチョフとしても

(2)　一九五六年二月、第二〇回共産党大会にてフルシチョフの行った演説のなかで公表された「秘密報告」のこと。フルシチョフはこの報告のなかでスターリンの個人崇拝、独裁政治、大粛清などの事実を暴露したうえでスターリン路線を完全に否定した。この演説はスターリン批判のきっかけとなると同時に、資本主義体制の西側陣営との平和共存の流れをつくり出すことになった。

国連最高位の行政官との会談に関心がなかったわけではないが、かといって、この出会いからいつもと異なる何らかの変化がもたらされることを期待していたわけではなかった。

一九五六年の七月三日、フルシチョフはクレムリンでハマーショルドを出迎え、東西ドイツの統一、全面的な軍縮、核実験の禁止、そして言うまでもなく中国の代表権を中華人民共和国に移行し、安全保障理事会の常任理事国として承認する問題などについて話し合った。このときフルシチョフは、ハマーショルドに自らの見解を伝えたわけだが、彼が感じたことは、ハマーショルドの立場はアメリカ側と何ら変わらないというものだった。

この最初の対談によって、ハマーショルドはダレス国務長官の決定に従うだけで自ら提案するようなことはない、言ってみれば「召使」のような存在の政治家であるという確信

モスクワ（赤の広場）を訪れるハマーショルド（右）（1956年7月5日）
写真提供：UN Photo

を深めただけであった。

一九五八年三月二四日、フルシチョフはハマーショルドと再会した。フルシチョフを正式に首相に任命するためにソビエト最高会議が召集されるというまさに直前のことであったが、それ以来、フルシチョフとハマーショルドの会談は、ソ連とフルシチョフ自身のキャリアにおいて大きな変革が起きるタイミングと偶然にも重なるようになる。

しかし、この一九五八年三月の会談のなかでフルシチョフがハマーショルドと協議した内容は、このようなソ連国内の変動についてではなかった。というのも、フルシチョフは、自国内の動きをアメリカの耳に入れる必要はないと考えていたのである。フルシチョフにとって、ハマーショルドの耳は依然としてアメリカの耳でしかなかったのである。

それゆえ、このときにフルシチョフが語ったことは、ソ連経済の地方分権化、農業政策の進展、一人当たりの食糧生産をアメリカと同等の高いレベルにまで引き上げて、最終的にはソ連が完全な自給を達成する計画についてである。さらに、前回と同じく、軍縮の状況、東西ドイツ統一の問題（とくに、このドイツ統一問題については、フルシチョフがアメリカに対して既成事実を突き付けて東ドイツとの平和条約に署名するように迫っていた）、そしてソ連側が単独で核実験実施のモラトリアムを設けたにもかかわらず、アイゼンハワーがこれに応じるのをためらっていることなどについてハマーショルドと話し合っている。

「粘り強さは報われる（persistence pays）」という言葉のごとく、フルシチョフは多くの人々に対して幾度となく自らの主張を訴え、その内容が彼らを通してアメリカ大統領の耳に入り、最終的には、西側陣営がソ連とフルシチョフを見下すことをやめるときが来たと納得させることができると期待していた。もちろん、ハマーショルドに対しても同じように期待していた。フルシチョフは、今こそアメリカとソ連が対等な立場で向き合うだけの機が熟したと確信していたのである。

このときにフルシチョフとハマーショルドの間で交わされた内容は、一九五六年の最初の会談よりも友好的であったと言える。その理由は、この二日間の彼らの行動からも分かる。観劇を趣味としていたフルシチョフは好んで客をよく連れていっていたが、その夜、ボリショイ劇場のインペリアルボックスでハマーショルドと席をともにしてトビリシ[3]から来たバレエ団による『オセロ』を鑑賞しているし、その翌日には、ハマーショルドをクレムリンでの夕食に招待までしているのだ。

滞在期間中、フルシチョフとハマーショルドは互いをよく知るような関係になったが、依然として、ハマーショルドがアメリカ寄りの国連事務総長であるというフルシチョフの認識は変わらなかったようだ。かといってフルシチョフは、このスウェーデン人をまったく脈のない人物とは考えていなかったようだ。つまり、フルシチョフは、精神面においてはハマーショルドが一人の政治家としてある種の独立性をもっていると感じ取っていたのである。このことは、一九五六年の最初の出会いからすれば大きな進展であったと言える。

海辺にて二人きり

次にフルシチョフとハマーショルドが再会したのは一年後のことである。フルシチョフはアブハジア（Abkhazia）のピツンダ（Pitsunda）[4]で休暇を過ごしており、彼の代理である副首相のアナスタス・ミコヤンもその近くで休暇をとっていた。そして二人は、ちょうどそのときにモスクワを訪れていたハマーショルドに連絡して、二〜三日海辺で一緒に過ごそうと誘った。

言うまでもなく、フルシチョフはピツンダに誰でも招待するという習慣があったわけではない。モスクワの喧騒や事務的な日常業務によってひっきりなしに邪魔が入るという状況から切り離された静かな環境での議論が有用である、と感じる相手だけを招待していた。

このころのフルシチョフは、国連事務総長との会話を単なる儀礼上のものとは考えていなかったし、ハマーショルドをアメリカの「召使い」であるとも考えていなかった。しかし、だからと言ってハマーショルドが、アメリカ国務省が決めた東西関係に関することから外れた議論をするとは思っていなかった。

東西ドイツの統一問題、軍縮、核実験と、二人の間で交わされる話題はいつも同じであった。そして、どちらも、細部を除いては基本的な見解を変えることはなかった。もはや、ドイツとの平和条約に署名する日程について主張しなくなったフルシチョフだが、この協定を遅かれ早かれ実現すべきであるという決意は変わらぬままであった。一方、ハマーショルドは、合意には署名されるべきだが、西ドイツが東ドイツを統合したあとの統一ドイツとのみ署名するべきだという西側の立場

(3) グルジアの首都。当時グルジアはソ連の構成国の一つで、一九九一年に独立した。
(4) アブハジアはカフカス地方の一地域で、グルジアの最西端に位置し黒海に面している。旧ソ連時代にはリゾート地として栄えた。ピツンダは、アブハジアにあるリゾート都市。

をとった。両者とも、この点については長らくの間不合意のままでいることに慣れており、この話題での意見交換はこれ以上盛り上がることはなかった。

その後の夕食は、いくぶん白熱したものとなった。食卓は、フルシチョフ邸の二階に置かれていた。その巨大な窓からは、今まさに沈んでゆこうとしている太陽が波を照らして、パノラマのごとく風景を眺めることができた。このときの夕食の話題の一つに、ボリス・パステルナークの小説『ドクトル・ジバゴ』が挙がった。その前年の秋、パステルナークはノーベル文学賞を受賞しており、ハマーショルドはその選考の権限をもつスウェーデン・アカデミーのメンバーとして一票を投じていた。

ソビエト政府はこの本を、イデオロギー上、反ソビエト的な性質をもった有害な作品と考えており、著者が外国での出版を決断したことを背信行為と見なしていた。そして、パステルナークが受賞者として選ばれたことは、アメリカが仕掛けた政治的な挑発であるとすらとらえていた。また、この本をめぐって激しい議論が交わされた結果、パステルナークは受賞を辞退することになった。[5] この日の夕食の席で、ハマーショルドがスウェーデン・アカデミーのメンバーとしてパステルナークに一票を投じたということに触れた途端、昨年秋にとどろいた雷鳴のこだまが、今再びピッツンダの夕食のテーブルの上で鳴り響いた。

実際には、フルシチョフもミコヤンも小説そのものを読んだわけではなく、この作品のイデオロギー上の問題点を説明するめに共産党員が用意したメモ書きを目にしただけであった。また、ハマーショルド自身もその作品の英語訳を一度読んだだけで、文学的な質に関して評価できるだけの立場にはなかった。

ちなみにフルシチョフは、ある作品の言葉遣い、文体、純粋な文学的な特徴に関する意見をあえて述べることは、たとえそれがどんなによい作品であったとしても、ある食通がすでにほかの食通が食べてしまった食事について意見を述べるのと同じであると考えていた。

やがてこの会話は、表面上は文学についての議論に見えるが、実際にはイデオロギー上の議論を展開する事態となってしまい、ついには互いの視線を合わせることすらなくなってしまった。最後に二人は礼儀正しく別れを述べたものの、互いに相手の意見には納得しないままであった。

翌日、これ以上はハマーショルドと議論を続けるだけのテーマがないと感じたフルシチョフは、ちょっとした外交上の策略として、公式な円卓会議の代わりに二人だけで自分の手漕ぎボートに乗らないかと提案した。そのボートは通訳が同乗する余裕もないほど小さなもので、フルシチョフがオールを取ると、ハマーショルドは船尾に腰をかけた。海は鏡のように穏やかで、笑顔を交わしたり自然の風景に感嘆したりと、二人は一時間以上もの間ボートで過ごした。

ボートから降りるとフルシチョフは、今回のハマーショルドとの「交渉」は、いつもと違って実りあるものであったというジョークを述べた。すると、このジョークに気をよくしたハマーショルドは、機会があったら、今度は自分のボートにフルシチョフを乗せて出掛けることを約束した。そ

（5）ロシア革命に批判的な内容であるとしてソ連での公刊を拒否されたため、一九五七年にイタリアで出版された。

国連総会において挨拶を交わすフルシチョフ（右）（1960年9月26日）
写真提供：UN Photo/Yutaka Nagata

ハマーショルドとフルシチョフ夫妻（1959年9月18日）
写真提供：UN Photo/MB

して、ハマーショルドは、今度は自分がオールを手にする番であると付け加えた。

一九五九年九月、二人は再び顔を合わせる機会に恵まれた。アイゼンハワー大統領との会談をするためにアメリカを訪れていたフルシチョフが国連総会で軍縮に関する演説を行ったのだが、この際にハマーショルドは、フルシチョフのために国連ビル内の案内をしている。ニューヨークの見事な景色を一望できる国連ビルの最上階で二人は一緒に記念撮影をしたものの、アイゼンハワーとの交渉のことで頭がいっぱいであったフルシチョフは、ハマーショルドと本格的な議論をするだけの余裕はなかった。別れ際、二人は笑顔を交わしたが、このときからちょうど一年後の再会時には、両者から笑顔といったものが完全に消え去っていることを知る由もなかった。

吹き荒れる総会ホール

ソ連とアメリカの間に芽生えていたおぼつかない歩み寄りの動きは、一九六〇年五月一日、U2スパイ機がウラル山脈上空で撃墜されるという事件[6]によって打ち砕かれてしまった。

この事件に関してフルシチョフは、アメリカの航空機がソ連領空を侵犯した動かし難い証拠を押さえていたため、アメリカ側に謝罪もしくは今後このような偵察飛行をソ連の領空で行わないとい

（6）「U2撃墜事件」のこと。アメリカのCIAスパイ機であるU2は、一九五〇年以来、領空侵犯によるソ連の偵察を実施して軍事能力を監視していたが、パリ頂上会談を目前にソ連によって撃ち落とされて飛行士が捕虜となり、アメリカのスパイ行為が明るみになった事件。

う誓約を求めたが、アイゼンハワーは、もしソ連が同様にアメリカの領空侵犯をした場合は戦争行為と見なすとし、ソ連の主張するどちらの要求も跳ね付けて、国務省がアメリカの国家保障にとって有益と判断するかぎりは飛行を継続する、とまで宣言した。

このように粗野で厚かましいアメリカの態度に直面したフルシチョフは、アイゼンハワーとはもはや対等に議論することはできないと判断し、ソ連が劣勢な立場に立たされるのであれば交渉の余地はないと考えた。そのため、五月一七日にパリで開催が予定されていた待望の四大国首脳による平和サミットは、幕開けすらしないうちに失敗に終わってしまった。(7)

フルシチョフは直ちに反撃を開始した。同年九月の国連総会の特別会合において脱植民地化の問題を議論しようと、全世界の首長をニューヨークに招いたのである。こうして旧植民地国と旧宗主国ともにトップレベルの代表団が特別会合で顔を合わせることになったため、アイゼンハワーもまた、気は進まないものの出席することにした。そのためハマーショルドは、アイゼンハワーとフルシチョフがたとえ偶然であったとしても国連ビルの廊下などですれちがうことのないように細心の注意を払った。

この国連総会は、熾烈をきわめた劇的なものとなった。具体的には、ソ連陣営側につく国の代表とそのシンパ国の代表が帝国列強による植民国に対する圧制と残酷な搾取を非難すると、出席する代表団の半数が声高に拍手喝采を送った。対するアメリカ陣営側につく国とその支持国がソ連による自国内の民族集団の抑圧を非難すると、今度は会場の残り半分が大声で支持を叫ぶという状況となった。

穏やかな議論の進行に慣れていた国連の外交官たちは、この光景を前にして目を疑ったことであろう。彼らは、このような場面に遭遇したことがこれまでになかったし、今後もこのような光景を再び目にすることはないであろう。

この総会のなかで、数々の忘れがたい出来事が起きている。たとえば、アメリカの代表団がソ連に対して罵倒の言葉を発すると、ルーマニアの代表は議会にはふさわしくない抗議の言葉で応戦したが、このときフルシチョフやソ連外相のアンドレイ・グロムイコ、そのほか「われら（ソ連）の味方」と言われる国々の代表は机を叩きはじめたのである。当時、国連総会の議長であったアイルランドの国連大使フレデリック・ボーランドはこれに激怒して、議場が秩序を取り戻すようにと小槌を叩いたが、叩きすぎたために小槌が壊れてしまった。自分の信条とアメリカ側への積極的な支持を隠そうとしなかったボーランドの態度は、双方のバランスを保ちつつ、どうにかして中立性を守ろうとしていたハマーショルドの意向に真っ向から反するものであった。

かくして起きた靴事件

ボーランドがかの有名な「靴事件」を引き起こすことになったのは、先述の騒ぎのあった会合の

（7）　パリで開催予定だった米ソ英仏の東西四大国頂上会談のこと。フルシチョフはアイゼンハワーが公式に謝罪しないかぎり会談には参加しないと主張したが、両者の妥協は実現せず、フルシチョフは会談の開始前にパリからモスクワに帰還してしまった。米ソの蜜月時代はここで幕を閉じた。

後に行われた国連総会の定例会合においてである。定例会合ということもあり、何か特別な議事も予定されておらず、当日、朝の総会ホールは空席が目立っていた。そして、フルシチョフが総会ホールの入り口に現れたのは、ちょうどそのときのことであった。

多数の空席を目にしたフルシチョフは、側近のオレグ・トロヤノフスキー大使に向かって、「ソ連が国連に多額の分担金を納めているのは何のためか？」、「みなどこへ行ったのか？」と叱責した。トロヤノフスキーが「重要な議論の多くは舞台裏で行われている」と言って釈明しようとしたが、フルシチョフはあきれ顔でただ首を横に振るだけであった。というのも、フルシチョフは舞台裏で何が起きているのか知っていたのだ。昨晩夜更けまでバーに居座り、今ごろはぐっすりと眠っているということを。

自分の席に向かって歩いてゆくフルシチョフを、いつものように報道陣が取り囲んでいた。彼は報道陣に対して口をつぐんでいたが、記者の一人が誤ってフルシチョフの靴（靴というよりはサンダルに近い履物）のかかとを踏んでしまったため脱げてしまった。靴が脱げてことさら黙り込んでしまったフルシチョフだが、太っているために長い靴べらを使わずには履き直すことができなかった。かといって、片手に靴を持った姿をカメラマンの前で見せるわけにもいかなかった。そこで怒った彼は、靴を片方だけ履いたまま重い足取りで自分の席に向かい、自分のお腹を椅子と机の間に押し込んで席に着いた。

総会ホールのアシスタントの女性が置き去りにされた靴を拾い上げてトレイに置き、その上にナプキンをかぶせてフルシチョフに差し出すと、彼は手を伸ばして靴を履こうと悪戦苦闘したが、とてもそのような窮屈な体勢では靴を履くことができなかった。そこで彼は、さらに怒りを募らせて、その靴を机の上に乗せてしまったのである。AP通信のカメラマンとあるドイツ人記者が、その光景を写真に撮っている。

この出来事が起きているさなか、議長のボーランドがフィリピンの代表に演説をするようにと指示を出すと、報道陣はコーヒーを飲み終えるためにバーへと戻っていった。このあと、この会議場で、まさかと思うような日常を逸脱する出来事が起きようとは誰も想像だにしていなかった。

演説をはじめたフィリピンの代表は、すぐにアメリカがソ連に対して述べた前日と同じ内容を繰り返し、ソ連を「国民の牢獄」と呼んで非難した。フルシチョフは、すかさずその発言に対する反論の機会を求めて挙手したが、ボーランドはわざとらしくフルシチョフとは反対の方向を向いて無視をした。するとフルシチョフは、今度は両手を挙げて振りかざしたが、ボーランドは再び無視をしたのである。いよいよ憤慨したフルシチョフは、目の前にある靴をつかみ上げて空中で振り回しはじめた。

先の女性アシスタントは、のちに、もし机の上に傘が置いてあったら、フルシチョフはその傘（もしくは、手元にあるものなら何でも）を振り回していたにちがいないと述べている。また、この事件の目撃者の間でも、実際にフルシチョフが靴で机を叩いたかどうかという点については意見が分かれており、フルシチョフ自身を含めて実際に叩いたと証言している者もいれば、実際には机を叩かずに、ただ靴を振り回しただけであると主張している者もいる。

ついにボーランドはフルシチョフのジェスチャーに「気付き」、フィリピンの代表が演説を終えたあとに発言するようにと指示を出すと、それに満足したフルシチョフは靴を机の上に戻した。ジャーナリストが急いで戻ってきたのはちょうどこの瞬間だった。この事件がテレビや写真に収められていないのはそのためである（彼が靴を掲げている有名な写真は合成されたものである）。

ようやく発言の順番が回ってきたフルシチョフは、靴が片方脱げたまま演壇に登った。彼の反論は感情的で、フィリピン代表を「アメリカの *choluj*（おべっか使い）」と呼んだが、通訳者はその言葉に相当する適当な英語がすぐに思いつかなかったため、結局「bootlicker」という単語を選んだ。ところが、フィリピン代表は、この「Bootlicker」という言葉が国連総会の議事録に記載するには不適切な表現であると抗議した。フィリピン代表とフルシチョフがこの点についてしばらく口論を続けたが、最終的には「アメリカの lackey（子分）」という言葉に置き換えることで決着をつけている。(8)

攻めるフルシチョフ、守るハマーショルド

このときフルシチョフは、ニューヨークにある提案を持ってきていた。それは、国連事務総長を西側大国、社会主義陣営、非同盟国からの代表者一名ずつからなるトロイカ方式に置き換えるというものであった。このトロイカ体制の実現によってのみ、国連は真に世界を代表することができると主張したのである。

フルシチョフにとっては、国連総会の議長としてのポーランド大使の振る舞いは、自分の考えの正当性を確信するに十分足るものであった。そこで次の会合において彼は、トロイカ方式の発案を

発表すると同時に、国連本部を西ベルリンもしくは中立国のスイスに移転しようという提案も付け加えた。

それだけにとどまらず、フルシチョフはハマーショルドを厳しい言葉で非難もしている。ハマーショルドは植民地主義の共謀者であり、具体的にはアメリカの共謀者であると批判したうえで辞任を迫ったのである。しかし、ハマーショルドは、「自らの使命が超大国に仕えることではなく、より小さな加盟国（とくに、ソ連やアメリカの行動によって脅かされている国々）の利益を守るために尽くすことである」と断言し、辞任することを拒んだ（一〇四ページ参照）。

この「茶番劇」に幕が下りると、二人の間に架かっていた橋が永遠に崩れ落ちたかのように思えた。ところが、フルシチョフという政治家は、激情家で衝動的なリーダーという自らがつくり上げたイメージとは対照的に、一時的な感情によって突き動かされるということは決してなかった。彼はしばしば、親しい仲間に次のように語っている。

「あの政府の首長、この政府の首長、あの政治家この政治家、好きな相手であろうがなかろうが、彼らとの接触を保ち続け、いい関係を築くことがわれわれの義務である。そのような手段によってのみ、われわれは事の行く末に影響を与えることができるのである。この関係を絶って孤立することとは試合に負けることであり、もしそうなれば、敵を背にして試合場もしくは戦場と言ってもいい場所からを去ることになってしまう」

（8）　相手のブーツを舐めるようにへつらう人、という意味。

ハマーショルドに対して特別な幻想を抱くことはなかった一方で、フルシチョフは彼に対して辛く当たるという意図ももっていなかった。それどころか彼は、ハマーショルドに政治上での関係と個人的な関係を区別していることをしっかりと理解してもらいたいとすら願っていた。事実、その後フルシチョフは、ソビエト大使館で催されるレセプションにハマーショルドを招待しているが、その際、招待状がきちんと彼の元に届けられるように職員に対して特別の指示を出している。そして、ハマーショルドが大使館に到着したときには、フルシチョフ自らがドアまで行って彼を出迎え、抱擁までしようとしたほどである。事実、フルシチョフは、「ハマーショルドに対して何ら個人的に反対するところはない」と述べていた。

国連総会での騒動から一〇日後、フルシチョフはモスクワに帰る前にもう一度、国連ビルの総会ホールの自分の座席に座った。するとハマーショルドは、演壇の自席を離れてわざわざフルシチョフの座席まで歩いていき、無事の帰国を祈ると挨拶をしている。彼らは、友好的とは言えないまでも、少なくとも敵意をもつことなく別れたのである。そして、この別れが、フルシチョフとハマーショルドが顔を合わせる最後の機会となった。

一年後、フルシチョフはウォルター・リップマンとのインタビューのなかで、ハマーショルドは中立国スウェーデンから来た外交官であることは認めるが、「中立的な国家はあっても中立的な人間は存在しない」という見解を述べている。これに対してハマーショルドは、一九六一年五月にイギリスのオックスフォード大学で行われた彼の最後の講演なかで、フルシチョフのこのコメントを部分的に引用しながら次のように述べている。

「人間の本性の奥底をたどれば、中立的な人間などは存在しない。しかし、清廉潔白な人間であれば、そのような正しい人間による中立的な行為というものは存在するであろう」

歴史は繰り返す

われわれは、誰しも好き嫌い、嗜好、共感といったものをもっているが、ハマーショルドの共感は必ずしもフルシチョフと相いれるものではなかったと言える。しかし、同時に、われわれはみな自らの人生に与えられた使命感というものをもっている。ハマーショルドの使命感は世界で拮抗する勢力の均衡を保つことであったが、それを模索するなかで、フルシチョフの逆鱗に触れたりホワイトハウスを混乱させたりもした。

その一例がコンゴ紛争の件[9]であるが、この一件のなかでハマーショルドは、二つの戦火の間、そしてモスクワとワシントンの間で板ばさみの状態に陥った。敵対する両者とも、表向きであろうが秘密裏であろうが構わずに「味方側」の支援合戦を繰り広げ、「敵側」の退陣を迫って闘っていた。このような状況のなかで、ハマーショルドは孤立無援の状態となり、自らの信念を貫いた代償として彼自身の命までも犠牲にしてしまったのである。

フルシチョフは、ハマーショルドの死を悼み悲しんだ。彼はハマーショルドのことを最後までアメリカ帝国主義の忠実な従者であったと感じていたにもかかわらず、いつしか彼に好感を抱くまでになっていたのである。

二〇世紀半ばは、フルシチョフがあらゆる理由で国連に不満を抱いていた時期であった。西側諸国とその支持国の多くはフルシチョフの提案をことごとく否決し続け、彼の反対勢力に支援を与えていた。このような状況のなかで、フルシチョフが考えるところのより現実的な世界の利害関係の均衡状態を国連運営に反映させるために改革を試みようとしたことはしごくもっともな行為であり、正当化され得るものであった。そして、またこれと同じことが、フルシチョフの提案に反対する西側諸国にも言えた。

「歴史は繰り返す」という言葉のごとく、二一世紀の幕が明けた今日、アメリカ大統領は徐々にフルシチョフと同じ状況に立たされるようになっている。つまり、国連総会では思惑と異なる方向に決議がなされることもあれば、アメリカ政府が提案もしくは支持した決議案がうまく通らないこともあり、ホワイトハウスにとって国連総会は単に苛立ちの原因にすぎなくなっている。そして、アメリカは今、まさにフルシチョフが半世紀前に行ったことと同じことを繰り返している。すなわち、国連を無視し、改革を要求しているのである。

国連の未来はわれわれの未来である。というのも、効率性が低下しようが扱いにくかろうが、国連は世界秩序を維持する目的のために人類がつくり出してきた最善の策なのである。ハマーショルドは、一九六〇年代において国連機構を死守することに成功したが、彼はまるでスキュラとカリュブディス[10]の間を進むがごとく、アメリカとソ連の間の道を進んでいった。しかし、フルシチョフに「中立的な人間はいない」と言われたように、彼はスキュラのほうに引きずられていたと考えられる。そして今日、カリュブディスはもはや姿を消し、ハマーショルドの後継者たちにとっては策略を講じるだけの余地がはるかに狭いものになってしまった。

今、国連の未来は、かつてないほどに事務総長の英知と決断力、そして事務総長がいかに過去からの教訓をしっかりと学ぶかにかかっていると言える。そして、その教訓のなかに、ダグ・ハマーショルドの人生がわれわれに教えてくれたこともまた含まれている。

（9）一九六〇年〜一九六五年にベルギーから独立したコンゴで起きた紛争。コンゴは独立直後、政治家チョンベが豊富な鉱物資源を有するカタンガ州の独立を一方的に宣言して内戦状態に陥っていた。このとき、ベルギーも入植者保護を名目にコンゴに軍事介入した。カタンガ州が分離独立すればコンゴの経済的自立は不可能となり、ソ連の進出を誘うと考えたアメリカは国家統一を目指すカサブブ大統領を支援し、国連を通じて中央政府とカタンガ州政府の和解を図ろうとした。一方ソ連は、反植民地主義者のルムンバ首相を支持し、アジア・アフリカ諸国もこれに同意していた。事態の収拾を図るために国連安全保障理事会は、カタンガ州の資源に触手を伸ばす西欧諸国の反発にもかかわらず、ベルギー軍の撤退や国連軍の派遣などを決議した。かくして、「国連コンゴ活動（ONUC）」が一九六〇年七月〜一九六四年六月に展開されたが、コンゴ共和国の領土的統一および政治的独立の維持、内戦の抑止、国外からの軍事活動分子の排除といった任務を引き受けることとなり、ONUCの軍事要員数は、最盛時には一万九〇〇〇人に達するものとなった。ハマーショルドは、ONUCの活動を決議にしたがってあくまでも中立的に実施しようとしたため、米ソをはじめとしてフランスからも反感を買うことになったが、一九六一年九月、チョンベとの調停会談に向かう途上、北ローデシアのエンドーラ（現ザンビア）にて飛行機が墜落し、他界した。

（10）スキュラとカリュブディスは、ともにギリシャ神話に出てくるシチリア島のメッシナ海峡にいたとされる海の怪女で、古代ギリシャの叙事詩『オデュッセイア』では、両者ともにオデュッセウスの帰路の航海を妨げた恐ろしい人食いの怪物であり、この海峡を航海の最大の難所にしていたと言われる。

第5章

ダグ・ハマーショルドとスウェーデン政府

スヴェルケル・オストロム

「国連加盟国のなかで、かつて私を裏切った国が一つだけある。それは、わが祖国である」

一九五八年七月、ダグ・ハマーショルドは親しい側近にそう語った。彼がこのような辛辣な言葉を述べざるを得なかった背景には、いったい何があったのだろうか。そもそも、国連事務総長であるダグ・ハマーショルドと出身国スウェーデン政府の関係はどのようなものであったのだろうか。

国連を動揺させたスウェーデン政府

ハマーショルドとスウェーデン政府との間で不和が生じた背景は次の通りである。一九五八年の春、シリアからの武装グループがレバノンとの国境を越えて進軍したことがきっかけとなって、両国の国境で紛争が勃発した。ちなみに、当時シリアは、ガマール・アブドゥン＝ナーセル大統領が率いるエジプトとの連合国であるアラブ連合共和国の一部であった。

そこで、国連安全保障理事国のメンバーであったスウェーデンは、国連事務総長のハマーショルドと相談のうえ国境地帯の情勢を監視し、可能であれば、シリアからの侵入を食い止めるための監視団を送ることを提案した。この提案が採択されるや否や、すぐにハマーショルドは監視団を結成した。そして、当時のスウェーデン外相であったエステン・ウンデンは、この措置をレバノンの領土保全と独立を守るための国連による介入にあたると解釈し、その監視団に多くのスウェーデン人を派遣した。

折しもその直後の七月一四日、西側諸国寄りであったイラク国王と首相が殺害され、軍事政権が国家権力を掌握するという事件が起きたが、この事態を旧ソ連が勢力を拡大するために戦略的に利用することを恐れたアメリカとイギリスは、この地域の展開に深い懸念を抱き、即座に、表向きはレバノン政府とヨルダン政府からの要請に応えるという大義名分のもと、二国に軍隊を派遣するという行動に出た。このニュースを聞くや否や、スウェーデン南部の沿岸部で休暇をとっていたウンデン外相は、直ちにストックホルムの自宅へ舞い戻っている。彼は、七月一五日付の日記に次のように書いている。

ブロンマ空港にてエランデル首相とオストロム（当時、著者は外務省政治局局長であった）と会ったあと、私はオストロムと一緒に家に帰り、レバノンに関する最新の書簡や電報に目を通した。オストロムは、ヤーリング（当時のスウェーデン国連大使）が行う予定の演説の要点を私の見解に沿うようにまとめておいてくれた。オストロムは私の見解をよく理解してくれている。

ウンデン外相は、アメリカとイギリス両軍によるレバノンとヨルダンへの上陸が、政治的にも法的にも許容しがたい状況をつくり出していると考えたのである。つまり、このような状況下では、一般的に「国連」が「アメリカ」と同一視されることになり、アメリカ軍の行為に対して国連が責任を問われるという危険性がきわめて高くなるというわけである。

そうなれば国連は、個々の国家の利害を超越した存在であるはずの「世界の仲裁者」としての地位を失いかねない。それゆえ、国連の監視団は撤退すべきだと主張したのである。このようなスウェーデンの立場は、国内外において驚き、懸念、混乱を招くこととなった。

このスウェーデンの主張はまちがっているどころか大惨事すら招きかねないと考えたハマーショルドは、このときスウェーデン国連大使のグンナー・ヤーリングに、ストックホルムは明らかに「分別を失った」と告げている。そして、ハマーショルドは、国連監視団の任務を継続することが最善の策であるという主張を譲ることはなかった。というのも彼は、結局のところ国連の監視団とアメリカが率いる軍隊はこの地域の情勢を鎮静化するという共通の目標をもっているため、段階的にアメリカ軍の規模を縮小させて、最終的には撤退させるように説得できるはずだと考えていたのである。

ヤーリング大使と私（筆者）との電話でのやり取りの末、ハマーショルドはウンデン外相本人に直接電話をかけることとなったが、ウンデン外相はこの電話を、国連事務総長が加盟国の内政に影響を与えようとする不適切な行為であるととらえた。そしてウンデン外相は、断固として自らの主張を譲らず、気の進まないヤーリングに対して、国連監視団の撤退を求める決議案を安全保障理事会に提出するように指示したのである。

結局、この決議案は一三対二で否決されたが、その二票とは、なんとスウェーデンとソ連だったのだ！　ウンデン外相はこの問題に関してスウェーデンのさまざまな政党の党首たちの見解を聞いているが、彼の日記には、非常に驚いたことに党首たちは彼の見解に賛同したと記されている。

ウンデン外相とハマーショルドの間に論争を巻き起こしたこの問題、つまり国連軍と個別の国連加盟国の軍隊が同時に同じ場所に存在するという事態は、二〇〇三年の軍事介入のあとのイラク情勢においても繰り返されている。むろん、国連からの非戦闘員が治安面での問題を承知でイラクに駐在することに異論はないのだが、二〇〇四年六月に採択された安全保障理事会の決議に示唆されるように(1)、もし国連の軍隊がこの地域に派遣されるとなれば新たな情勢が生まれることになる。というのも、アメリカの指揮下では、国連軍の任務遂行と安全確保は、イラクを事実上占領し、公式な意思決定の最終決定権をすべて掌握しているアメリカ軍に依存せざるを得なくなるからである。

このような事態になれば、危険な結果に発展し得る深刻な誤解を招きかねない。たとえば、アメリカ占領軍と戦闘している反対分子が国連軍の任務遂行を妨害する可能性があるし、最悪の場合は、国連軍に向かって銃口を向けてくる危険性さえある。もし、このような事態に発展すれば、人的・物的な損失がもたらされるだけでなく、国連の権威そのものすら傷つけることになりかねない。なぜ、この点がもっと広く認識されていないのかが不思議でならない。この問題の重大さを認識して

---

(1)　二〇〇四年六月八日に全会一致で採択された「国連安全保障理事会決議一五四六」のこと。イラクの主権移譲と復興の枠組みを決めた決議で、国連イラク支援団（ＵＮＡＭＩ）の復興計画と同時に、実質的にはアメリカが主体となる多国籍軍の駐留の継続が承認された。

いるただ一人の人物は、国連事務総長のコフィー・アナンであろう。詰まるところ、彼こそが国連の安全と倫理観の両方において最終的な責任をもっている人物なのである。

スウェーデン政府との友好関係

先述の一九五八年の一件を除いては、国連事務総長のハマーショルドとスウェーデン政府の関係はきわめて良好であったと考えられる。このことは、口頭による証言からも、残っている数少ない関連文書からも明らかである。その関係は、双方向の信頼と尊敬によって保たれていたと言える。たとえば、スウェーデン外相のウンデンは、ハマーショルドの決断力、推進力、豊富な才能を大いにかっていた。ウンデン外相はかつてハマーショルドを外務省事務次官に任命したこともあり、当時から彼の資質を非常に高く評価していたので、一九四九年にウンデン自身が大臣の辞職を初めて考えていたときに、その後任候補としてハマーショルドの名前を日記に記したくらいである。

また、一九五一年には、ハマーショルドに入閣の誘いがあったという事実こそが（彼はそれを承諾した）、スウェーデン政府が彼に対して温かい眼差しを注いでいたということの何よりの証拠であろう。ハマーショルドの死後、ウンデン外相は次のように記している。

「国連の心臓部に彼がいたことはとても心強いことであった。言ってみれば、彼は物事の番人のような存在であった」

ウンデン外相は決して感情的な人物とは見られていなかったが、ハマーショルドの健康については常に心を砕いて気にかけ、くれぐれも働きすぎることのないようにと、彼によく声をかけていた。ハマーショルドが一九五五年七月二九日に五〇歳の誕生日を迎えたときにも、ウンデン外相は「若き英雄、ダグ王」と題した詩に賛辞を込め、それを電報として送っている。

その詩は、「穏やかに彼は心のままを語る、まるで髭のないトール[2]」という言葉で締めくくられていた。一九六一年九月一八日にハマーショルドの訃報を受けたウンデン外相は、日記に「親しい友の死に深い悲しみを覚える。完全に意気消沈してしまった」と綴っている。

また、一九五三年四月一日（まさにエイプリルフールであった！）に国連事務総長に任命されたとき、ハマーショルドはエルランデル首相とウンデン外相に温かく祝福されている。二人はハマーショルドが事務総長としての適正を備えていることを確信していたとともに、ハマーショルド自身も気付いていたように、彼が選ばれた理由の一つが中立国の出身であったことも理解していた。冷戦下の鉄則は、この種の人事に関してきわめて厳格に適用されたのである。

ところで、ハマーショルドとスウェーデン政府との親密な関係を、ほかの国連事務総長と彼らの自国政府との関係と比較することは興味深いテーマとなる。残念ながら、信頼できるだけの情報源から資料を入手することは困難であるが、たとえば、ハマーショルドの後任であるビルマ出身のウ・タントはビルマ政府から敵対視されていたため、ラングーン（Rangoon）[3]とは儀礼上の付き合い以外の関係がなかったことも周知の通りである。

（2）北欧神話における雷神・農耕神の名で最強の戦神ともされる。「Thursday（木曜日）」の語源でもある。

さて、話を戻してウンデン外相は、ハマーショルドの動きをつぶさに追いかけていたと考えられる。たとえば、ハマーショルドがストックホルムを訪れたときも、ウンデン外相が秋の国連総会に出席するためにニューヨークに長期滞在したときにも、二人は顔を合わせている。それだけでなく、一九六一年秋に書かれた文書からは、ハマーショルドがウンデン外相に相談をもちかけていたことがうかがえる。その内容は次の通りであった。

一九六〇年から一九六一年のコンゴ動乱の間、ハマーショルドのリーダーシップに対して日増しに不満を募らせていたソ連は、彼を辞職させて国連事務局を再編しようとしていた。ハマーショルドにとって危機的な状況が頂点に達したのはソ連の指導者であるニキータ・フルシチョフが、一九六〇年九月二三日の国連総会のなかで、事務総長ハマーショルドの辞任を迫るという衝撃的な要求を突き付けたときであった。さらに続いて一〇月三日、再びフルシチョフは事務総長に手厳しい攻撃を浴びせている。しかし、この要求に対する返答として、ハマーショルドはかの名高いスピーチを残すことになった。

具体的には、事務総長として国連の存在がきわめて重要と考える加盟国に対して「責任」を負っているがゆえに引き下がる権利はない、とハマーショルドは主張したのである。そして、次のように述べている。

「この責任は、ほかの何よりも優先されるべきものである。自国の保護のために国連を必要としているのはソ連ではなく、実際のところ、それ以外のいかなる大国でもない。それは、その他すべての国家にほかならない」

彼のスピーチは、次のように締めくくられている。

「私はその他すべての国家が願うかぎり、彼らの利益を守るための機構に仕える者として、自らの任期をまっとうするまでこの職務に座り続けるつもりである」

このスピーチが終わるや否、轟のような拍手喝采が沸き起こり、それは数分間にわたって鳴り止むことがなかった。事実、会場にいた代表団は、かつて見たことのないほどの大喝采であったと証言している。

翌年の一九六一年、国連総会において再びソ連がハマーショルドの辞職を要求することが予想されたため、その返答の演説を準備するためにハマーショルドが助言を求めたのがウンデン外相であった。ハマーショルドは三通の手紙を書き、ウンデン外相に自らのスピーチ原稿に対してコメントを依頼したのである。この件についてウンデン外相は、三月二一日の日記のなかで次のように記している。

この手紙をベルフラーゲ（外務省事務次官）とオストロムに見せて、内容に関して徹底的に議論した。そのうえで私は、彼への返信のなかで、演説の一部を削除してはどうかと提案した。

---

(3)　一九四八年の独立から二〇〇六年までミャンマー連邦の首都。一九八九年の軍事クーデター後、国名をビルマからミャンマーに改めると同時にラングーンをヤンゴンに改称している。

具体的なやり取りは次のようなものであった。

二月六日付の手紙のなかでハマーショルドは、自らの立場とスウェーデン政府から受けている支援がソ連とスウェーデンの間に緊張関係をもたらしているのではないか、もしそうであればとても遺憾だと述べている。これに対して、ウンデン外相は次のように返答している。

「スウェーデンとソ連が現在緊張関係にあるということは恐らく確かであろう。（中略）しかし、われわれの立場はわれわれ自身で選択したものである。ソ連が不快感を抱いているのは、スウェーデンがあなたを際限なく支援しているからであろう」

とはいえウンデン外相は、ハマーショルドがその点について心配する必要はないと述べたうえで、「あなたに与えた支援に対するすべての責任はわれわれがとる」と付け加えていた。

もう一点は、ソ連からの不信任を受けて、ハマーショルドが辞職を決断すべきかどうかについて考えをめぐらしていたときのことである。この件に関して、ウンデン外相は辞職する場合としない場合とをはかりに掛けたうえで、ソロモンの賢者のような言葉を返している。

「私の直感的な衝動から言えば、どんなに任務が困難なものであろうとも、あなたは任期をまっとうするまで国連事務総長にとどまることをおすすめする。しかし、もっとよく考えれば、異なる結論を導くほかの道理が見つかるかもしれないが」

スウェーデンの政治への影響

ハマーショルドがスウェーデン政府の決定に影響を及ぼそうと働き掛けたことは、唯一、一九五八年のレバノンの件を除いてないと考えられるが、スウェーデン政府としては、常日頃から彼の方針に耳を傾け、十中八九その影響を受けていたと言える。それだけでなく、スウェーデン政府は可能なかぎりハマーショルドの要望に応えようと心掛け、あらゆる方法で彼が任務を遂行しやすくなるよう取り計らっていた。

スエズ危機に対するスウェーデン政府の対応は、そのよい例となる。一九五六年、エジプトのナーセル大統領がスエズ運河の国有化を決定すると、同年秋にはイスラエル、イギリス、フランスがエジプトへの攻撃を開始し、国際的な危機に発展した。(4) この武力衝突が主にアイゼンハワー政権の主導によって収束すると、その後、どのようにスエズ運河地帯の平和維持を確保するかという問題が浮上したわけだが、これに対する解決策として、ハマーショルドとカナダ外相のレスター・ピアソンがのちに「国連平和維持軍」として知られるようになったものを「発明」している。

国連平和維持軍とは、交戦中の両当事者を引き離し、平和的解決の合意に達するまでの間、確実に停戦が守られるように武装軍隊を配備するというものであるが、ハマーショルドはズエズ危機の一件で、その軍務にあたる部隊を結成するという任務を与えられたことになる。そこで彼は、スウェーデンを含む多数の国家政府に支援を取り付けるために連絡をとったが、スウェーデン政府は即

(4)　インド洋と地中海を結ぶスエズ運河は、当時英仏が共同所有し、貴重な財源と同時に重要な戦略拠点として機能していたが、アメリカにアスワン・ハイ・ダムの援助を打ち切られたエジプト政府は、ダム建設資金を得るためにスエズ運河を国有化した。そこで英仏がイスラエルと結んで、スエズ運河奪回のために武力行使に踏み切った。

座にこれに応えて派兵に同意している。

とはいうものの、実のところスウェーデン軍の指令部は、国連平和維持軍への参加にきわめて懐疑的であったことも付け加えておこう。なぜなら、もし海外に数百名の兵士を派遣している間にスウェーデンで緊急事態が発生した場合は、スウェーデン自身が安全保障上の危険にさらされるかもしれないからだ！

この見解は、スウェーデンの武装軍隊の主要任務の一つが自国領域外での活動に参加することであるという、今日では広く受け入れられている政策方針とは対照的と言える。しかし、このような懸念を抱えつつも、軍部は冷静を保って政府の意向に黙ってしたがったのである。

また、この件に関してウンデン外相自身は、当時私オストロムが事務局長を務めていた国会外交諮問協議会の場で何らかの問題が指摘されるとは予想していなかったにもかかわらず、突如として農民党幹部の一人であるアクセル・ルッベスタッドが発言を求め、スウェーデン軍を海外に派遣するという考えそのものに対して断固として反対した。ルッベスタッドは、今回のケースでは軍部から国民が海外任務を一方的に命じられるのではなく、あくまでも志願した者が個人契約によって参加するものであることを認識していたが、政府は海外派兵によって「向こう見ずな冒険主義」という罪を犯すことになると主張した。

これは、一八世紀初期にスウェーデンの農民層のとった立場を想起しての発言であった。つまり、スウェーデンの農民は何世代もの間にわたって遠くの戦地で自分たちの息子を犠牲にしてきたという経験があり、今こそ戦争を終わらせたいと願っていたのである。しかし、「向こう見ずな冒険主義」と非難されたときにウンデン外相が返した表現は見事なものであったことを記憶している。彼は、ルッベスタッドの時代錯誤とも言える主張を「酢漬けのプルーン」にたとえたのである。

もう一つの例が、一九六〇年のコンゴ動乱の一件である。ベルギーの旧植民地であるコンゴで独立直後の夏に紛争が勃発すると、新政権は治安回復のために国連に助けを求めたのである。そこで安全保障理事会が介入に合意し、国連事務総長に国連軍を編成するように指示を出した。

事態は急を要していた。七月一六日土曜日、ハマーショルドがウンデン外相に電報を打ち、スウェーデンから大規模な軍隊をこの任務のために一刻も早く派遣してほしいと依頼したところ、エルランデル首相とウンデン外相は、スウェーデンはこの要求に応えるべきだということで合意している。

そして、翌日の七月一七日、私が休暇でいなかったために当時外務省政治局局長代理であったペール・リンドにもハマーショルドは電話をしている。リンドは、自分の息子が海軍防衛研修を受けているストックホルム近郊のアーキペラゴにおいてその電話を受けている。その電話のなかでハマーショルドは、コンゴにいる国連代表の二名、ラルフ・バンチとステューレ・リンネルが、独立後に増え続ける黒人アフリカ兵を脅威と感じているコンゴ在住のヨーロッパ人が「ヒステリー状態」に陥っており、迅速に「白人の国連軍」の派遣をするようにと「必死の嘆願」を送ってきていると伝えて説明をした。

そこで翌朝、ストックホルムではスウェーデン政府が意思決定の準備を開始し、同日午後には国会外交諮問協議会が召集された。そのときちょうどスウェーデン国王はイギリスに滞在しており、

国連レバノン監視団との会議に出席するハマーショルド（前列左）（1958年６月１日）　写真提供：UN Photo

コンゴ問題についての議論が続く安全保障理事会の前にノルウェー大使（左）とスウェーデン大使（中）と言葉を交わすハマーショルド（右）（1961年１月13日）　写真提供：UN Photo

代理であるベルティル王子もフランスにいたため、スウェーデン北部に釣りに出掛けていた摂政代理であるヴィルヘルム王子がすぐに首都に飛んで帰り、協議会の議長を務めた。かくして七月一九日火曜日、スウェーデン政府は正式に国連の要求に合意したのである。

この二つのケースは決して自明なものではなく、本来であれば文官当局と軍事当局との間で十分な議論が必要とされる内容であろうが、このような異例な速さで政府の決定がなされたのは、その要請がハマーショルド本人からのものであったからにほかならない。

では逆に、スウェーデン政府のほうから特定の案件に関してハマーショルドの思考や行動に影響を与えようとしたことはあったのであろうか。その答えとして、そのようなことは決してなかったと考えてよい。

たとえば、コンゴでの活動が予期せずして中央政府から独立を求めるカタンガ州の小部隊と国連軍の間で武力衝突へと発展したとき、ウンデン外相は厳しい試練を受けることになった。私は今でも、スウェーデン軍の将校が無線で軍隊にどのような指令を出していたかを忘れることができない。将校は軍隊に、「予備砲撃を与えてから川を渡って向こう岸の『敵軍』を包囲して交戦せよ」という命令を出していたのだ。

このような事態を深く懸念したウンデン外相は、ハマーショルドとこの問題について直接話し合うことを考えたが、結局彼は、国連事務総長自らが安全保障理事会の命令を解釈するところに委ねたのである。

忠実な公務員を貫いて

ハマーショルドに関して一つはっきりしていることは、誠実さ、清廉潔白さ、公平さ、率直さ、きめの細かい気配りといった信条を彼がどんなときにもかたくなに守ってきたということである。そして、この信条は、彼がスウェーデンの国家公務員として働いた長い経験の間に培ったもので、それをニューヨークにまで彼はもち込んでいる。これらの信条を国際機関というまったく異なる環境で実践することは、常に問題を引き起こすという結果を招くことになった。

現に、彼が公の場に姿を現した最後の機会となった一九六一年春のオックスフォード大学での講演テーマは国際公務員の任務と責任についてであったが、そのなかで彼は、いかなる状況下でも自分の組織に忠義を尽くし、決して特定の国家の利益に流されてはならないことが重要であると強調している。彼は自らの体験をもとに、このような行動が可能であることを実証してみせたのである。

ウンデン外相がハマーショルドに宛てた最後の手紙は、一九六一年九月九日付のものである。そのなかで彼は、「ウンデン・プラン」として知られるようになる核軍縮のための戦略の概要を書き記している。それは、非核保有国が核保有国から安全保障の保護を受ける代わりに、自ら核兵器を獲得する、もしくは領域内に核兵器を配備することには同意しないという趣旨のものであったが、この手紙は宛て先の人物に決して届くことはなかった。

九月一八日、その人物を乗せたエンドーラ行きの飛行機は墜落したのである。

第2部

ダグ・ハマーショルドの内なる世界

第6章

自然と文化――ハマーショルドが愛したもの

ペール・リンド&ベングト・テリン

国連事務総長であったダグ・ハマーショルドという人物について、一般的に連想される特徴的な個性は、すでに少年時代と思春期に培われたものであると言える。彼の鋭い知性、責任感、清廉潔白さといった側面は早い時期からすでに現れていたと考えられるが、もう一つ別の角度から彼の人格を特徴づけるものと言えば、「自然」と「文化」とでも表現される分野に対する深い関心である。

この「自然」と「文化」という二つの広い概念は、生涯を通じてハマーショルドに多大な影響を及ぼすことになる。彼の自然に対する思い入れは、大地から海まで、平原から山岳地帯まで、そして地質学から生物学までと多岐にわたり、一方の文化に対する興味もまた、文学、演劇、美術、音楽など広範囲に及ぶものであった。本章では、できるかぎりハマーショルド自身の言葉を引用しながらこの点について論じていきたい。

自然

ハマーショルドの家族は、彼が自然や田園といったものに強く惹かれていることに早くから気付いていたと思われる。たとえば、兄のオーケ（Åke）は、当時六歳のダグの行動を、ウプサラ県知事であった父親のヒャルマル・ハマーショルドに宛てた手紙のなかで次のように描写している。

「ダグはこれまでになく草花に夢中になっていて、植物の知識も決して少ないとは言えない。（中略）将来、彼が生物学者にならないことが不思議なくらいだ」

さらに、ハマーショルドが一三歳のとき、母親もまた次のように書いている。

「いつものようにダグは、風変わりなイモムシを飼うための籠をこしらえては餌となる草を与えたり、水路から生き物を捕ってきたりと、相変わらずのことだが、こんなことにしか夢中にならない」

ハマーショルドは生物学者にこそならなかったが、生涯にわたって自然への興味を失うことはなかった。現に、一九二三年の卒業試験で彼は生物学で主席をとっている。しかし、彼が秀でていた教科は生物だけではなく、人文科学や自然科学においても数多くの生徒のなかで傑出した成績を残していたことも事実である。

ハマーショルドがスウェーデンの山岳地帯に興味を寄せていたことは、これまで多くの文献に書かれてきた。宗教観や道徳観に関する内面の葛藤とは対照的に、彼が山岳やアウトドア活動にはまるで磁石のごとく惹きつけられていたことは友人たちの証言から知ることができる。山岳地帯の大自然がたたえる孤独感と静かなる威厳、動植物の生態、険しい崖、山道、水辺などに対して彼が抱いた憧れは、自然神秘主義とそれに対する精神的な崇敬の念が込められていたと言える。そして、彼の山岳への情熱的な愛着は、スウェーデン観光協会の初期メンバーでもあった父親から譲り受けたものであったと考えられる。

とくに、スウェーデン北部の山岳地帯にハマーショルドがとり憑かれていたことは、青春時代にしたためたいくつかの手紙からも明らかである。そのような手紙の一つに、一九二九年に大学時代の友人であるルトゲル・モッル（Rutger Moll）に宛てた手紙がある。そのとき、ハマーショルドはちょうど山から帰ってきたところで、これからストックホルムで就職するという時期であったが、逆にモッルは北部への旅行計画を立てているところであった。そこでハマーショルドは、彼をいかにうらやましく思っているかを手紙に綴っている。

（前略）数日のうちに私は（中略）都会の住人になってしまうのだが、しばし山の荒野の静寂と光のなかに身を沈めることができた。実のところ私は、山々が恋しくて仕方がない。（中略）山の夜では、地球がもつ古来からの静けさが人間の営みよりはるかに現実のものであると感じられ、ベルティィル・エークマン（ウプサラ出身の若手詩人で熱心な登山家）が表現するところの「千の沈黙」がわれわれの出す音すべてを沈めてしまう。山の夜ほど、われわれを啓発（この言葉のもつ意味のもっとも深いところにおいて）させてくれるものがあるだろうか？

やがて、山に日が昇る。雪の香りをのせ、太陽の光をたたえた風。指のすきまをすり抜けてゆく小川の清水のように清らかで冷たく澄んだ流れゆく空気。思いを馳せるままに広がってゆく連綿と続く大地。山のなかに身を置くと、今という時の流れの一部のように小川を流れる清水や花たちのように若々しく私は感じるのだが、それでいてどういうわけか、地球と同じくらい年老いているとも感じる。

ハマーショルドの山岳に対する敬愛は、一九三五年にスウェーデン西海岸のマーシュトランド(Marstrand)からしたためた、モッルへのもう一通の手紙のなかに再び現れてくる。

ここから伝えるべきことは、さしてたいしたことではない。ただ美しい、信じられないくらい美しい、しかし不思議でならない(中略)。シラルナ(Sylarna)(スウェーデンの山岳地帯)とのコントラストは、息をのむほど素晴らしい。「生まれたばかりの海を見たことがあるなんて、誰がまじめに言うことができるだろうか?」というコンラッドの問い掛けが見事に当てはまる。

コンコンと湧き出る泉、変形し続ける大地、生命の最初の勝利とも言える氷を突き破って出てくる芽吹き。そう、山々こそ絶え間ない生まれ変わりの場所なのだ。暁のハイキングは、より遠くのゴールへと、新しい目的地へと足を向かわせる。山岳住民の生活の上に広がる空は、海の漁師の上に広がる空よりもきっと明るいはずである。海の厳しさは、山の厳しさよりも苛酷なのだから。

スウェーデンの山々はハマーショルドが成長してからも魅了して止むことはなく、彼は毎年、ラップランド地方[1]にハイキングと休養に出掛けていた。やがて彼はスウェーデン観光協会のメンバーになり、最終的には副会長を務めているが、国連事務総長の任期の間もそのポストを務め続け、国連での責務に従事しながらもスウェーデン観光協会が刊行している機関誌に寄稿し続けていた。

そして死の直前には、「Slottsbacken（城の丘）」と題した最後の原稿をニューヨークからストックホルムに送っている。それはウプサラとその古城についてのエッセーであったが、その記事のなかでハマーショルドは、かつて実家があった故郷で体験した変わりゆく季節を色あざやかに描き上げた絵と、そこでの生活の変遷についての説明を書き添えていた。

一九五三年四月、ハマーショルドは国連事務総長に就任したわけだが、超高層の国連ビルの三八階にある執務室からパノラマの景色を眺めたものの、自然の美しさという意味では何ら見いだすことはできなかった。

そこで彼は、郊外にある保養所を早速見つけ、機会があるごとに足を運んでいた。そこは、車で北に二〜三時間行ったブリュースター（Brewster）に位置しており、ハマーショルドが週末に水泳、カヌー、散策を楽しむ重要な場所となった。

彼の日誌である『道しるべ』の最後に綴られた一連の俳句（Haiku）(2)には「ハドソン渓谷」という見出しがつけられているが、そのいくつかはブリュースターで書かれたものであると考えられる。そのなかの一句をここに紹介したい。

四月の雪。
紅雀の逃げ場は
白連翹《ぎょう》の花のかげ。（訳：『道しるべ』一七七ページ）
（紅雀は深紅色をしたフィンチで、連翹の灌木とともにアメリカ北東部でよく見られる）

ハマーショルドはスウェーデンを発つとき、友人である芸術家のボー・ベスコフのすすめと仲介によって、スコーネ地方東南部に位置するハーゲスタッド（Hagestad）地区にあるサンドハンマーレン（Sandhammaren）灯台の近くにコテージを購入している。ベスコフ自身も、ハーゲスタッドのそばにコテージをもっていた。親しんだ山々の景色は海のパノラマに取って代わったが、ハマーショルドにとってハーゲスタッドは、つかの間のスウェーデン訪問のときに立ち寄る貴重な所となった。

彼がこの地に対して抱いていた喜びは、一九五六年に友人のエヴァ・リンド（Eva Lind）夫人に宛てた手紙のなかに記されている。エヴァ夫人とは、かつて、夫のペール・リンド（国連での最初の三年間ハマーショルドの補佐であった）とともにそこで週末を過ごしている。

この冒険が終わりを迎えたとき（はて、いったいどうやってか？）に行くことができるこのような場所があるということは、私にとって、まったく理屈抜きの満足感を与えてくれる。

(1)　スウェーデンを含む四か国にまたがる北極圏のラップランド地方のこと。氷河や山岳などの大自然が広がり、冬にはオーロラ、夏には白夜などの現象を見ることができる。
(2)　(Haiku) 日本の俳句を模した詩の形式で、英語をはじめとする外国語で詠まれる。通常は三行からなり、季語を入れることもある。
(3)　スウェーデンの南端に位置し、東西南の三方が海に面している。広大な平地が広がる穀倉地帯で、その見わたすかぎりの田園風景が美しいことで有名。スウェーデン作家のセルマ・ラーゲルレーヴが一九〇六年に執筆した児童文学『ニルスのふしぎな旅』の舞台ともなった。

この手紙にも見られるように、ハマーショルドは国連での職務を語るときに「冒険」という言葉をよく使っていた。

数年後、ハマーショルドは同じ地域のバッコークラ（Backåkra）にある古い農家の屋敷を購入している。「そこは、海と草原の両方の素晴らしい景色を望むヒースの丘陵の上に広がる驚くほど美しい場所である」と、彼はある手紙のなかで書いている。

この土地を買い取った目的はこの地域の自然環境を保護することであったが、彼の心には、いつしか「冒険」が終わったら、ときどき人里離れたここに足を運ぼうという考えがあったことは疑う余地もないだろう。

結局、その夢は最後まで実現することはなかった。彼を乗せた飛行機はエンドーラで墜落し、この屋敷の整備が終わる前に命が絶たれてしまったのである。とはいえ、この土地は彼の遺志にしたがってスウェーデン観光協会に寄付されたので、結果的には、彼はここを特別な記念の地として保護することができたわけである(4)。

そのほか、ハマーショルドは写真を撮ることもたしなみ、とくに風景写真を好んで撮っていた。なかでも、ネパールのヒマラヤ山脈の上空を飛んでいるときにパイロットの隣で撮った航空写真は、彼の腕の確かさをうかがわせる作品となっている。写真雑誌〈ナショナル・ジオグラフィック〉の一九六一年の第一号には、彼の撮った作品数点が自らの書いた記事とともに掲載されている。

ハマーショルドが生前に購入したバッコークラの屋敷
写真提供：Fredrik Ekblad

敷地内にある瞑想のための空間　写真提供：Fredrik Ekblad

文学

ハマーショルドの幼少時代を特徴づける重要なものと言えば、読書と文学であろう。心の中で問い続けていた倫理的・宗教的な疑問への答えを書物に求めていた彼は、若くして古典文学や現代文学に対する優れた理解力を備えるようになっていた。

ハマーショルドが文学に対する意識を次第に高めていった背景として特筆すべきことは、一九世紀スウェーデンでもっとも著名な作家の一人であるカール・ヨーナス・ローウェ・アルムクヴィストと親縁関係にあったということである。具体的には、ハマーショルドの母方の祖父はアルムクヴィストとは異母兄弟であった。

ハマーショルドが大学卒業前に書いた「ロマン主義者と現実主義者としてのアルムクヴィスト」と題されたエッセイは、彼が若い学生でありながら才能あふれる名文家であり分析家であることを物語るだけでなく、彼がアルムクヴィストに対して敬服の念を抱いていることがうかがえる。

ハマーショルドとアルムクヴィストの共通点は、誰が見ても明らかである。たとえば、両者とも自然や人々に対する鋭い観察力を備えていたし、同じくさまざまな分野での才能に長けていた。さらに二人は、来世への強い憧れを抱き、現世の制約から解き放たれた実在性を求めることを夢見ていた。

アルムクヴィストとは対照的にハマーショルドはこの思いを最後まで内に秘めていたが、彼の日誌『道しるべ』のなかの記述や、彼の気高い道徳心や絶え間ない魂の探求心、そして彼が呼ぶところの「孤独という苦悩」といった要素から、このことをはっきりと推測することができる。そしてハマーショルドは、晩年にも時折、世俗的な生き方と超俗的な生き方の選択をテーマとするアルムクヴィストの詩『ある詩人の夜（Skaldens Natt）』から引用をするなど、文学者であった祖先に寄せる関心を生涯にわたって失うことはなかった。

また、ハマーショルドの父親がノーベル文学賞を選考するスウェーデン・アカデミーの会員に選ばれたことも、ハマーショルドの書物に対する興味につながったことはまちがいないであろう。彼の父親は、首相を引退した翌年の一九一八年にスウェーデン・アカデミーの座に就いている。そのときハマーショルドは一三歳であったが、家族で交わされる会話のなかで、父親が口にしたであろう文学の世界の一幕を吸収するだけの成熟した高い教養をもっていたと考えられる。

実際にハマーショルドは、思春期の早い段階から同時代人の人生における苦悩などをテーマにした現代詩と現代小説の両方に親しんでいた。彼が所属していた少人数のインテリ学生のグループの間で、しばしば文学について議論されていたことが友人に宛てた手紙からも分かる。そのなかで彼は、ヘンリック・イプセンとアウグスト・ストリンドベリ、またそれほど著名な作家ではないがス

（4）現在、バッコークラのあるハーゲスタッド地区は自然保護区として保全されている。農場は六〇エーカーの広さがあり、ハマーショルドの購入した屋敷は、スウェーデン観光協会によって彼の所持品や家具など生前をしのぶ品々を展示する博物館となっているが、屋敷の南側はスウェーデン・アカデミーの会員のための保養所として利用されている。敷地内にはハマーショルドの銅像があるほか、石の輪で囲われた瞑想のための屋外空間がある。

ヴェン・リドマンについて感想を述べているが、このリドマンの家族の年代記である『Huset med den gamla fröknarna（年老いた女中のいる家）』はハマーショルドの「大のお気に入り」であった。

そのほかにも彼は、シャルル・ボードレール、ギュスターヴ・フローベール、ヘルマン・ヘッセ、D・H・ロレンス、フランソワ・モーリヤック、ウィリアム・シェイクスピア、レフ・トルストイといった作家についてもしばしば触れている。

また、スウェーデン人の詩人もよく話題に上り、グスタフ・フレーディンやエリック・アクセル・カールフェルトといった詩人について議論が交わされている。それらに加えて、著名な自然詩人でスウェーデン近代主義者のウィルヘルム・エーケルンドもまた彼のお気に入りの一人であった。

ハマーショルドが何度も読み返した作家と言えば、ジョセフ・コンラッドであろう。コンラッドは、場面とテーマ設定として海での生活をしばしば選んで波と嵐という危険に満ちた男の闘いを描いたが、その闘いとは、人生の孤独な状況そのものを映し出していた。おそらく、コンラッドの物語がハマーショルドを惹きつけたものは、その登場人物のもつ複雑さだったと考えられるが、物語のなかでたびたび強調されるのは道徳、精神性、責任、義務といった要素であった。そして、コンラッドの表現する悲観主義は、求めに対して応える、または人生に与えられた使命のために立ち上がろうとする絶え間ない人間の闘いといった理想主義的な展望によって打ち消されている。その意味で、コンラッドの作品は連帯と孤独が重要な概念を成していると言える。

国連事務総長に就任することによってハマーショルドは、文化面で新境地を切り開くことになった。就任後、すぐに彼はニューヨークの文化界に入り込んでいるが、国連事務総長という地位をもってすれば、作家、芸術家、音楽家と接触することはいとも簡単なことであった。実際のところ、次期国連事務総長が文学に造詣の深い人物だという評判は、彼がニューヨークに到着する前にすでに広まっていたのである。

彼は瞬く間に文学ジャーナリストの間で注目の的となり、ニューヨークに到着した二～三日後には、〈ニューヨークタイムズ〉から好きな作家についての質問を受けている。そのなかで彼は、次のような名前を挙げている。

「フォークナーによるアメリカ南部を舞台にした長編英雄小説のすべて。そのほかに、『赤い武功章（The Red Badge of Courage）』[5]のような特異な作品に代表されるジャンルのなかでも上位に挙げられるのが、メルヴィル、ジェームス、トーマス・ウルフ。そして、詩人なかではエミリー・ディキンソンである」

この内容は、すぐに「ダグに乾杯！（Skoal, Dag!）」という見出しが付けられたいささか面白半分の記事になったものの、ハマーショルドがどのような文学を好んでいたかを知る手がかりを与えるものとなった。

（5）アメリカの小説家スティーヴン・クレインによる文学作品で彼の出世作となる。南北戦争を舞台にした物語で、南軍の志願兵として初めて戦場に赴く主人公ヘンリーが戦争への恐怖に圧倒されながら、次第に勇敢な兵士として成長していく物語で、若者ヘンリーの人間心理を精密に描いた作品。日本語訳は西田実により一九七四年に岩波文庫。一九五一年に、同名（邦題は『勇者の赤いバッジ』）のタイトルで映画化されている。

またハマーショルドは、国連事務総長着任の宣誓が行われる数時間前に〈ニューヨーカー〉の記者からインタビューを受けているが、そのなかで、それまでに流布していた「歪められた噂」を打ち消すコメントを述べている。その噂とは、「スキーに出掛けるときは必ずプルーストの小説を持っていく」とか「ガールフレンドとはT・S・エリオットの作品が好きでなかったことが原因で別れた」といったもので、いずれも事実ではなかった。

また、トーマス・ウルフの作品に親しんでいたことは確かであったが、彼は自分の文学における好みに関して特定の時代などといったことに結び付けて考えられることをあまり好まなかったため、「たとえば、トーマス・ウルフとヴァージニア・ウルフの両方を尊敬していると理解してもらいたい」と述べている。

レッテルを貼られたり型にはめられたりすることを恐れていたと考えられるハマーショルドのコメントだが、次第にマスコミからの文学に関する質問にうんざりするようになった彼が再び読書についてのインタビューを承諾したのは、一九六〇年になってからのことである。

一九五四年、ハマーショルドは父親のスウェーデン・アカデミーの座を引き継ぐことになるが、これはアカデミー史上異例の出来事であった。かくして書物と読書をこよなく愛する者が文学作品の正式な審査員になったわけだが、ハマーショルドがアカデミーに貴重な貢献をしたことは疑いの余地もない。その理由として、彼が実験的な手法を用いた文学に対する理解が深かったことが挙げられる。彼はアカデミーの会合に稀にしか出席できなかったので、ノーベル賞の候補者やアカデミーの新メンバーに関する意見をいつも手紙に託していた。

例を挙げると、ハマーショルドは一九六〇年のノーベル文学賞の受賞者で「サン＝ジョン・ペルス」というペンネームを名乗るフランス外交官のアレクシ・レジェ（Alexis Léger）の選考において貢献している。ハマーショルドはペルスの詩をとても高く評価し、一九五五年に手紙で彼に連絡をとって以来数年間にわたって、知的、文化的、社会的、国際的な素養を分かち合うことのできる同胞として温かい友情を育んでいる。

しかし、当初ハマーショルドは、ペルスの文学的な価値をスウェーデン・アカデミーの会員に理解させることは一筋縄ではいかないであろうと思っていた。事実、一九五五年に同アカデミーの会員の一人であるステン・セランデルは、「古株の会員たちは、ペルスを推薦するあなたの提案に深い敬意をもって耳を傾けるだろうが、残念ながら、改心者を得ることはできないであろう。（中略）ペルスが十分な票数を得られるとは思えない」と返答している。それでも、ハマーショルドは思いとどまることはなかった。翌年、セランデルに宛てた手紙のなかで彼は次のように述べている。

> 私がよく読んでいるペルスは、無傷のまま残されている現時点で唯一の作家ではなかろうか。（中略）晩年の作品のなかでは強烈な簡潔さと見事な文体が用いられ、われわれの生きる時代や世界に対して私自身が感じている全体的な見地を彼ほど巧みに表現している作家はいないし、素晴らしいと感じる。

評価だけにとどまらず、ハマーショルドはペルスの詩集『年代記（Chronique）』をスウェーデン語にも翻訳をしている。ハマーショルドに宛てた手紙のなかでペルスはこの詩のことを「地球、人類、時代に寄せるオードである」と説明しているが、『Chronique-Krönika』と題されたスウェーデン語版は一九六〇年に出版され、フランス語の原文とスウェーデン語訳の両方が併記されている。ハマーショルドはスウェーデン・アカデミーの会員である詩人ヒャルマル・グッルベリに宛てた手紙のなかで、この翻訳作品について次のように論じている。

私は、この詩を人間的な洞察力をもって読み込んでいくことができると感じているが、それは、彼が私の友人であるからではない。彼が友人であったことはまったくの偶然である。そうではなくて、ある種の精神面での類似性をわれわれが共有しているからであり、その点は偶然のなし得ることではないかもしれない。かといって、私がペルスを「理解している」と言い切ることはできない。しかし、それは必要なことだろうか？　そういう意味からすると、私はベートーベンもブラームスも理解できていないだろう。しかし、その作品の主題を展開させる手法のなかに美への容赦ない追究を感じ取ることができるし、全体的な構成を通して、深遠な人間の真実に気付かされるのである。

私が『年代記』の翻訳に着手したのも、そのような見識からである。それは気晴らしにはじめたことであったが、やがて私の心を虜にしてしまった。そして、逆説のまた逆説になるのだが、歴史上もっとも直近の危機的状況に直面している間、私のとった行動に少なからずの影響を及ぼしていると思われる。（翻訳は）かなりお粗末なものであるが、おそらく原文の意味を

――損ねるほどかけ離れたものではないであろう。それゆえ、私はさらに磨き上げたあとに〈フランス語の原文と一緒に〉この翻訳を出版することに同意したのである。

一九六〇年にペルスがノーベル賞を受賞した直後、ハマーショルドは〈フィガロ・リテレール誌(Le Figaro Littéraire)〉に掲載されたインタビュー記事のなかで「詩が外交にもたらす有益性」を題材として語っているが、そこで彼は、詩が外交を補助するうえで不可欠とは言えないまでも重要な要素になり得ると説明している。

「ごらんの通り、外交と文学の間にはある種の密接な関係が存在していると言えるでしょう。このことは、神秘的に、少なくとも奇妙に聞こえるかもしれませんが、道理がないわけでもないのです。というのも、外交官も詩人も言葉にかかわる仕事だからです。つまり、両者とも言葉を置き換えたり、必ずしもマスターキーではないにしろ、カギの一つとして言葉を駆使したりしているのです」

さらに、このインタビューのなかでハマーショルドは今後さらなる文学活動を続けるかどうかを尋ねられているが、彼は直接的な答えを避けて次のように返している。

「そうですね、ここ二〜三か月を除いて、私はいつも重要事項と呼んでいることに毎日一〜二時間の時間をとっていますが、これからもそれを続けるつもりです」

「ムッシュー事務総長、重要事項というのは何ですか?」

「そう、いかにも重要事項です。私はプライベートな生活に影響を与えるものをそう呼んでいます。

もちろん、少なくとも私のプライベートな生活にですが。私の場合、読書もしますが、翻訳というのは一つの読書の方法とも言えるでしょう」

先述の通り、ハマーショルドがヒャルマル・グッルベリに宛てた手紙のなかで「気晴らし」と説明した翻訳作業は、晩年に政治的な危機が頂点に達していた時期に、彼の心を休ませる大切な方法の一つになっていたと考えられる。

実際、ペルスに宛てた一九六一年七月付の八ページにも及ぶ手紙のなかで、彼はビゼルト[6]をめぐるフランスとチュニジア間の紛争について触れている。彼はその紛争について「チュニジアだけでなく、フランスと西側諸国にとっての悲劇」と書き記しているが、「『年代記』を翻訳し終えてしまった今回ばかりは、より純粋な世界へ逃避する励みもなければ方法も見つけることができないでいる」と嘆いている。

その年の早くに交わされた会話のなかでハマーショルドは、ユダヤ人哲学者のマルティン・ブーバーの作品である『我と汝（Ich und Du）』の翻訳に挑戦したいと語っていたが、そのとき彼は、そのような難文を翻訳する力が自分にあるかどうか自信をもてずにいた。しかしその後、ブーバー本人から作品の翻訳を依頼されることとなり、彼は喜んでこれを引き受け、一九六一年八月二六日にはその作業に取り掛かっている。

ハマーショルドは『我と汝』について、「近代哲学において重要な作品と言うだけでなく、同時代の偉大な詩集の一つである」と考えていた。そして九月一二日、コンゴに飛び立ったその日に出版社の編集者に宛てた手紙のなかで「二〜三か月のうちには第一稿を送ることができるのではないかと思う」と書いている。

ハマーショルドの交際範囲のなかで特異な存在であった作家といえば、ジョン・スタインベックであろう。二人は、ハマーショルドが死去するまで面会や文通を絶やすことがなかった。高学歴のもち主である国連事務総長と、独学で学んで世界的に著名となった作家というように経歴には大きな違いがあったが、二人は貧困層の社会状況、思いやりや高いモラルの必要性、将来に対する懸念とそれに対する責任を自覚する義務感といった確固たる信念を分かち合っていた。

一九六一年九月初旬のある日、ハマーショルドとの会食の席でスタインベックは、近々出発を控えている世界巡業の間に、ハマーショルドと国連のためにできることはないかと尋ねている。そこでハマーショルドは次のように答えた。

「地に腰を下ろし、人々に語りかけてください。これが、もっとも大切なことです」

一九六二年、スタインベックはノーベル文学賞を受賞したが、古典作品『怒りの葡萄』に加えて、

---

(6)　チュニジアの北岸に位置し、地中海に面する北アフリカの重要な港湾都市。一八七八年のベルリン条約によりフランスが管理権を獲得すると、市内に大規模な海軍港を建設した。一九五六年、チュニジア独立後もフランスが管理下に置いたままであったが、一九六一年、ビゼルトの駐留フランス軍はチュニジア軍の攻撃を受けた。フランスは落下傘部隊と軍艦を送り込み、三日間続いた戦闘においてチュニジア側には多数の死者が出た。一九六三年にフランス軍はようやくビゼルトを明けわたし、チュニジアに返還された。

彼のもう一つの作品『われらが不満の冬』は、スウェーデン・アカデミーの選考に影響を与えた重要な作品であった。一九六一年、ハマーショルドは友人のレイフ・ベルフラーゲ（Leif Belfrage）に宛てて、この作品について次のように書いている。

> 私は、批評家たちのすべてが、この作品の本質と意義の双方に関して誤った理解をしていると考えている。この作品は、現代アメリカ文学の古典として評価されるべき作品なのである。それと同時に、あからさまな実験的技法が邪魔になることもないほど完璧な表現技法が用いられており、類まれとも言えるほど面白い作品に仕上がっていると思う。

国際政治の舞台で主役の一人であった多忙な時期にもかかわらず、ハマーショルドが文学にかかわったもう一つの例を挙げるとすれば、アメリカ人作家ジューナ・バーンズの作品についてであろう。

二〇年前に出版された彼女の作品『夜の森（Nightwood）』は、一九五〇年代半ばに非常に高い称賛を受けたにもかかわらず、文学界では彼女の名前は忘れ去られてしまったかのように見えた。一九五八年、スコットランド人作家で批評家でもあるエドウィン・ミュアはハマーショルドと彼女の詩劇作品である『交唱歌（The Antiphon）』について議論したことがあったが、この作品に深い関心をもったハマーショルドは、ストックホルム王立ドラマ劇場の館長であるカール・ラグナル・ギエロフと共同でこの作品をスウェーデン語に翻訳している。そして、『Växelsång』と題されたこの翻訳版は、一九六一年二月に初演を迎えている。

このバーンズの詩劇は、崩壊しゆく家庭を舞台に近親相姦、暴力、執念深い憎悪といった要素が含まれる暗澹たる悲劇であった。その翻訳作業は難解だったため、ハマーショルド自身はギエロフの「よき議論相手」にすぎなかったと語ってはいたものの、その貢献は貴重なものとなった。

彼は作品を議論するために作者本人であるバーンズを自宅での夕食会に招いてギエロフにも紹介しているが、彼女の人物像からその孤独さを感じ取ったことによって翻訳作業はより容易なものとなった。つまり、戯曲のなかの登場人物のように、彼女自身がこれまでの人生において過酷なまでに苦しい経験を積んできたと確信したのである。『交唱歌』がハマーショルドにどのような印象を与えたかは、この作品に記されている次の訓戒の台詞を彼の日誌である『道しるべ』に引用していることからもうかがい知ることができる。

悲しげに汝自身を偽る虚妄たるなかれ。
むしろ、暗く脈打つ、汝自身の韻律たれ。
われら、悲劇的なる務めの門出にしあれば。（訳：『道しるべ』一八八ページ）

ハマーショルドが尊敬してやまなかったもう一人の作家は、一九三六年にノーベル文学賞を受賞したアメリカ人劇作家のユージン・オニールである。一度として二人は会ったことはなかったが、オニールの妻カーロッタ（Carlotta）はハマーショルドの文学仲間の一人であった。

一九五四年、スウェーデン・アカデミーの一員として着任するためにストックホルムに滞在していたハマーショルドに、「オニールの未亡人を直接紹介してもらうことができないだろうか」とギエロフが相談をもちかけたところ、ニューヨークに戻ったハマーショルドは、早速その依頼に応えている。それだけでなく、一九五五年秋には、ギエロフとオニール夫人をニューヨークで引き会わせてもいる。このときのハマーショルドの計らいを、ギエロフは「望み得るかぎり最高の連絡将校によるきわめて貴重な支援であった」とまで表現している。

そして、この会合によって得られた最大の成果は、一九五六年二月一〇日、オニールの晩年の傑作である『夜への長い旅路（Long Day's Joirmey into Night）』（清野鴨一郎訳、白水社、一九五六年）の、ストックホルム王立ドラマ劇場での輝かしい初舞台の実現であった（これは世界初公開ともなる）。

詩人エズラ・パウンドもまた、直接会ったことはないが、ハマーショルドが間接的に支援したもう一人の作家である。第二次世界大戦中イタリアに在住している間、パウンドはムッソリーニの所有するラジオ局からプロパガンダを目的とする放送番組に出演して反ユダヤ主義的な発言をしたため、アメリカに送還されるや否や精神異常者と診断されて病院に監禁されてしまった。そこでハマーショルドは、スウェーデン・アカデミーの会員の立場をもって、パウンド釈放のために慎重な糸引きを試みたのである。たとえば彼は、スウェーデン人作家であるペール・ラーゲルクウィストに宛てた手紙のなかで、「私は一人の人間として彼を気の毒に感じているし、彼に対しては、言葉の芸術家として深い敬意をも抱いている」と訴えている。

さらにハマーショルドは、スウェーデン人作家サラ・リドマンを助けるために舞台裏で動いている。リドマンは、南アフリカでの滞在中にアパルトヘイトに反対する立場をとっていたことが理由でトラブルに巻き込まれていたのだが、ハマーショルドが南アフリカ政府代表と周到なる交渉を行ったことによってこの問題は解決されたのである。

先述のように、ウィリアム・フォークナーはハマーショルドのもう一人のお気に入りの作家であった。ハマーショルドは彼の作品『寓話（A Fable）』について、一九五四年にボー・ベスコフに宛てた手紙のなかで次のように論じている。

『白鯨』以来、フォークナーが奇怪な作品でありながらアメリカ人作家によるきわめて重要な散文調の作品を発表した。解読不可能な部分があると思えば魔法のように魅了される箇所もあるが、終始一貫して破壊力をもった作品に仕上がっている。

彼はなんとも数奇な天才であり、人間の情熱と苦悩を描き出すことのできる年代記作家であろう。一〇〇歩譲ったとしても、この作品はわが友J（ジョン・スタインベック）やその他の作家の野心に再び火を付けてくれるはずである。ただし、もし彼が今もって石から水を絞り出すがごとくのように真実の詩を生み出す情熱を秘めているのであるならば、ではあるが。

ハマーショルドの本棚を飾ったその他の作家には、E・M・フォスター、ジェイムズ・ジョイス、ヘンリー・ミラー、ディラン・トーマス、アンドレ・マルロー、ライナー・マリア・リルケ、ステ

ィーグ・ダーゲルマン、アクセル・サンデモーセなどがいる。また、スウェーデン人作家のフォルケ・イーサクソンに宛てた手紙のなかでハマーショルドは、文学仲間の一人でもあったＷ・Ｈ・オーデンの人物像について興味深い描写をしている。

実のところ、われわれは非常に仲のよい友達である。もちろん、オーデンと友人として付き合える可能なかぎりにおいてではあるが。というのも、彼は祖国の強い酒によって潤された仮面と、率直な議論をふっかけようという気をそいでしまう職業上の人懐こさの下に、卓越した才能と感受性を隠しているのだから。

イーサクソンに、「なぜ、オーデンの名がスウェーデンではほとんど知られていないのか」と尋ねられたとき、ハマーショルドは次のように答えている。

「私の個人的な友人のなかでもオーデンは、ペルスと並んでスウェーデン人の島国根性の根深さを示す一例であろう――〈ＢＬＲ〉（スウェーデンの図書雑誌）には何千人もの寄稿者がいるにもかかわらずである」

二人の仲が近くなる以前にオーデンは、ハマーショルドに「スウェーデンの詩人のなかでもっとも優れた詩人は誰だと思うか」と尋ねたことがある。そのとき、ハマーショルドは次のように答えている。

「ヴェルネル・アスペンストロム、グンナー・エーケロフ、ヒャルマル・グッルベリ、フォルケ・イーサクソン、エリク・リンデグレン、ハリー・マルティンソン、そしてカール・ウェンベリであろう。なかでも、『先導者』（配慮に欠けた表現だが）と言えるのがエーケロフとリンデグレン、もっとも成熟しているのがグッルベリ、そしてもっとも創造性があるのはマルティンソンであろう」

このなかには含まれなかったが、ハマーショルドが非常に高く評価していた作家に彼と同時期にスウェーデン・アカデミーの会員であったペール・ラーゲルクウィストがいる。一九六一年五月、彼に宛てた祝電のなかで、社交辞令を超えるような讃辞でハマーショルドは次のように書いている。

あなたの記念日は、あなたがつくり出してきた忘れ難い数々の登場人物と同時に、あなたが人々の置かれた状態に対して本質、美、光といった要素をいかに巧みに表現し続けてきたかということを私の心に呼び覚ましてくれる。

一九五七年一二月二〇日に開催されたスウェーデン・アカデミーの式典において、ハマーショルドはカール・リンネの生誕二五〇年を記念するスピーチを行ったが、その内容から、彼が自然主義者リンネに深い尊敬の念を抱いていることが分かる。とくに、自然を創造物としてだけでなく創造力としてもとらえるという全体論的なアプローチをとったリンネの才能を高く評価している。それは、生命に対する包括的アプローチを意味しており、ハマーショルド自身の考え方とも合致するものであった。またハマーショルドは、近代世界が過去と決別しようとする傾向があることに対する懸念と同時に、文化を取り巻く思潮に対して悲観していることを明らかにしている。

最新のものが最善のものであるという考えを絶え間なく吹聴する状況に置かれた大衆文化のなかにおいて、売り上げを伸ばすことしか考えなくなった出版業界が、書物を多くの者にとってすぐに古くなる使い捨ての消耗品というレベルにまで格を落としてしまった。このままでは、本質的であり、かつ重要な書物よりも、ベストセラー入りする書物を好むという大衆の傾向を反映するだけの文学の工業化を招きかねない。（中略）

今では、書物は報道業界と競争をせねばならず、さらには映画、ラジオ、テレビといった新しいメディアやコミュニケーション方法とも競争しなければならなくなっている。そのような媒体が徐々に嗜好《しこう》されるにつれて、質の高い文学に直に触れることの必要性がますます高まってくるはずである。

さらに続けてハマーショルドは、現在の政治状況について論じたうえで、「完全なる実現からはほど遠いかもしれないが、人類は新しい国家共同体」に向かいつつあるという考察と、「アジアとアフリカの再生によって、人権を核とする民主主義により近づいている」ことについて言及したあと、再びリンネの話に戻って、「リンネはヨーロッパ人であった。そして、ヨーロッパ人でありながら一人の世界市民でもあった」と述べた。ハマーショルドが、時を超えた旅行家であり同邦人で

あるリンネにある種の親近感をもったと考えても不思議ではない。

一方、ハマーショルド自身の世界文学における地位は、彼自身の日誌『道しるべ』が出版されることによって確実なものとなった。『道しるべ』は、彼の死後、まずは原文のスウェーデン語で、それから英語やいくつかの言語に翻訳されて出版されて非常に幅広い層に購入されたが、多くの読者は読破することが難しいと感じたことであろう。

『道しるべ』は、ハマーショルドの宗教的な内面の葛藤と道徳的な天性を物語るだけでなく、彼が幅広いジャンルの文学に親しんでいたことも裏づけている。たとえば本書には、聖書や中世の神秘主義思想だけでなく、一般大衆文学からの引用や参考文献も多く含まれているのだ。『道しるべ』が出版された当時、博識な解説者でさえ、そのなかに隠されている数多くの原典や引喩を探し当てるのにかなりの苦労をしたほどである。

いみじくも、スウェーデン人の比較文学者であるレイフ・ショーベリは、本書を完全に解読するには文学史の専門家、歴史家、宗教学者、言語学者からなる総合的なチームの協力が不可欠であろうとかつて語っている。ちなみにショーベリは、W・H・オーデンと共同で『道しるべ』をスウェーデン語から英語に翻訳した研究家である。

美術

一九三〇年、ウプサラからストックホルムに移り住んだハマーショルドは、ストックホルム市内のアートギャラリーに足を運んでは美術作品を頻繁に購入するようになった。さらに、ニューヨークに移った際には、彼の美術への興味は勢いを増していった。

ハマーショルドはニューヨークに到着するや否や、ニューヨーク近代美術館に連絡をとって、「いくつかの美術作品を国連に貸し出すための準備を整えてほしい」と依頼している。当然のことながら、美術館の学芸員は作品の選定に関しては美術館に一任されるものと想定していたため、国連ビルを飾るのにふさわしい作品を選ぶためにハマーショルドが自ら現れたとき、大きな驚きをもって迎えることになった。

後日、学芸員に感銘を与えるほど近代美術に対する造詣が深かったハマーショルドは、近代美術館の二五周年記念の祝賀会でのスピーチを依頼されてしまった。そのスピーチのなかでハマーショルドは、近代美術と近代政治を比較して共通点を述べたうえで、この観点は決して彼独自の「個人的な興味」だけにとどまらないものであるということを強調している。

近代の国際政治において（分裂と災難に取って代わる唯一の選択肢とかつてないほどに考えられている秩序ある世界を目指すなかで）われわれは、近代芸術家を鼓舞してきた精神をもって任務の遂行に取り組んでいかなければならない。つまり、われわれは慣習的な思い込みや、型にはめられた手法といった鎧を脱ぎ捨てて、素手と、奮い起こし得る可能なかぎりの誠実さだけで問題に挑まなければならない。そしてわれわれは、歴史的・社会学的な状況によって生み出された惰性的な現状を克服するのだという揺るぎない意思をもってそれに臨まなければならない。

ニューヨーク近代美術館から国連ビルに貸し出されたフィルナン・レジュの作品の前で（1954年３月１日）　写真提供：UN Photo

そのほかにも、ハマーショルドが芸術と政治の結び付きに重要性を見いだしていたことは、彼と親しく交流していたイギリス人の女性彫刻家であるバーバラ・ヘップワースとのやり取りのなかにも見ることができる。

コンゴに出発する前日にしたためたヘップワースへの手紙のなかで、ハマーショルドは彼女が贈ってくれた木工彫刻「チュリンガⅢ（Churinga Ⅲ）」に対するお礼を述べたうえで、「この作品は執務室のなかでも私の目の前に置かれており、毎日、実に毎時間のように喜びを与えてくれている」と述べている。そしてまた、「偉大な芸術作品は独自の清廉潔白さの規範をもっており、すべてにおいて何が達成されるべきかを絶えず思い出させてくれる」と書いている。

国連の執務室に飾られた「チュリンガⅢ」（右奥）（1961年9月1日）
写真提供：UN Photo/Teddy Chen

三年後、国連本部ビルの入り口でヘップワースがハマーショルドに贈ったもう一つの彫刻作品である「シングル・フォーム（Single Form）」の除幕式が行われたが、その際、ヘップワース本人も除幕式に出席して次のように述べている。

「ダグ・ハマーショルドは、美学上の道義に対して純粋で厳しい直感を備えていたと言える。それは、道徳上と倫理上の道義と同じくらい厳しいものであった。これらは、彼にとっては同一のものであったのだろう。そして彼は、われわれ一人ひとりが発揮し得るベストを尽くすことの重要性を呼び掛けていたのであろう」

ハマーショルドはまた、国連事務総長としての最初の数年間、着任前に造られていたがほとんど忘れ去られていた国連本部ビル内の瞑想室を改修することに奔走していた。そして、任期の後半に入ると、国連本部ビル周辺そのものを審美的に魅力的なものにしようと考えた。そこでヘンリー・ムーアの彫刻が入手できるチャンスがあることを聞きつけたハマーショルドは、早速彼に手紙をしたためて、自らと国連職員の双方にとってだけでなく、将来国連本部ビルを訪れるであろう何百万の人々にとっても、ムーアの作品が寄贈されることがどれほど大きな意味をもっているかを訴えている。その手紙のなかでハマーショルドは、ムーアの彫刻作品が国連本部ビルに飾られることはごく自然な成り行きであることを説いている。

——なぜならば、私が長い間尊敬してきたあなたの作品は、まさに真の意味で国際的なものであると言えるからである。（中略）私は、あなたの作品は表面上の覆い、顔、色、国籍、鈍くなった直感といったあまりに多くのものを人間からはぎ取って、その代わりにわれわれ誰もがもっている本質的な要素や特性を暴き出すものであるとずっと感じてきた。その姿勢、視線、調和のとれた形態は、精神性に帰する人間ドラマの要素すべてである。(7)

音楽

文学や美術と比較すると、ハマーショルドの音楽に対する関心はあまり知られていない。しかし実際には、一九二七年五月一九日にウプサラ大学のメインホールで開催されたベートーベンの没後一〇〇年を記念してのコンサートで『交響曲第九番』を初めて聴いたときに彼は、生涯忘れることがないほどの感銘を受けている。

国連での任期中、ハマーショルドは音楽を自宅でよく聴いていた。彼の所持していたレコードのコレクションはもうないが、残されていた曲目リストから、バッハ、モーツァルト、ブラームスなどのクラシック音楽はもちろんのこと、現代作曲家やさらには軽音楽まで幅広いジャンルに親しんでいたことが分かる。

ストックホルムで暮らしていた時代、ハマーショルドはしばしばスウェーデン王立歌劇場に足を運んでいたが、ニューヨークに移ったときもこの習慣を続けるように心掛けていた。それは、仕事での重圧から解放されて活力を取り戻すための気分転換の機会となっていたのであろう。

彼は、メトロポリタン歌劇場の名総支配人であるルドルフ・ビングから直々に招待を受けたことがたびたびあったが、そのなかでも『フィガロの結婚』の招待状を受け取ったときには次のように返信している。

(これは)私の大のお気に入りのオペラ作品です。ストックホルムにいる私の友人が非常に高く評価しているエリザベス・セーデルストレムの歌声を初めて聴けることがとても楽しみです。

ハマーショルドは、文学や芸術と同様に、音楽もまた国際的な相互理解と友好を深めるための重要な手段であると考えていた。一九五三年に国連で行われた世界的なスウェーデン人テナー歌手のユッシ・ビョルリングのコンサートを心待ちにしていたハマーショルドは、次のように記している。

今回、国連総会議長(パンディット夫人)が自国の代表団をはじめとする来賓を迎えるパーティーのために企画されたこの新しいアイディアは、会議とは別の目的で人々が国連本部ビルに集まるという点において、いまだかつてないほどの大きな意義を国連に与えることになるでしょう。あなたとメトロポリタン歌劇場からのソプラノ歌手の協力によって、その歌声と演奏を

(7)　この手紙はハマーショルドの急逝によって生前には結実しなかったものの、ハマーショルドの没後にもかかわらず、この依頼に応えようとムーアは一九七九年にハマーショルドに対する尊敬の念と国連の功績への敬意を表して『リクライニング・フィギュア:ハンド』という題名のブロンズ彫刻を国連本部ビルに寄贈している。

―聴くために総会ホールに集まることは、国際連合の目的の実現に向けてわれわれが努力している世界中の人々の連帯感と絆の強化のために大いなる貢献をしてくれることでしょう。

ハマーショルドは、国連職員のためにパーティーを毎年開催するという習慣をはじめているが、そのパーティーに招かれたアーティストのなかには、映画俳優のダニー・ケイや腹話術師のエドガー・バーゲンなどがいた。またあるとき、彼はグレタ・ガルボにも出席の依頼をしたが、その説得の努力は最後まで実ることはなかった。

しかし、一九五八年一〇月二四日の国連の日[8]には、スペイン人のチェロ演奏家であるパブロ・カザルスを招くという特別な機会を得ることができた。当時、カザルスは平和主義者であり、フランコ政権と激しく対立していたために、アメリカではペルソナ・ノン・グラータ[9]とされていたのだが、ここ国連本部ビルでは歓迎されたのである。

しばしば、ハマーショルドは自ら国連コンサートの演目を選定したが、彼の音楽への造詣の深さは招かれた指揮者や音楽家に感銘を与えるほどであった。一九六〇年一〇月二四日の国連の日、彼はスピーチのなかで、「国連コンサートにおいてベートーベンの『交響曲第九番』の最終楽章を演奏することが今では恒例となったが、今回は国連の日一五周年を記念して、交響曲を全楽章通して演奏してもらうことにした」と述べたうえで、自らの作品に対する解釈を簡潔に語っている。

―『交響曲第九番』がはじまるや否や、われわれは激しい闘争と暗黒の脅威に満ちたドラマへと引き込まれていく。しかし、ベートーベンはわれわれをその先へと誘い、やがて最終楽章に差し掛かると、最後の大合唱への橋渡しとなるようにあらゆる主題が再び繰り返されているのが聞こえてくる。（中略）

闘争と情動から最後の讃美歌の詩にあるように和解へと向かう道のりで、ベートーベンはわれわれに告解と信条を与えてくれている。そして、国連のためにここで働いているわれわれもまた、自らの告解と信条を捧げようではないか。

さらにハマーショルドは、利害やイデオロギーの衝突の絶えない人類の歴史になぞらえて、第四楽章が第一楽章に打ち勝つという信念をわれわれは決して失うことはないだろうと希望を述べたうえで、その進化のプロセスは全員がかかわり、責任を分かち合ってゆくものであると語っている。そして彼は、『交響曲第九番』でベートーベンが辿った道と国連憲章の起草者が辿った道を比較し、われわれは将来世代を戦争の惨禍から救うという国連の目標からは、いまだにはるか遠く離れたところにいると指摘した。

（８）一九四五年一〇月二四日に国際連合憲章が発効したことを記念して設けられた国連の記念日。
（９）ラテン語で「好ましくない人」の意味。本来は外交用語として利用され、自国にとって好ましくないと判断した外交官を理由を示すことなく派遣拒否できる措置のことを指すが、慣用的に「歓迎せざる人物」を指すこともある。

ウ・タントの就任式に行われた「シングル・フォーム」の除幕式（1964年6月11日）　写真提供：UN Photo/Teddy Chen

国連の日のコンサートでスピーチを行うハマーショルド（オーケストラの前、中央）（1960年10月24日）　写真提供：UN Photo

われわれがいるのは、まだほんの第一楽章にしかすぎない。しかしながら、暗がりがどんなに深くあろうとも、対立がどんなに激しくあろうとも、このホールやこのビルでも見受けられるように、今日の世界での発言や行動に見られる相互不信がどんなに緊迫した状況にあろうとも、われわれ人類には共通点や共有すべき利益がたくさんある。したがって、ともに失うものもまたあまりに大きすぎるということを忘れてしまう、われわれ自身と将来世代のために困難に打ち勝つための努力を怠る、そしてわれられ共通の遺産である人類のもつ純粋な価値をもって、力を合わせて平和に暮らすための強固な基盤をつくることを放棄する、といったことは決して許されない。

次にベートーベンの『交響曲第九番』が国連で演奏されたのは、エンドーラでの飛行機事故から一年が経ったハマーショルドの祈念式典においてであった。

第7章 ダグ・ハマーショルドの日誌『道しるべ』

K・G・ハンマル

『道しるべ（Vägmärken）』とは、ダグ・ハマーショルドが一九六一年九月に北ローデシアにおいて悲劇的な飛行機事故で命を落としたあとに、彼のアパートで発見された手書きの日誌のタイトルである。出版された作品の「序文」には、当時のスウェーデン外務事務次官であったレイフ・ベルフラーゲに宛てた日付のない手紙が添えられているが、そのなかでハマーショルドは、この日誌が自分の人生において「唯一、真実の『横顔』を描き出したものである」と書いている。

政治面での功績はもちろんのこと、さまざまな面で再びハマーショルドの偉業が新たな注目の的となっている今日、この日誌に対して彼が明確な位置づけをしていることに留意するのはきわめて重要であると言える。ハマーショルドは、自らの政治における業績は自分自身と神との関係性の現れ、また神との「交渉」から生み出されるものの現れと考えるべきだと信じていたのである。

出版当時の反響

一九六三年に出版された『道しるべ』は、スウェーデンにおいて、驚きとともに大いなる批判を巻き起こすことになった。というのも、ハマーショルドは世界平和のために国連事務総長の職務という世界でもっとも重要とも言える任務を託された国際的に著名なスウェーデン人であり、彼の遺した名声は国民の誇りとまでになっていたからである。ところが、かくも名高い同邦人が、神の信奉者であったという事実はスウェーデン人にとっては意外なことだった。それも、形式的もしくは文化的な礼儀として信仰しているという生半可なものではなく、神との間の関係性こそが自らの人生において唯一「真実の横顔」を描き出すものと言わしめるほど敬虔なキリスト教信者だったのである。

それだけでなく、『道しるべ』のなかでハマーショルドが神との「交渉」と呼んでいたものを表現するのに用いた言葉は、神秘主義的であり、スウェーデンの文化エリート層の人々にとってすら難解なものであった。ハマーショルドとしては、ただ単に自分の人生が（彼が理解するところによると）神秘的な経験の連続として認識されたため、また彼が自らの信念を神秘的な言葉で解釈したためにそのような言葉を使用しただけであった。ところが、神という存在に向き合う際に彼が用いた表現方法は、言ってみれば宗教がかった奇癖《きへき》の現れ、もっと悪く言えば、滑稽な救世主の夢物語ととらえられてしまったのである。

出版当時、多くの人々が、ハマーショルドの名声がこのような奇行によって傷つくことがないようにと願ったことだろう。いっそうのこと、『道しるべ』など書かれなければよかった、少なくとも日の目を見るようなことがなければよかったのにとさえ思ったことであろう。

当時のスウェーデン人が示したこのような拒絶反応を正しく理解するためには、ハマーショルドが生きた時代背景を抑えておく必要がある。『道しるべ』が出版された当時、スウェーデンにおける哲学や実存主義の思想は、数十年もの間、ウプサラ大学の哲学教授であるインゲマール・ヘデニウスとスウェーデン最大の日刊紙の編集長であるヘルベルト・ティングステンによって主導されていたが、彼らにとってもはや宗教、とくにキリスト教は時代遅れであると考えられていた。それにもかかわらず、ハマーショルドがキリスト教徒としての視点で事象をとらえていたというのは、まったくもって恥ずべき事実であると受け止められたのである。

とはいうものの、文化的な関心の高いスウェーデン人であれば、実際にはそれほど驚くことではなかったはずである。というのも、ハマーショルドは自らのキリスト教的な観点をひけらかすことはなかったにせよ、あえて隠すこともしなかったからである。現に、一九五三年に放送されたラジオ番組のなかで自らの幼少・青年時代と信仰について語った際、キリスト教についてもしばしば言及しているぐらいである。

のちに、この番組での彼の発言内容は『私の信条（This I Believe）』と題された選集に含まれて出版されているが、そのなかで彼は、主に母方の家系から受け継いだ信仰心を神秘主義的な観点から解釈したうえで、そのような解釈に至るまでの心の葛藤について次のように語っている。

信仰とは、精神と霊魂の状態のことである。その意味で、スペインの神秘思想家である十字架の聖ヨハネが言った「信仰とは神と魂の合一である」という言葉はよく理解できるところである。宗教で用いられる言語は、精神の原体験を記した一連の方式であると言えよう。それは、われわれの感覚で認知し得る実在や、論法によって分析し得る実在を哲学が定義した言葉を使って説明できるものであると誤解してはならない。

この意味を理解するために私はずいぶんと時間を要したが、ようやくこの境地に辿りついたとき、私の生い立ちのなかにいつもあった信仰を、そして、心の中ではまだその正当性を納得していなかったときですら人生の方向性を指し示してくれた信仰を、私自身の信仰そのものとして、また自分自身の意志に基づいた選択によって悟ることができたのである。そして、今私は、成熟した精神にとってもっとも重要とも言える心からの誠実さに対して、いかなる妥協をすることなしにこの確信を受け入れることができるようになった。

一九五四年、イリノイ州エヴァンストン（Evanston）で開催された世界教会協議会の総会にて、ハマーショルドは自らのライフワークについての個人的な見解を述べているが、そこで彼は、国連を一つの「信仰の手段」と考えていると語っている。その際、「国連憲章にはなぜ神についての記述がないのか」という質問を受けた彼は、「国連憲章は神について直接言及しているわけではないが、個人の尊厳と価値、また寛容さや平和共存という万人の願いが込められており、まさに神の意思とも言える価値観が表現されている」と答えている。

ハマーショルドにとって国連の目指すところは、「自分自身を愛するように隣人を愛しなさい」という訓戒と同一のものであったと考えられる。国連は、当然のことながらあらゆる宗教団体と距離を置いてはいるものの、その目的は神の意思と共通するものであったがゆえに、彼にとっては信仰の手段でもあったのである。したがって、彼にとって国連と教会は、役割こそ異なるが、国際平和を築くための闘いという意味では隣り合わせの存在だったのである。

総会でのスピーチの締めくくりに、共通の目標に向けて教会こそが果たし得る貢献についての話題に戻ったハマーショルドは、第三者としてではなく、明らかに自らの信条として次のように語っている。

「山上の垂訓」[1]のなかに、明日のことを思い悩むなという教えがある。「明日のことは明日自らが思い悩む。その日の悩みはその日だけで十分である」[2]

長期的な視野から実践的な計画を立てることは政治家が日常的に行っていることだが、これほど、この訓戒から一見かけ離れているように見えるものがあり得るだろうか。にもかかわらず、この教えはわれわれが平和と正義のための活動のなかで身に着けておくべきある種の忍耐力を表すのにはふさわしい表現だと言えるのではないだろうか。

日々任務に対して自分の与え得るかぎりの力を注ぎ入れるとき、日々求められる要求に対して能力のかぎり応えようとするとき、たとえ成功する希望や正しい方向に向かって進んでいく見込みがないように見えたとしても、この訓戒が最終的にはより大きな正義と善意からなる世界へと導いてくれると信じられるようになる必要があるのではないだろうか。

もちろん、「今日の悩み」や「明日のこと」について説いたこの教えは、将来の結果について、慎重かつ責任ある配慮をすることなく行動をしてもよいということを意味しているわけではない。そうではなく、われわれが平和のための活動にあたるときは、「信仰への静かなる自己放棄」の精神のもとに行動し、その結果を思い煩うことのない忍耐力をもって成し得なけれ

―ばならないということを意味している。

このスピーチでの発言と同様に、ハマーショルドの『道しるべ』のなかには、「結果を思い煩う」ことから解放されて、「信仰への静かなる自己放棄」の精神をもって献身的に平和のために尽くすことについての記述が多く見られる。

「静かなる中核」に耳を傾けて

ある一つの「外なる空間」が、『道しるべ』とハマーショルドの人生に対する考え方や視点を理解しようとするときにふさわしい出発点を与えてくれる。私が思い描いているその空間とは、一九五七年四月に改装オープンしたニューヨークの国連本部ビル内にある瞑想室のことであるが、この瞑想室はハマーショルド自身が監督し、自らの手で細部にわたって設計を手掛けたものである。

その部屋の真ん中にはスウェーデン産の鉄鉱石の塊が一つ置いてあり、壁には彼の親友であるスウェーデン人アーティストであるボー・ベスコフによるフレスコ画が掛かっている以外には何もない。ハマーショルドは、オープニングのスピーチでこの部屋が何を象徴しているかについて説明し

(1)　イエス・キリストが山の上で弟子と群衆に向かって行った説教のことで、『新約聖書』の「マタイによる福音書第五章～七章」に記述されている。
(2)　『新約聖書』の「マタイによる福音書第六章」からの引用。

ており、今日に至るまで、ここを訪れる人々に配布されるパンフレットにはそのスピーチから引用された文章が掲載されている。

この部屋は、平和と平和のために命を捧げる人々に贈られるものである。（中略）それは、思考のみが対話を許される静寂の空間である。われわれはみな、「沈黙に包まれた静寂の中核」を自分自身の内に秘めている。平和のための活動や議論を行うこの議事堂の中には、外に対しては沈黙として現れる内なる静寂に耳を傾けるための部屋が存在すべきなのである。この小さな部屋の目的は、思考と祈りの無限の大地へと続く扉が開かれる空間をつくり出すことなのである。

異なる信仰をもつ人々の連帯を象徴するものとして、大きな鉄鉱石の塊には一筋の光線が注がれているが、それは内なる光と、その光が外へ現れたものとしての自らの選択や行動の間の関係性を象徴するものである。

この石塊の素材は、われわれが破壊か建設か、つまり戦争か平和かのどちらかを選択しなければならないということを考えさせてくれるであろう。鉄によって人間は、刀もつくってきたし、鋤もつくってきたのである。

ハマーショルドが改修を手がけた国連本部ビル内の瞑想室（1957年１月１日）
写真提供：UN Photo

国連本部ビル内に設けられたこの瞑想室が宗派を超えたものであるという事実こそ、ハマーショルドが異なる宗教や信仰体系を包含《ほうがん》する観点をもっていたことの何よりの証拠である。キリスト教神秘主義に根を下ろしていたとはいえ、彼にとっては、他の宗教や伝統を通しても同様の経験を得ることができるという考えに対しては、何ら抵抗感を感じることはなかった。

このように、彼が他宗教に対して寛容であったことは、一三世紀のイスラム神秘主義思想の詩人ジャラール・ウッディーン・ルーミーの言葉である「神を愛する者にとっては神のみが宗教である」という部分を、『道しるべ』の一九五五年の冒頭で引用していることからも明らかである。さらに翌年、同じく『道しるべ』のなかで、「究極における体験はみなにとって同じである」という言葉を引用している。

この言葉そのものは中国の哲学者である子思《しし》による儒教の教えであるが、ハマーショルドはこの引用に添えて「エックハルトか？　否、子思である」と記している。つまり、この教えはマイスター・エックハルトによって書かれてもおかしくないものであるということを暗示しており、われわれが存在意義について探求する境地には、宗派の垣根を超えた普遍性があることを間接的に表現していると言える。

「われわれはみな、沈黙に包まれた静寂の中核を内に秘めている！」

この言葉は『道しるべ』の全体を通して繰り返されているが、これはハマーショルドの人間に対する考察を表現したものであり、彼はこれを人間のありのままを叙述するものであると同時に、人間としてのあり方を示す規範でもあると考えていた。

この瞑想室が公開された一九五七年の後半部分の『道しるべ』の記述に、ハマーショルドが装飾の設計に深くかかわったこの部屋について直接言及していると思われる一節がある。その記述から、この部屋につくり出された「外なる空間」は、そこを訪れる人々が胸に秘めている「内なる空間」と触れ合うことができるようにと意図されたものであることが分かる。

その一節は「ノミを打ち込んでいない石塊《ジ・アンカーヴド・ブロック》」という言葉ではじまっているが、このことは内に秘めている静寂の中核というものはわれわれ人間がつくり出したものではなく、鉄鉱石の塊にノミを打ち込んで彫刻としてできあがったものだけが人間の営みの結果であることを示唆している。つまり、われわれが内に秘めている中核というのは、自然の一部、人間生来のものの一部、実在の一部、授けられたものの一部なのである。

そして、この中核を発見することによって、初めて内なる自然への扉を開くことができる。この中核の発見こそが、ハマーショルドが「もっとも長い旅」、「内なる旅」と呼んだものの出発点であったと考えられる。

《鏨を打ち込んでいない石塊《ジ・アンカーヴド・ブロック》》——。おまえ自身の、また全人類の中核に留まってあれ。そのためにおまえに課される目標めざして行動せよ。一瞬一瞬に、能うかぎりの力を尽くして行動せよ。結果を顧慮せず、自分のためにはなにごとも求めずに行動せよ。（訳：『道しるべ』一五七ページ）

この一節のなかの「中核に留まってあれ」という表現は、きわめて重要な意味をもっている。というのも、より伝統的なキリスト教徒の視点に立てば、この表現は「神のなかに、われわれの存在の中核に、われわれの日々の生活の中心に留まってあれ」ということを意味するからである。

この方向性を掘り下げる前に、同じく一九五七年一〇月に記された「自分自身の中核」と「他者の中核」の関係性についての記述に触れておきたい。ハマーショルドはこれを、「イエスの無頓着ぶり」と多少の皮肉を込めて呼んでいるが、このようなイエスの態度に対して社会が理解を示すことはまずないであろうということを示唆している。そして、このことに気付いた一人の人間として、ハマーショルドは自分自身もまた周囲の理解が得られないこともあるであろうと覚悟していたと考えられる。彼は次のように書いている。

イエスの《無頓着ぶり》—彼は集税人や罪びとと並んで食卓につかれ、売春婦とつきあったりされた。これは、あるいは票集めのためだったのであろうか。おそらくは、かのような《宥和策》《アピーズメント》によって彼らを改宗させることができるとお思いになったのであろうか。それとも、彼の人間性が十分に深くもあり、また豊かでもあったために、未来の建設の基礎となるべき、あの万人に共通の、破壊することのできないなにものかを、こういう人たちの奥底にも掘りあてることがおできになったからではあるまいか。（訳：『道しるべ』一五五ページ）

この記述のなかでハマーショルドは、「自分の人生の中核」と「他者の人生の中核」の間に存在する関係性について思考をめぐらせている。そして、もし自分の人生が神、つまり内なる深さと豊かさのなかに根ざしているのであれば、他者の外見（集税人、罪人、売春婦）を透かして、多くの潜在力を帯びた一人の人間としての内なる中核を見つめることができると考えたのである。そしてこのことは、われわれが「中核と中核」、「心と心」の間に存在するこのような関係性のうえにこそ未来を築いてゆかなければならないことを示唆している。

　この観点は、平和への展望を切り開いてくれるだけでなく、実際に一人ひとりの人間には平和を実現する機会が与えられているという確固たる自信を与えてくれるものでもある。ハマーショルドは、平和維持活動や平和支援策などのあらゆる努力をしていたが、結局のところ、平和というものは一人ひとりの内面からのみもたらされるものなのである。そのため、平和の実現は、人類一人ひとりの中核がどのように形づくられるかによって大きく左右されることになる。

「存在」という盃

　しかし、「中核に留まってあれ」という言葉は、ともすれば身勝手で、自己中心主義的な欲求や懐疑心に満ちたエゴイズムを表しているともとらえられかねない。そこでハマーショルドは、「中核」は自分でつくるものではなく「授けられるもの」であると考えていたことを明確にしておかなければならない。つまり、「中核に留まる」ということは受け入れる存在となり、そうあり続けるべきだということを意味しているのである。それは人生において常に受け入れる存在でいるという姿勢をもつことを表しているとも言える。

このことが何を意味するかについて彼は、『道しるべ』の一九五七年の冒頭で強烈な印象を与える比喩表現を用いて述べている。

日々、これ初日―。日々、これ一生。

朝ごとに、われわれの存在の盃をさしのべては、拝受し、担いゆき、そしてお返しせねばならぬ。さしのべよ、ただし空にして―なんとなれば、その朝までの過去の日々は、盃にあらたに注がれる、澄みとおった、器の形状に従った、なみなみと溢れんばかりの生命のなかにしか映しだされないであろうから。

「いさおなきによりて、あえて願わざるもの、心暗きによりて願いえざるものを与えたまえ……」（訳：『道しるべ』一四四ページ）

この「存在の盃」というのは、無という特性を象徴するものであると言える。「無という特性」というよりも、むしろ「特性がない」ことの象徴であると言ったほうが的確かもしれない。つまり、無の対極にあるものは、たとえばエゴイズムや自己陶酔といったものである。それは、イエスの「無頓着ぶり」とは性質を異にするもので、むしろ隣人の存在を無視することにつながるものである。

さらに、一九五三年にハマーショルドは次のように記しているが、この記述から彼の人生に転機が訪れたことが分かる。

――過ぎ去ったものにはーありがとう、来たろうとするものにはーよし！（訳：『道しるべ』九〇ページ）

この表現に見られるハマーショルドの変化は、「自分の存在の盃」と「授けられたものもしくは人物」との間の関係性がはっきりと認識できるようになったことからもたらされたと考えられる。これ以降、ハマーショルドは、自分の人生に授けられたものとして神について語ることをもはやためらうことがなくなった。実際、同年の早い時期には、「私ではなくして、私の内なる神」という言葉をほとんど標語のように記述している。

ハマーショルドが「受け入れる存在でいる」という姿勢を表現するために用いた比喩には、深い意味が込められていたのである。

――

私は器である。飲み物は神のものである。そして神は渇けるお方である。（訳：『道しるべ』九二ページ）

信仰によって、謙虚でしかも誇り高くあること。すなわち、神のうちにあっては私はなにものでもないが、しかも神がわたしのうちに居たもうと確信しつつ生きる、という意味である。（訳：『道しるべ』九三ページ）

翌年、ハマーショルドは「謙遜さ」と「誇り」の関係が、器である「存在の盃」とそれを満たす飲み物である「渇ける神」の関係と同じものであると考えるようになったが、そのことは、「盃の誇りはその内なる飲み物にあり、その謙虚さは食卓に供されることにある。それならば、それにいかなる欠点があろうと構わないではないか」（訳：『道しるべ』九五ページ）という記述からうかがうことができる。

一九五三年、ハマーショルドは国連事務総長の座に就いた。人生の使命となるべきものを待ちわびていた彼は、一九五二年に「私に与えよ、死ぬに値する大義を！」（訳：『道しるべ』八七ページ）とまで記していたが、それはついに現実のものとなったわけである。

一九五四年、『道しるべ』は次の祈りの一節からはじまっている。

> 始むるを許されし我が業を成し遂げさせたまえ。
> 花咲き満つべしとの保証はなからんとも、われをしていっさいを与えさせたまえ。（訳：『道しるべ』九五ページ）

「いま」という瞬間

ハマーショルドの人生に決定的な転機が訪れていたことは、彼の死の数か月前の一九六一年の聖霊降臨節の日に残された記述から見てとることができるが、そのなかで彼は、自らの人生と『道しるべ』にこれまで記録してきた長い内なる対話を振り返り、次のように書いている。

だれが―あるいは、なにが―問いかけたのか、私は知らない。いつ問いかけられたのか、私は知らない。私には、それに答えたという覚えがない。しかし、いつかあるとき、私はだれかに―あるいはなにかに―よし、と答えたのである。

まさにその瞬間から、生存には意味があり、したがって、私の人生は己を虚しくして服従することをつうじてある目標に到りつくものとなるのだ、という確信が私の心に生まれてきた。」（訳：『道しるべ』一八九ページ）

一九五三年の冒頭に記された「よし！（Ja）」という言葉は、やって来るあらゆるものに対して絶えず無条件に快く受け入れる（授け受ける準備をしておく）意志を表すものであると考えるべきであろう。しかし、この豊かな受容力はまた、神（空の器に飲み物として自分自身を注いでくれる神）を受け入れるための前提条件でもあると言える。というのも、この「受け入れる」ということは、人生の意味への問い掛けに密接に関連しているからである。

ハマーショルドは、人生そのものに初めから意味があるのではなく、実在するものに対して意味が与えられると考えていた。ここで「存在の盃」、すなわち「飲み物を受ける器」というイメージが際立ってくる。つまり、われわれは自分自身で人生の意味をつくり出すことはなく、快く受け入れる豊かな受容力をもったときに初めて人生に意味が与えられるということである。そして、実のところ「意味」とは、神のもっているもう一つの名前なのである。

一九五六年の記述は、豊かな受容力をもって快く受け入れる勇気、人生の意味に対する問い掛け、そして人生の意味に対して確信を得たときの心境の関係性をきわめて明確に表現していると言える。

> おまえがあえて「よし《ヤー》」と言う―すると、意味があらわれいでるであろう。
> おまえが「よし」とくり返す―すると、あらゆるものが意味を帯びるであろう。
> あらゆるものに意味があるとき、おまえにとって、どうして「よし」というほかに生き方がありえよう。（訳：『道しるべ』一二二ページ）

一九六一年に記され、ハマーショルドにとっては総括とも言える記述を見ると、「よし」と「いま」が密接に関連していることに気付くであろう。つまり、「よし」という生き方はいまという刻々と過ぎ去る一瞬一瞬のなかでこそ可能なのである。

> その瞬間以来、《振り返らぬ》ということが、また《明日を思いわずらわぬ》ということが、いかなる意味のことであるかを、私は会得したのである。（訳：『道しるべ』一九〇ページ）

そして、「可能性の道」が行動を通して人々の世界を導いてゆくとき、現在という与えられた一瞬一瞬において「受け入れる者」でなくてはならないと述べている。

一　現在の瞬間に意義があるのは、われわれを未来へと渡してくれる橋としてではなくて、それ自体の内容のゆえなのである。もしわれわれにその内容を受け取る力さえあれば、それはわれわれの空虚を充填して、現在の瞬間に立つわれわれの内容となるのである。（訳：『道しるべ』六五ページ）

ハマーショルドは、いまとよしとは受け入れる準備が真に整った心境のときにのみ二者が同時に存在するものであると考えていた。というのも、受け入れる行為は、今この瞬間になされなければならないもので、過去にしがみついたり、逆に永遠に遠去かってゆく未来のなかの「自己欲求」を満たす目的に縛られたりすることは、受け入れる行為によってこそ開かれるはずの「可能性の道」にとっては障害となってしまうからである。

いま。私が恐怖を、他人にたいし、私自身にたいし、かしこの脚下にひろがる闇にたいする恐怖を克服してからは——

未聞の領域の境界線に立つ。

ここで、私の知っていることは終わりを告げる。しかし、境界線のかなたに、私の存在は始源となりうべきものを予感する。

ここで、欲望は浄化せられ、自由無礙となる。——

一々の行為が未知のものへの準備であり、一々の選択が未知のものへの諾《うべな》いである。（訳：『道しるべ』七七ページ）

ハマーショルドは、いまという一瞬、すなわち内なる空間への扉が開かれて、受け入れる準備が整った瞬間に対してもう一つの名前をつけていた。彼はそれを「神秘的体験」と呼んだ。

《神秘的体験。》つねに、ここでそしていま―遥けきものと一体化せる自由のなかに、静寂から生まれた心の静けさのなかにいること。しかし、この自由は行動のさなかにおける自由であり、この心の静けさは人々のさなかにおける心の静けさである。世にありながら自己に囚われぬ者にとっては、神秘はつねに実在である。心静かに成熟しながら、運命への同意のときを迎えようと待ち受けている現実である。現代にあっては、聖化への道は必然的に行動のなかを通ってゆく。（訳：『道しるべ』一一九ページ）

彼の呼ぶ「神秘的体験」とは、人々から孤立することや行動を否定することを意味するのではなく、むしろ逆に、人々や行動と密接に関連していると言える。しかし、その体験は決して向こうからやって来てくれるものではない。むしろ、その体験を得るための道は苦悩に満ちていると言える。

内面の静寂を保つこと―喧騒のただなかにあって。開かれたまま、穏やかなままでいること、雨の降り注ぎ、麦の芽ばえる、肥沃な暗闇に包まれた、しっとりとした腐葉土のままでいること―白昼の不毛の光を浴びて、埃を巻きあげながら広場をどしどし踏みしだいていく人たちが、どれほど大勢いようとも。（訳：『道しるべ』八五ページ）

使命がわれらを見つけ出す

ところで、この内なる空間に存在する原動力は自分自身が生み出す力ではない。いまという一瞬を確信しながら生きるということは、受け入れる姿勢でいること、つまり目前に開かれた展望と求められている行動に対する用意ができていることを意味するが、それはいったい誰によって求められるのであろうか？　もしくは何によって？　その答えは、誰かもしくは何かである。そして、誰かかつ何かなのである。

使命のほうがわれわれを探しているのであって、われわれのほうが使命を探しているのではない。それゆえおまえが使命に忠実なのは、いつでも用意を整えておくことによってである。また行動する―おまえが使命の要求に直面したときに―ことによってである。（訳：『道しるべ』一一八ページ）

予想外の状況になるまで行動を起こさないという行き当たりばったりの姿勢ではなく、自ら取り組むべき課題を見つけ出して常に先取りして行動することが求められる時代に生きるわれわれにとっては、この「待つ」というハマーショルドの行動に対する考え方は理解しがたいものと感じられるかもしれない。この秘密を解くカギは、彼が人生を神から授けられたものとして考えていたことにあるであろう。そして、授け受ける「使命」は、キリスト教の伝統的な言い回しで呼ぶところの

「用意が整えられた行動」を意味しているのである。

「御身のものとなりて……」犠牲―そして解放―このことは、《私》というものをなんら目的と見なしてはおらぬ、ある意思に従うことに存するのである！

「定めを負いて……」報酬―あるいは代価―はかようなことにある。すなわち、私が自分ひとりでどのようなものを探してみたところで、そんなものはこの務めと引きくらべたら無価値になってしまうといった、そのような務めをば私がこの意志から付託されたというそのことに。

（訳：『道しるべ』一〇七ページ）

明らかに、ハマーショルドにとって重要な問題となったのは、ある行動の必要性が生じて自分が参加するのを待つばかりの状態になったとき、自らに用意周到なる準備と快く受け入れる態勢が整っているかどうかということであった。

おまえは油でもなく、空気でもない―ただ、燃焼が行われている地点であり、光が生まれでる中心であるにすぎない。

おまえは光線に包まれたレンズにすぎない。おまえはレンズのような仕方で、光を受け、放ち、また所有することしかできない。

もし、おまえがかってに《自分自身の権利》を主張しようとするならば、おまえは焔のなかでの油と空気との出会いを妨げ、レンズを曇らせてしまう。
聖化—みずから光であるか、それとも、光が生まれでるように自己を滅却しつつ、光が集束したり拡散したりするように自己を滅却しつつ、光のなかにいること。（訳：『道しるべ』一五三ページ）

さらにハマーショルドは、使命を授かった者としての体験を伝えるために『聖書』からの引用（ヨハネ伝、第三章第八節・同第一章第五節）を記している。

「風は己が好むところに吹く……、
　すべて霊によりて生るる者も斯くのごとし。」（ヨハネ伝、第三章第八節）
「光は暗黒《くらき》に照る、
而して暗黒《くらき》は之を悟らざりき。」（ヨハネ伝、第一章第五節）

風のように。風のなかで、風とともに、風から発して。帆にも似て、風から発して。—ごく軽やかで、しかもごく強靭なので、水平に傾いたときでさえ、風のあらゆる力を集めながらその流れを妨げるようなことのない帆にも似て。
光にも似て。—光のなかで、光に射ぬかれ、光に化して。光を集中せしめて新しい力に変えながら、その光のなかに姿を消しているレンズにも似て。
風にも似て。光にも似て。

――まさに、ほかのなにものでもない―この広大な空間にあり、この絶頂にあって。（訳：『道しるべ』一二五ページ）

ハマーショルドは、自らを絶え間ない創造的な行動への参加者、すなわち人生をもたらしてくれた創造力の道具であると考えていた。つまり、人間の行いのすべてが自覚的に遂行される創造的な行動なのである。そして、一人の人間としての責任があるゆえにそれは自覚的ではあるのだが、それにもかかわらず、その自覚を超越した、人間を創造した力によって導かれているのだという考えをもっていた。

大きな過ちと偽り

――朝ごとに、われわれの存在の盃をさしのべては、拝受し、担いゆき、そしてお返しせねばならぬ。さしのべよ、ただし空にして―（訳：『道しるべ』一四四ページ）

それでは、人々が「存在の盃」を差し出して受け入れようとしたとき、その盃が空であることを妨げるものとは何であろうか。ハマーショルドを長年にわたって悩ませていたこの疑問は、「承諾を快く受け入れる姿勢」を彼に授けてくれたもの、そして一九五五年に彼が「神秘的体験」と呼んだものこそが神であったという確信を得るずっと前からすでに問い続けてきたことであった。

一九五〇年、彼はその答えを「自我愛」、「自己中心主義」もしくは「自己耽溺《たんでき》」としている。そして彼は、自分自身がそのような自我愛に陥っていないかどうか絶えず確認することを怠らなかった。

その努力は妥協の許されない厳格なもので、時に耐え難い苦痛を伴うこともあった。一九四五年の冒頭に彼は、「一瞬ごとに、おまえは今のおまえを選ぶ」と書き記している。彼は、「うわべだけの刹那的な存在や行為の可能性におざなりに手を付けてばかりいる」ことによって、「人生において神秘的とも言える体験に碇を下ろすことも、また自らに託されている自分自身の『自我』という才能を自覚することもできない」と考えていた。そして彼は、他人を喜ばせるためだけに迎合してしまうことに対する言葉として、皮肉の意味を込めて一九五〇年に「からの卵はふわふわと浮き、風のままに自在に動く」と記している。

夜の大海原のなかから意識がふたたび浮きあがってくると、とたんに前日のことが恥ずかしくなった。大逆罪の宣告が下されたからには、昼間の生活と生の源泉（睡眠中の意識下の世界）とのあいだの対決はどんなにか物凄いものだったにちがいない。裁判の対象となったのは、誤謬が繰り返されたとか、一連の些末な裏切りが続けられたとかいうことではない―神も知りたもうごとく、それらの誤謬や裏切りとて、十分に不安や自己嫌悪の原因くらいにはなったであろうが。そうではなくて、巨大な、原理的な誤謬なのである。すなわち、自我の内面にあって自我より大きいものを―外界からの要求に唯唯諾諾と迎合することによって―裏切ったという誤謬なのである。（訳：『道しるべ』五四ページ）

つまり彼は、「自我愛」や「自己耽溺」といったものを「大きな誤謬《ごびゅう》」と呼んだのである。そして、この過ちは、人生には自我よりもっと大切なことがあるという暗示によって気付かされるものなのである。もし、この過ちを犯せば妥協や迎合を招きかねず、もはや存在の盃は、受け入れるために差し伸べられたときには空でなくなってしまうことになる。

ハマーショルドは、自らに潜んでいる「究極の自己中心主義」に対することとなるとさらに自己批判的になった。彼は『道しるべ』に次のように記している。

己の可能性を受け入れる—それはなぜか？　権力欲に駆られて自分や他人を自分自身のために犠牲にするためか？　それとも、他人のために自己実現をするためか？　この違いは怪物と人間を分かつほどの大きな差となる。

また彼は、成功や評判といった人の外面の世界は、その人の内面の世界によって覆い隠すこともできると考えていた。

内面を外面に、魂を現世に先んぜしめること—そのために、どこへ導かれることになろうと。また内的な価値を外的な価値がかぶる仮面に成りさがらせぬこと。しかもそうかといって、内的なことがらが外的なことがらに付与しうる価値にかんして盲目であってはならぬ。（訳：『道しるべ』八三ページ）

心のなかにくすぶっている自己賞讃の気持ちを消しとめるためには、おまえがかつてわれとわが身に加えた屈辱の思い出を、いまだによびさまさなくてはならないのか。

心を清らかにするには、つぎのようなもろもろの欠点に陥らぬようにせねばならぬ。すなわち、おまえを際立たせるのに役立つ語調とか、魂に属するもののことを忘れて、精神の快楽をひそかに受け入れることとか、他人が心弱くも過失を犯したときに、われひとり正しとする気持ちにみちた反応を示すこととか。

讃辞を得たい―あるいは、裁きたい―と思うときには、あの鏡に映ったおまえの姿を見るがよい。絶望に陥らずにそうするがよい。（訳：『道しるべ』一〇八ページ）

こうして、おまえはまたもや自分かってに道を選んでしまった―そして、混沌への戸口を開けてしまった。神の御手がおまえの頭上から離れると、たちまちおまえ自身がそのままこの混沌に化するのだ。

ひとたび神の御手のもとに立った者は、もはや罪の意識を免れない。ただこのような者だけが、一瞬試みに屈するだけでも、轟然と爆発する破壊力が解き放たれるのを知っているのである。（訳：『道しるべ』一〇三ページ）

自己放棄と自己犠牲

ハマーショルドは、心を完全に開ききって人生において受け入れる姿勢をもち続けること、また誰もが内に秘めている「静寂の中核」を包んで守っている静けさを妨げようとするものを「破壊本能のお供をする、取るに足らぬ取り巻き連中」と表現しているが、このような「連中」を避けるためには服従の道、すなわち「犠牲の道」を選択しなければならないと考えていた。そして、犠牲として差し出すものとはほかならぬ「自我愛」であった。

日々神のみもとに身を置くだけでは足りない。ほんとうに大切なのは、ひたすら神のみもとにいることである。少しでも気が散ると、夢想、饒舌、けちくさい自慢話、くだらぬ悪意など―破壊本能のお供をする、とるにたらぬ取り巻き連中のすべて―がどやどやと入り込んでくる。

（訳：『道しるべ』一〇九ページ）

さらに、これと同じテーマを一九六一年の聖霊降臨節の記述のなかに見つけることができる。そのなかでハマーショルドは、人生を振り返りながら、いつかあるとき「よし！」と誰かに―もしくは何かに答えたと書いているが、そのあとに次のように続けている。

まさにその瞬間から、生存には意味があり、したがって、私の人生は己を虚しくして服従することをつうじてある目標に到りつくものとなるのだ、という確信が私の心に生まれてきた。

（訳：『道しるべ』一八九ページ）

服従、犠牲、さらには死といった概念を解釈することはわれわれにとって難しく感じられるかもしれない。ところが、ハマーショルドにとっては、これらの概念こそが人生を理解するために必要なものであり、これらの概念なしには、人生の目的へと道が開かれることがなかったのである。つまり、自我の滅却なしには、道に踏み出す自由も突き進んでゆく自由も生まれてくることはなかったと言えよう。

次の記述から、彼がどのようにこのことを理解していたかを知ることができる。

おまえは、運命の宣告を肯おうと自分自身に言い聞かせていたではないか。ところが、そのことがおまえにいかなることを要求しているかを発見したとき、おまえはそのとき見てとったのである。――現在の自分を形成してくれた世界ではあるが、なおかつ、いまは締め出されて立ち去らねばならぬこの世界に、自分がいまだにどれほど執着しているかを。それは、手足を切断されるような感じであり、いわば小さな《死》といった感じであった。そして、おまえが野心のあまり自己欺瞞に陥っているのだと仄めかす連中の声に耳を傾けさえした。だが、おまえはすべてを打ち捨てなければならない。それなら、この小さな死に直面して、なぜ呻き声を立てるのか。それを摑みとれ――手早く。そして、微笑を浮かべてこの小さな死を死ね。ついで、自由になって、歩みを続けよ。――みずからの任務と一体化し、この瞬間に注ぐ努力にまったく没入して。（訳：『道しるべ』一五六ページ）

彼は、「服従のなかに生きる」と表現した存在のあり方を「放棄（surrendered）」という言葉を使って表しているが、これに関しては次のように記している。

> （前略）《犠牲》はここにいま、つねにそしていたるところで行われているのである。それは、まったき《自己放棄《サレンダー》》のうちに、私の内なる神がご自身にご自分の一部分をお与えになることに存するのである。（訳：『道しるべ』九六ページ）

この一節は、ハマーショルドにとって重大な年となった一九五三年の日誌に記された、「私は器である。飲み物は神のものである。そして神は渇けるお方である」（訳：『道しるべ』九二ページ）という比喩表現を思い出させるものでもある。

イエスにならう道

『道しるべ』のなかで、ハマーショルドは数々の宗教的指導者からの教えを引用もしくは暗示しているが、なかでも顕著なのは、マイスター・エックハルト、トマス・ア・ケンピス、そして十字架の聖ヨハネである。より最近の指導者としては、マルティン・ブーバーやT・S・エリオットからの引用も見られる。

しかし、何より重要な位置づけがなされていた指導者はナザレのイエスである。先に一度ならずとも言及してきたハマーショルドの人生の総括とも言える記述である一九六一年の聖霊降臨節の一節には、次のようなものがある。

この道を辿るうちに、私は一歩一歩、一語一語悟っていったのである。すなわち、福音書の主人公が述べる一句一句の背後に、酒杯《さかずき》をわれより過ぎ去らせたまえという祈りの背後に、またその酒杯を飲み干そうという約束の背後に、ひとりの人間が、そしてひとりの人間の体験があるのだということを。十字架上で彼が発したことばのひとつひとつについても同様のことがいえるのだということを。（訳：『道しるべ』一九〇ページ）

このちょうど一〇年前、ハマーショルドはイエスについて「可能性の道を歩む、自らの使命を堅く守る青年」と描写している。その道が苦悩の道であることを予感し、覚悟していたイエスの胸には、道を一歩一歩進んでいくなかで数々の疑問が浮かんでくるのだが、その答えは「この道を最後まで辿りきったときに初めて得られる」ものであった。

孤独、苦悩、犠牲といったものは、イエスを引き止めることはなく、ただ「自己憐憫もせず、他人に憐れみを乞うこともなく、自分が選んだ運命にしたがって行くべき道を最後まで辿るのである」（訳：『道しるべ』七一ページ）。ここにハマーショルドは、単に教えとして見いだしただけでなく、これこそがトマス・ア・ケンピスが「キリストにならいて（Imitatio Christi）」と読んだ道であり、自分自身が実際に歩んでゆくべき道であるということに気付いたのである。ハマーショルドは、このことを別の表現で次のように書いている。

> 突然、私はこのことを理解した。すなわち、私が私自身にとって実在的であるよりも、彼は彼自身にとっていっそう実在的なのである。そして、私にたいして要請されているのは、私の実在に参与するよりいっそう緊密な仕方で彼の実在に――これを客体でなく主体と見なして――参与せよ、ということであった。（訳：『道しるべ』六三ページ）

この「イエスにならう道」の中核をなすものが犠牲を捧げることであるが、この犠牲とは、実に自らの意志を神の意志に融合・吸収させるという人生に対する心構えに関係していると言える。この道に対するハマーショルドの解釈については、先に触れたように「《犠牲》はここにいま、つねにそしていたるところで行われているのである。それは、まったき《自己放棄《サレンダー》》のうちに、私の内なる神がご自身にご自分の一部分をおあたえになることに存するのである」（訳：『道しるべ』九六ページ）という一節に表されている。

そして、ハマーショルドは、この犠牲を捧げるという行為が利己主義に基づく動機から生まれることもあるという危険性に対して常に警戒心をもっていた。

> 犠牲に捧げられる者――また、己を犠牲に捧げる者――にとって、大切なのはただひとつ、敵のあいだにいようと、疑惑の目で見る人たちのあいだにいようと、自分ひとりは忠実を守ってゆくということなのである。辱められるということが、忠実を守る結果でもあり、また忠実を守ってゆくための条件でもあるが、そうして辱められながらも、なおかつ彼は忠実を守っていか

なくてはならない。自分が名誉を回復できるという希望が、現実によってじつに決定的に否定し去られているようにみえても、ひたすら信仰のなかから汲みとりうる理由にすがってその希望を抱きつづけつつ、忠実を守っていかなければならない。
もし、犠牲者が殉教を飾る輝かしい後光に照らされている自分自身の姿を意識しながら身を捧げるようなことがあれば、その犠牲に気高さと意味とがあるであろうか。われわれがあとから付け加えたものは、犠牲者自身にとっては存在していなかったのである。そしてわれわれのほうでも、かような粉飾を除き去らぬかぎり、犠牲者の教えを聞くことができないのである。
（訳：『道しるべ』一四八ページ）

『道しるべ』の一九六〇年の最後の一節は、明らかに、弟子の前で「犠牲の道」を選んだナザレのイエスについて詠んだ詩であると考えられる。つまり、一九六〇年一二月、ハマーショルドにとって同等のものである献身と犠牲が一つに融合されたわけである。

みち、
おまえはそれを辿るがよい。
さいわい、
おまえはそれを忘れるがよい。

記者会見でのハマーショルド（1954年８月２日）　写真提供：UN Photo

ハマーショルドが晩年を過ごしたニューヨークのアパートの書斎
（1960年10月１日）　写真提供：UN Photo

さかずき、
おまえはそれを飲み干すがよい。
いたみ、
おまえはそれを隠すがよい。
こたえ、
おまえはそれを知るがよい。
いやはて、
おまえはそれに耐えるがよい。（訳：『道しるべ』一八六ページ）

エンドーラでの飛行機事故によってハマーショルドの人生に幕が降ろされたとき、彼はトマス・ア・ケンピスの著書である『キリストにならいて』（岩波書店、一九六〇年、大沢章・呉茂一訳）を携えていた。

わが信仰に生きて

本章では、ハマーショルドが自分自身の人生を描いた「唯一の真実の横顔を描き出したもの」と称した『道しるべ』のページに綴られた彼の人生に関する考察についての解説を手短に述べてきたが、最後のまとめとして、一九五八年の次の一節を引用して筆を置くことにしたい。(3)

《神と魂との合一》という信仰のおかげで、おまえは神のうちに単一なものとしてあり、
そして、神はまったくおまえのうちに在したもう、
おまえにとって、おまえが出会うすべてのもののうちに神がまったきものとして在したもうごとく。
おまえはこの信仰のおかげをもって、祈りのうちに、おまえの心の奥底に降りていって〈他者〉と出会い、
この合一のうちに心の変わることなく、そしてその光に照らしだされて、
他のすべてのものが、おまえと同じく、神のまえにひとりで立っているのを、おまえは見るのであり、
そして、おまえの行いのすべてが、自覚的に遂行せられる創造的行為である、―それが自覚的であるのは、人間を創りあげた、かの自覚のかなたに存する力によって導かれながらも、なおかつ、おまえにはひとりの人間としての責任があるからである。
おまえは事物に拘束せられることがない。しかし、啓示のもつ、あの解放的な純粋さと透徹した鋭さとを備えた感情を覚えつつ、事物と出会うのである。
したがって、《神と魂の合一》である信仰のおかげをもって、すべてが意味を有するのであ

る。

では、こうして生きてゆき、おまえの手に委ねられたものをこうして活用していくこと……

（訳：『道しるべ』一六二ページ）

（3）この一節が書かれた一九五八年四月一〇日は、ハマーショルドが国連事務総長として二期目をスタートした日にあたる。

第3部

ダグ・ハマーショルドから何を学ぶことができるか?

第8章 世界機構の政治哲学を求めて

マヌエル・フレーリッヒ

ダグ・ハマーショルドは、形成期にある国際連合の発展を導いた人物である。彼が国連の活動方針、外交手法、基本理念に残した足跡は今日でもはっきりと残っているが、何より国連に今なお息づいている彼の遺産と言えば、事務総長として、政治的な判断からだけでなく、国連の理論的根拠や正統性といった世界機構のあるべき姿の根幹を絶えず探求しながら組織のかじ取りを行ったという事実にほかならない。

ハマーショルドが事務総長であったときの元国連事務次長のC・V・ナラシムハンは、この点について次のように証言している。

> いかなる政治問題に直面しても解決策を見いだすことのできる有能な交渉人が、必ずしも深い政治哲学をもっていたり、政治理論の発展に貢献したりするとはかぎらない。ところが、ハマーショルドはその両方を兼ね備えた人物であった。
>
> 彼は、目の前の問題をただ解決するだけでは決して満足することがなく、単なる会議体を超越する国連の全体的なビジョンを抱いていた。それは、核兵器の脅威の均衡と言ったものではなく、国際レベルでの法と秩序の尊重をすべての国家に浸透させるための手段、起こり得る紛

争を予防するための手段、外交上の追加的な道具となる手段、平和維持のための手段、といったビジョンであった。（中略）

そして、彼はそれを実行に移したのである。

今日に至るまで、国際関係や世界機構などの政治哲学について、十分な議論がされてこなかったことは明白である。事実、依然として政治理論の分野では、社会秩序の維持を担う中心的主体は国家であるという考え方に偏重する傾向が見受けられる。その意味で、ハマーショルドの国連事務総長としての思想と実践は、ともに世界機構の政治哲学を探求する道そのものであった。それゆえに、彼が示した先例は、ある種の方向性をわれわれに与えてくれることになる。

　ハマーショルドが遺したこの探求の冒険の「道標」は、彼の不慮の死がゆえに、過去のスピーチ、私的な文書、文通の手紙などに分散されたままになっているが、このような資料から彼の政治哲学の基本要素を拾い集めて再構築することは十分に可能である。そして今日、近視眼的分析や利害関係のために国連に対する批判が再燃しているなかでこの再構築の作業を行うことは、国連をより良く理解し、説明する方法の一つとして、国連機構を守るより堅固な理論武装を提供してくれることになろう。

　それだけでなく、世界機構という思想の必要性、目的、理論的根拠についてより深く論じることは、現在と将来の国連改革に向けた指標と方向性を与えてくれるであろう。むろん、学術的な観点からは、政治哲学の理論を一人の実在する政治家に見いだすことをためらう意見があることも承知している。しかしながら、ハマーショルドの思想は単なる政治上のレトリックを超えたものであり、理論的・学術的な世界でも十分通用するものと考える。

そのうえで、一九六〇年五月にシカゴ大学のロースクールで行われた「国際協力のための立憲政的フレームワークの発展（原題：The Development of a Constitutional Framework for International Cooperation）」(1)と題された講演は、ハマーショルドが自らの思想の全体像を語ったものとして注目に値する。ハマーショルドがこの講演をとくに重視していたということは、数日後の記者会見で彼が語った次の言葉に的確に表現されている。

もし、「信条」や「信仰の告白」などといった突拍子もなく大げさな表現を使いたければ、この演説に対して使ってもらってもよいであろう。というのも、私はこの演説のなかで、自分の国連に対する哲学、そしてわれわれが一丸となって取り組んでいる職務に対する哲学なるものを説明しようと試みたのである。（後略）

また、このシカゴ講演に含まれる彼の政治哲学の要素は、たとえばよく知られているものでは、国連事務総長の年次報告書などといったその他の資料のなかでも繰り返し現れている。その意味で、シカゴ講演は、彼の政治哲学を再構築するにあたっての指針を指し示すという重要な役割を果たしている。

国際社会の出現

このシカゴ講演は、ハマーショルドが「社会学理論」の基礎と考えていた人間社会の発展についての一般的な議論からはじまっている。そこで彼は、人間の社会関係は個人から家族、村、部族へ、やがて「国民による自意識から発生し、法律として具体化され、実践されてゆく憲法規則によって」組織化される独立国家の段階にまで到達すると論じている。したがって、ハマーショルドは、アリストテレス以来、社会学・政治学の理論に共通する社会発展という思想、つまり多様な人間的、経済的、社会的なニーズを満たすことからさまざまな社会関係が発生したという理論を応用したのである。

従来、この理論においては、国家がもっとも明白な「国民生活の最高位に位置する完全なる組織形態」として出現することとなるのだが、ハマーショルドはこの段階を「人間社会が辿る発展の道の終着点」とは考えていなかった。彼は、国家レベルと地方レベルの間で働いている作用が国際レベルにおいても存在していると考えたのである。

つまり、国家の「自給自足の能力には当然ながら限界が存在する」ため、それを克服するためにさまざまな形態で国家間の交流が生じることとなり、それゆえに、国家間を調整する適切な規則とシステムの必要性が生まれてくるというわけである。

（1）スピーチ原稿は下記サイトよりダウンロードできる。http://www.un.org/depts/dhl/dag/docs/chicagospeech.pdf

ハマーショルドは、「国際社会」もしくは「世界共同体」といった形態にまで成熟していなくても、国際レベルでの相互作用や相互依存の初期段階に見られる制度的な行動パターンのなかには、「より高度な社会有機体の種」が存在していると考えた。そしてその種は、ハマーショルドが一九五六年の年次報告書において、「アジア・アフリカ国民と西欧国民の関係」、「多くの人類のための経済発展」、「世界を分断する未解決のイデオロギー衝突」などと表現した時事問題の緊急性が国際関係において高まることによって芽生えるのである。

さらに、国家間の相互依存の高まり、近代技術革新による時間・空間の短縮、核兵器などの大量破壊兵器の脅威などのすべてが、国際社会の課題に対する共通のアプローチの必要性を増進させていると考えていた。その意味において、ハマーショルドは国連こそが「分断された世界を統合する力」としての役割を果たすことができると信じていた。

また、ハマーショルドの唱える国際社会の概念が文化的な側面にも重きを置いているという点は注目に値する。一九五九年の原子力平和利用賞の授賞式において、彼は次のように述べている。

国連は、正義と自由に基づく平和と進歩のための全人類の基礎となる統一体という認識のうえに立っている。しかし、その基本的な思想は、国家、集団、個人の力を弱めて全世界的な規範に従属させるといった強制的な統一体といったものではない。

ハマーショルドは、この考えを一九五四年に開かれたアメリカ大学協会（Association of American Colleges）での講演でも述べている。

> アルベルト・シュヴァイザーは、十分な論拠に基づいて、ある特定の国家における文明形態の優先権や支配権を主張することは、文明という考えそのものに対する裏切り行為であると述べている。

その意味でハマーショルドは、国際社会の概念がただ単に西側やヨーロッパの国家や社会の伝統を拡大したものではないと考えていた。この点については、一九五九年にスウェーデンのルンド大学で行われた講演がもっともよく知られているが、そのなかで彼は、第一次世界大戦の結果として「ヨーロッパ圏は文化的、精神的、政治的、地理的に崩壊」したと述べたうえで、それがゆえに国際社会は、「普遍的な基礎に根ざした新たな統合体」のうえに構築されなければならないと語っている。そして、この見解は、彼の国連の任務にあたる姿勢に直接的な影響を及ぼすことになった。

> このような状況のなかでは、いかなる国家や国家集団も、将来の地位を自国の覇権を主張することによって築けないことは明らかである。むしろ、相手側の国家集団が自国と同等の機会をもつことを認めることは、自国にとって利益に帰することになるであろう。つまり、双方が同等の権利を認めるためには一致団結して行動を取らなければならないが、そのような行動は全体を利するだけでなく、長期的にはその行動を起こした国家自身にも利益として戻ってくる。

ハマーショルドは、シカゴ講演で語った人類と社会の発展についての考えを繰り返すことで一九六〇年の国連事務総長の年次報告書を締めくくっている。

国連は、われわれの世代が直面している政治情勢によってつくり出された有機的な創造物である。しかし同時に、国連のなかで国際共同体といったものが政治的な自意識をもつようになってきたと言うことができる。それがゆえに国際共同体は、この自意識を国連が創造物であるというまさにその状況に影響を与えるために、有効に活用することができるのである。

このような観点から見ると、もはや国連は単に主権国家の外交の場や会議体ではなくなる。すなわち、国連憲章は、台頭する国際社会の権利を具体化したものとなり、国連に適した運営原則は「共存」ではなく、むしろ積極的な「協力」となる。

「共存」から「協力」へ

ハマーショルドは、自らの世代こそが「国際共存のための制度的システム」から「国際協力のための立憲政的システム」へと移り変わる「社会有機体の成長」の過渡期を目の当たりにする生き証人であると述べている。前者が国家の利害対立という最小限の共通課題から生じる相互作用に対する最低限の規制を意味するのに対して、後者は国家組織に類似するものの、異なる政治的・法的な枠組みを示している。そしてハマーショルドは、イギリス議会に向けた一九五八年のスピーチで述べたように、この過渡期にこそ世界機構が必要とされていると考えていた。

> われわれは、世界共同体を形成する準備が整っているという状態からはほど遠い場所にいると言える。しかし、世界的な相互依存がいよいよ現実のものとなっているこの時代に世界共同体なるものが存在しないがゆえに、この過渡期を無事に渡りきるための橋渡し役として世界機構が必要とされている。

「過渡期の橋渡し役」というこのイメージはまた、共存から協力への進化が、「共存」か「協力」かという二者択一を意味するわけではないことを明確に表している。むしろ、共存はさらなる進化の必要条件であり、基礎となるものである。一九五三年に開催された平和に向けた変革に関するフォーラムで、ハマーショルドはこの点を強調している。

> 「共存」という言葉そのものには相互理解、信頼関係、友情といった意味合いはほとんど含まれていないが、この言葉は今という歴史上、この瞬間においてもっとも必要とされるものの一つを反映していると言える。その必要とされるものとは、すなわち、世界の相互理解と平和を築くための建設的な力に強さと勢いが備わるようになるまでの「時間稼ぎ」にほかならない。

しかし、ハマーショルドにとって、この根本的な課題に立ち向かう建設的な方法とは、決して引き延ばし作戦でもなければ守備中心の作戦でもなかった。一九五四年初めにハマーショルドは、「人類滅亡の危機が日々高まるにつれてわれわれは、遅かれ早かれ勢力均衡のシステムから真の普遍的な国際協力のシステムへと移行せざるを得なくなるであろう」と語っている。つまり、主権国家同士が交わる国連という会議体は、目前の困難を積極的に克服してゆくために執行部の機能をもつように自ら進化してゆく能力を発達させなければならないと考えていたのである。

ハマーショルドの政治哲学のなかに息づく国際協力という概念への執着は、アルベルト・シュヴァイザーやマルティン・ブーバーとの交流によってさらに強いものとなっていったと考えられる。実際にブーバーは、ハマーショルドとの対談を振り返り、冷戦で敵対関係にある国家間が真の交渉と協力を行うことこそが滅亡を回避するただ一つの手段であるという二人の共通の信念について、次のように直接触れている。

「共存だけでは十分ではない。（中略）つまり、根本にある共通の利益を共同で実現するか、さもなければ、両陣営ともに人類文明と呼ばれるものすべての終焉を迎えるかのどちらかであって、第三の選択肢など存在し得ないのである」

さらにハマーショルドは、「協力」という概念を「立憲政的（constitutional）」フレームワークのなかに位置づけることでこの概念にさらなる正当性を与えようとした。ちなみに、「立憲政的」という言葉は、シカゴ講演のなかで触れられたように、「勢力均衡に相応する責任分担とさまざまな役割を兼ね備えた組織」を規定する憲法の存在を意味していると言える。

ハマーショルドが見守る中、新たに国連に加盟した16か国の国旗が国連ビルに掲げられた。（1956年３月１日）　写真提供：UN Photo

立憲政的フレームワークの構築

ここで、もう一度議論を国家レベルとの共通点に戻そう。国家レベルでは国民の自意識が憲法という形で具現化されているが、ハマーショルドは、国連を国際共同体の自意識が具現化したものであると説明している。その場合、理論的には国連憲章が国際レベルでの「憲法」としての位置づけとなるが、ハマーショルドは年次報告書のなかで、国連はあくまでも加盟国の意思に左右されるものであって、国連憲章は決して「超国家」を設立するものではないということを繰り返し述べている。

とはいうものの、最後の年次報告書で次のように強調しているように、彼は国連憲章が国際関係に新たな原理を導入するものであるとも考えていた。

国連憲章の「目的、原則、手続き」は、ともにすべての加盟国が従うことを約束した国際的な倫理の基本原則を定めたものである。この原則の大部分は、国内の活動を規定するものとしてすでに受け入れられている規範を反映したものである。したがって、これらは、国内においてすでに合法性が認められている目的や原則を国際的な領域と国際共同体に投影したものとして見ることができるであろう。その意味で国連憲章は、組織化された国際共同体に向かう第一歩となるものであると言える。

国連憲章は、各章や各条項に規定されているように、すでに国家レベルでは確立された正義、政治的権利の平等、経済機会の平等という三原則を国際レベルに導入するものであるが、「特定の共同の原則・目的に対して正式な誓約を行うという意味で、国連憲章はまぎれもなく憲法としての側面をもつことになる」。

さらに国連憲章は、加盟国の地位を規定するとともに、さまざまな機関に特定の機能を与えて権力と責任を振り分けている。それがゆえにハマーショルドは、シカゴ講演のなかで国連の特徴は、「国際社会のより高度な形態を目指すための（中略）実験的な活動にある」と述べている。また彼は、当時の欧州共同体（EC）の発展やフランス・アフリカ共同体に向けたシャルル・ド・ゴールの計画が、「国家の存在を保ちながら国家を超越した国際的な立憲政的システムへ向かってゆく」国際社会の「初期段階の」形態と同じ道筋を辿るであろうと、考えていた。

そこでハマーショルドは、国連機構を国家レベルに置き換えて、国連総会は（限定されてはいるものの）立法権に相当する機関として、安全保障理事会は集団的な執行権に相当する機関として、国際司法裁判所は司法権に相当する機関として、また信託統治理事会と経済社会理事会はそれぞれの責任分野において立法権と執行権の両方を兼ね備える役割としてとらえることができると考えていた。

そして、最後にハマーショルドが強調した重要な点は事務総長室についてであった。彼は、事務総長室が国連機構の運営全般の権限のほかに、国連憲章によって事務総長に付託された政治権力を有していること、また他の国連機関から委任されて行動する可能性があることから「ワンマン『執行部』と呼ぶのにふさわしいと」と述べている。

以上が国連機構内の大まかな職能の分布図であるが、ここで国家レベルにおける機関との相違点を明確にしておく必要があろう。まず、国際司法裁判所の管轄権に強制力はなく、国連総会の決議も勧告としての効力しかもたないうえに、国連システム全般として独自に財政面の決定をすることができない。そういう意味では、国連機構がもっている権限のなかで、国家の存続を保ちながら国家の枠を超えるという基準を満たしていると解釈できるものはそう多くないと言える。

とくに、国連憲章の第七章で示されている安全保障理事会に委任されている強制力を伴う決定と集団的行動に関する権限は、「憲法の領域にまで踏み込んでいる」もっとも分かりやすい例と言える。しかし、ハマーショルドは自らの一五年間の経験に照らし合わせて、これらの権限が憲法としての位置づけを強化する形で行使された例はいまだかつてないということを認めている。

これに加えて、国家を超える「立憲政的フレームワーク」のもう一つの要素として、国際的な忠義だけに従う国際公務員からなる事務局の存在が挙げられる。ニキータ・フルシチョフとのかの有名な衝突のなかで、事務総長ポストの廃止を求めるソ連によって国際公務という立憲政的な要素が攻撃にさらされるのを目の当たりにしたハマーショルドは、一九六一年に行われたオックスフォード大学での講演において次のように言及している。

――（これは）決して軽率に扱ってはならない問題を引き起こしている。事実、国際連盟と国際連合の双方の哲学の基本的な教義に挑戦するものと言える。というのも、そもそも国際レベルで

――共同の常設機関を創立して中立的な公務員を雇用し、加盟国すべてを代表する執行機能をもたせるという国際協力のための試みを実践することこそ、従来の「会議外交」を越えた進歩を意味するきわめて重要な論拠の一つだからである。

つまり、共同の常設機関を創設して国際公務を確立することは、「国際社会における急進的な刷新」にほかならなかった。そのためハマーショルドは、国際公務の概念に対する攻撃は、「第一次世界大戦後に創立され、第二次世界大戦の悲劇を教訓としてさらに発展した国際協力体制に対する屈辱的な妥協」という結果を招きかねないと考えたわけである。

繰り返しになるが、国際社会が立憲政的フレームワークの形成へと向かっていくべきであるという主張の背景には、二つの世界大戦を招くこととなった過去の外交形態の惨憺たる失敗という経験がある。つまり、かつての外交では国家利益が絶対視されており、その「上位に立つ」規則の策定やその施行のメカニズムは存在していなかったため、共通の利益を執行する可能性そのものがなかったのである。

そういう意味から、国連憲章の第七章に規定されている法律上・倫理上・政治上の権利と、独立した国際公務の理念と実践は、国連が試みようとしている立憲政的フレームワークへの移行に基づく取り組みの一環であると説明することができよう。しかし、その潜在的な実用性を試行して広げてゆく可能性はあるものの、その発展はまだ「胚芽の段階」であると言える。一九五九年の年次報告書において、ハマーショルドは次のように述べている。

国連憲章の目的を示す文言には拘束力があり、各主要機関とその権限に関する規定もまたしかりであるが、必ずしも憲章に示されている活動方式だけがすべてと考える必要はないであろう。したがって、規定と矛盾しないかぎり、状況の変化によって圧力がかかったとき、または経験に照らし合わせて考えたとき、さらに補完する追加的な措置があってしかるべきであろう。（中略）この点から国際連合は、生きた有機体として必要性に合わせて立憲政的な活動に向かって絶えず適応してゆく余地を、当然ながら兼ね備えていると言える。

このようなハマーショルドの国連憲章に対する解釈は、任期中に自らが得た経験に基づいたものと考えられる。一九五五年、アメリカ空軍兵士捕虜の解放を中華人民共和国に求めたいわゆる「北京フォーミュラ」によって拡大された国連事務総長による交渉権限や、とくに前例のなかった平和維持軍の導入は、「経験に照らし合わせて」つくり出された「適応」と「追加的な措置」の顕著な例である。このような事例はまた、世界機構というものを特徴づける進化のダイナミズムの具体例であるとも言える。

世界機構のダイナミズム

シカゴ講演は、ハマーショルドが生物学の進化論に言及したことで知られているが、そのなかで彼は、立憲政的フレームワークの発展を、「より小さな単位」（たとえば国家）のほうが「より効率的に進化」を遂げられる分野もあれば、「より大きな単位」（たとえば国連システム）のほうが「発展と生き残りをかけてより大きな可能性を示す」分野もあるという進化の過程のなかで、自ら形態を適応させてゆく社会的な「有機体」として説明している。

社会的・政治的な問題を生物学から引用した学説に重ね合わせる際、ハマーショルドはアンリ・ベルグソンの哲学と彼の提唱する「創造的進化」という概念を根拠とした。先述の記者会見のなかで、シカゴ講演の主旨について質問を受けたハマーショルドは次のように返答している。

> スピーチ全般は、（中略）社会学上の進化と高度化する社会形態の発現について論じている。（中略）最後の部分で偶然にも使用した「創造的進化」というベルグソンの言葉が、いただいた質問に対するさらなる手がかりを与えるであろう。

創造的進化の過程を引き合いに出すことによって、ハマーショルドは国連の目的と活動の理論的根拠そのものについての独自の見解を提示したと言える。つまり国連は、ただ単に国家政府を世界レベルに模したものではない。したがって、国連の主要機関は固定化された権力と職能を備えたいかなるシステムにもあてはめることができなければ、その立憲政的な要素はいまだかつて具体的な政治行動によって試されたこともないのである。

「斥力《せきりょく》は引力と釣り合う、もしくは引力より強い傾向がある」と言われるように、過渡期の真っただ中で国連は、システム全体としてきわめて不安定な状態にあり、このような状況下ではいかなる青写真を描こうとも、いかに「理想的な模範を社会に押し付けよう」とも、立憲政的フレームワークの発展を理解し、推進することの助けにはならないと考えていた。先述の記者会見において、ハマーショルドは次のように説明している。

当然われわれは、明日の国際社会がどうなるか知る由もないので、未知なる領域の境界線で活動することになる。つまり、現実的な言い方をすれば、われわれは問題が発生するたびに方向感覚を保つように努めながら解決方法を探るために今できることをするしかないのであって、それがどのような結果をもたらすかは後年にしか分からない。

ベルグソンは、生物の生命力が予測不可能であること、生命はさまざまな可能性のなかから取捨選択を行う実験的な性質をもつこと、また、決定論的と考えられてきた進歩メカニズを超えてさらなる行動を取る際に基礎となる経験を獲得することができるといった主張を唱えていた。つまり、われわれは、進化の過程において確実なものや合目的な推進力が存在しているわけではないので、試行錯誤によって現実的な決断と不断の努力を行ってゆくしかないのである。

この進化についてのダイナミックな考え方は、決して社会発展を容易に説明してくれるものではないが、結果的には、このモデルのもつ柔軟性がゆえに、過ちや失敗の余地をも残すことで決定論を回避すると同時に決断と行動の自由を与えてくれるのである。そのため、即興的な行動というものが「常套手段（*modus operandi*）」として現れてくるのである。

この創造的進化の一般的なパターンに照らし合わせて、ハマーショルドは北京フォーミュラや史上初の国連緊急軍（UNEF）の編成などといった経験を積み重ねていったと考えられる。そこには、世界機構の形成へと自動的に向かってゆくメカニズムがあるわけでも、着実な進歩が保証されているわけでもなかった。むしろ、挫折や予測不可能な障害を乗り越えてゆく適応能力こそが成功の尺度となる。

さらに、ハマーショルドにとってベルグソンの概念を政治の世界に応用することは、もう一つ重要な点を示唆していたと言える。それは、作用している状況や影響力がきわめてダイナミックなために、システム全体が活力を失うことは非常に危険であるということである。言い換えれば、国連システムを無視する行動、国連の主要機関に転任されることのない紛争、国連によって十分に対処されない深刻な国際問題などのすべてが、進化に向けた動機づけや可能性を弱めてしまうということである。

そして、このような状況のなかでは、立憲政的フレームワークへの進化が減退し、最後の手段として国連が必要となったときにはすでに役に立たないものとなっているかもしれない。ハマーショルドはこのような必然性について、一九六一年の年次報告書のなかで、「世界共同体が国連憲章のもとで徐々に組織化されて、国際協力へと近づく方法を国連を通して模索してゆくという努力は、前進するか後退するかのいずれかしかない」と語気を強めて主張している。

このように、創造的進化は具体的な経験に基づいて起こるため、ハマーショルドが一九五九年の事務総長の年次報告書に記したように、今日とった行動こそが「まだ世界にとって機は熟していないものの、徐々に充実してゆく国際協力の形成と、法と秩序に基づく未来の国際システムの構築に向けた」礎を用意しているかもしれないと考えることもできる。

このような創造的進化に向かう活動に必要とされる能力について、ハマーショルドが芸術分野の言葉で語ったことは決して偶然とは言えないだろう。ニューヨーク近代美術館でのスピーチのなかで、彼は次のように述べている。

近代の国際政治において（分裂と災難に取って代わる唯一の選択肢とかつてないほどに考えられている秩序ある世界を目指すなかで）、われわれは、近代芸術家を鼓舞してきた精神をもって任務の遂行に取り組んでいかなければならない。つまり、われわれは、慣習的な思い込みや型にはめられた手法といった鎧を脱ぎ捨てて、素手と、奮い起こし得るかぎりの誠実さだけで問題に挑まなければならない。そしてわれわれは、歴史的・社会学的な状況によって生み出された惰性的な現状を克服するのだという揺るぎない意思をもって臨まなければならない。

そのうえで、適切な方向感覚、個人的なコミットメント、清廉潔白な努力だけが、反目し合うダイナミックな勢力に対抗して影響力を及ぼすことのできる唯一の要素であるということができる。このような根底にある動機と姿勢についてハマーショルドは、一九五八年に国連記者クラブで明確に説明している。

――それは、万物は最善の結果へ向かうように仕組まれているとか、物理学上・心理学上の発展は必然的に進化と呼ばれる方向に働くと考えていたかつての世代がもっていた単純な信念ではない。われわれの世代がもっている信念は、ある意味ではるかにより多くの試練を伴うものである。それは、満足できる未来のために闘っている人々が十分にいるかぎり、未来は大丈夫であろうと考える信念である。(2)（中略）

ある意味で、一九一四年以前の風向きが、われわれの世代の風向きと私が信じるものへと変化したと言えよう。いわば、これまでの世代の「機械論的な楽観主義」から、現世代の「闘う楽観主義」とでも呼ぶべきものへの変化である。われわれはこのことを苦い経験を通して学んできたわけだが、これからも何度も何度も繰り返し学ぶことになるであろう。

これまでの、そしてこれからの課題

それでは、世界機構の政治哲学をなすこれらの要素から、われわれは何を学ぶことができるだろうか。その手掛かりとしてハマーショルドは、シカゴ講演のなかで、国際協力に向けた立憲政的フレームワークの発展における四つの課題を明らかにしている。

最初の課題は、国連がとる普遍的アプローチに対抗するものとしてではなく、それを補完するものとして、地域的な協力や統合の取り組みといかにバランスを取ってゆくかという問題である。最初に国際安全保障のための地域的アプローチを提唱したのはウィンストン・チャーチルであったが、

(2)　第一次世界大戦が勃発した年。

チャーチルは、地理的に限定されたさまざまな取り組みが「より高度に発展した国際共存と国際協力を形成する踏み石」をつくり出し、その延長として、最終的に普遍的なレベルに到達することができると考えていた。

一方ハマーショルドは、地域的アプローチと普遍的アプローチの二者択一について、どちらかに重きを置くということはせず、むしろ中立的な見解を保っていた。彼は、国連がそれ以外の国際協力のモデルに比べて「本質的により価値がある、もしくはより有望である」と断定することはできないと述べている。しかし同時に、国連は「その普遍性がゆえに世界全体の国際協力のための真の立憲政的フレームワークの理想に近いところに位置する、もしくはより直接的にその方向に向かっている」と強調している。その一方でまた、国連機構の現在の形態は決して不可侵なものではなく、より適切な形態があればそれに取って代わることもあり得ると考えていた。

第二の課題は、国連のようなあいまいな組織を調整することの難しさである。この課題は、ハマーショルドの事務総長としての経験のなかでさまざまな例を見ることができる。たとえば、国連総会が一般原則の合意に達しても、経済社会理事会がそれを適切に実行しない場合には加盟国が一貫した政策方針に沿って行動することはできない。このような整合性と一貫性の欠如は国連の組織構造にも内在しており、たとえば国連の専門機関は、それぞれ自律性を保とうと躍起になるばかりで、平和と安全、開発、人権といった国連の使命の核心にある困難な問題に対して、一致団結して取り組むことができないでいる。

ハマーショルドが提起した第三の課題は、国連システムに新しい任務を取り込む際に過度の負担がかかることによって組織の弱体化を招くという二重の危険性を回避することの難しさである。この点について彼は、国際的な原子力機関の創立と軍縮に向けた新たな組織の計画に言及して、「組織の膨張によって国際的枠組みが崩壊するリスク」について語っている。ここでも彼は生物学との比較を用いており、枝を多く繁らせすぎたために発達が遅くなった樹木のたとえを引用してこの危険性を強調している。

最後にハマーショルドが挙げた第四の課題は、国連を無視する行動が増えることによって国連の有効性が薄れてしまうという問題である。ハマーショルドは、（加盟国間の政策上の不一致のために）安全保障理事会が限定的な効果しかもたないことを、国連憲章の第七章に規定された集団的安全保障の理念、使命、仕組みそのものすべてを否定する理由として解釈することは重大な過ちであると警告している。

これらの課題が今日なお存在しているという事実は、ハマーショルドの政治哲学が現代にも通用するということを物語っている。もちろん、これらの課題の形や状況は、ハマーショルドが五〇年ほど前に直面した具体的な問題とはかなり異なるであろうが、その構造や世界機構の発展との関連性は彼の時代とまったく変わっていない。

たとえば、第一の課題で挙げられた普遍的アプローチか地域的アプローチかという問題は、今日では国連と北大西洋条約機構（ＮＡＴＯ）の関係に見ることができる。つまり、国連とＮＡＴＯが競争関係にあるのか、それとも補完関係にあるのかという二者択一の問題は、ＮＡＴＯの軍隊が国連にとって不可欠な存在であると考える人がいる一方で、現実的にはＮＡＴＯの軍隊を国連に派兵

ニューヨークのイースト川に面する国連本部ビルの建設予定地と当時の街の様子（1946年12月１日）　写真提供：UN Photo

イースト川から眺めるハマーショルド任期中の国連ビル。左の高い建物が事務局ビルで右の低い建物が総会ビル。（1955年10月24日）　写真提供：UN Photo/ES

する場合もあればしない場合もあるという事実からして、基本的には今日も解決されていない問題として残っている。さらに言えば、NATOのコソボにおける国連の枠外での活動は、ある意味で正当化されることがあるかもしれないが、依然として、国連システムの枠内での集団的安全保障の概念に挑戦するものであったと言える。

ハマーショルドにとって、国際社会における立憲政的フレームワークの形成を目指して活動する意欲は、国連システムの制度的な形成に貢献するものに比べてはるかに勝っていた。たとえば、「国連グローバル・コンパクト」(3)のようなガバナンスのネットワークや政府、国際機関、市民社会、民間セクターの代表を連携する新しい体勢は、ハマーショルドの時代の人々には想像も及ばなかったであろうが、まさしく彼が予期した世界機構への普遍的アプローチに沿った動きと言える。また、テロ対策や戦争犯罪法廷という例を見ただけでも、最近の国連安全保障理事会の動向のなかに行政権、立法権、司法権の原理が組み込まれていることが、ハマーショルドの柔軟性をもってすれば容易に理解できたことであろう。

第二の課題である国連機構内の整合性と一貫性の欠如という問題は、歴代の事務総長がありとあ

(3)　一九九九年一月のスイスのダボスで開催された「世界経済フォーラム」で、コフィー・アナン国連事務総長によって提唱され、二〇〇〇年七月二六日ニューヨークの国連本部で正式に発足した活動。国連と市民社会とが連携して地球規模の課題の解決に取り組むという主旨で、人権、労働基準、環境、汚職防止の四分野にわたる一〇の原則を国連との共通目標として掲げ、企業、NGO、自治体などが参加して、社会的責任を果たすためにこの原則の実現に努めるというもの。

らゆる方法で解決しようと試みてきたにもかかわらず、ハマーショルドの時代から解決されていない問題の一つであると言える。しかしながら、ハマーショルド自身の努力と世界機構に対する全般的な見解に照らし合わせると、近年見られるこの点についての展開も彼はまた歓迎し、理解を示したと考えられる。国連事務総長コフィー・アナンが、新たなマネージメント手法や横断的な問題に対処するシステムを導入したことは、ハマーショルドの政治哲学に沿ったものであると言えるだけでなく、まちがいなく彼の政治哲学によって正当化され得るものである。

また、国連の専門機関と加盟国の政策レベルについて言えば、いわゆる「ミレニアム開発目標[4]」に表された共通認識は、ハマーショルドが提唱する立憲政的な発展に向かっていることを示す最適な指標と見なすことができるであろう。このことは、新しい取り組みが「われら人民[5]」の名のもとに国連憲章が語られているという事実によっても裏付けられる。しかし、なおも言葉だけのコミットメントと政治的な行動の間に存在する乖離《かいり》は大きく、その隔たりはあるモデルを提示することだけによって解決されるものではない。やるべきことが、まだまだたくさんあると言える。

そして、第三の課題である新たな組織の増殖によって国連システムの責任が重くなって弱体化するという問題は、今日、ハマーショルドの時代に増して切迫した課題となっている。というのも、国際的な制度の細分化は、現在はるかに複雑なものとなっているからである。たとえばハマーショルドは、国際貿易法の強化と世界貿易機構（ＷＴＯ）を通した紛争解決を明確に支持したであろう一方で、強勢なＷＴＯによって国連システム内の経済プログラムの存在が弱められてしまう可能性を懸念したにちがいない。しかしながら、国連システムの枠外の国際会議で設立された国際刑事裁判所⑹については、彼の唱える立憲政的フレームワークへと向かう明らかな兆しとして歓迎したと考えられる。

最後の課題に関して、イラク戦争の対応において安全保障理事会が機能しなかったということに対する批判について言えば、ハマーショルドはおなじみの問題としてこのことをとらえたと考えられる。というのも、彼の世界機構の哲学は、国連の枠外であれ国連に対峙するものであれ、単独行

---

(4)　二〇〇〇年九月、ニューヨークで開催された国連ミレニアム・サミットに参加した一四七人の国家元首を含む一八九人の加盟国代表は、二一世紀の国際社会の目標として「国連ミレニアム宣言」を採択した。このミレニアム宣言は、平和と安全、開発と貧困、環境、人権とグッドガバナンス（よい統治）、アフリカの特別なニーズなどを課題として掲げ、二一世紀の国連の役割に関する明確な方向性を提示している。「ミレニアム開発目標」は、この「国連ミレニアム宣言」と一九九〇年代に開催された主要な国際会議やサミットで採択された国際開発目標を統合して一つの共通の枠組みとしてまとめられたものであり、具体的な内容としては二〇一五年までに達成すべき八つの目標を掲げている。

(5)　国連憲章の冒頭の句で、「われら人民」を主語として国連の設立趣旨が語られている。コフィー・アナン事務総長はこれを引用して、前出の国連ミレニアム・サミットに先立って同年四月に『われら人民——二一世紀における国連の役割』と題した報告書を発表し、世界の人々の福祉の向上が共通の責任であると主張し、ミレニアム・サミットで取り組むべき重要課題を提起した。

(6)　一九九八年に設立が採択され、二〇〇三年にオランダのハーグに設置された非人道的な戦争犯罪に責任のある個人を裁くための常設の国際司法機関のこと。集団殺害（ジェノサイド）、拷問など人道に対する罪、戦争犯罪、侵略といった国際人道法に対する重大な違反を対象とし、判事・検察官などは締約国から選出される。国連とは別の独立した機関であり、国連との間には地位協定が結ばれている。

動の可能性と事実を否定するものではない。

さらに彼の見解では、そのような行動が必ずしも世界機構の概念を弱体化させるものとしてはとらえていなかったと言える。むしろ、国連にとって重要な問題は、単独行動が成功したか失敗したかにかかわらず、その国家が再び戻ることができる受け皿となるために、世界機構がこのような危機的状況をくぐり抜けて生き残ることなのである。そうすることによって、あとから振り返ったときに多国間的なアプローチをとることの有効性がさらに強まるかもしれない。

一方で、彼の哲学にある立憲政的フレームワークのダイナミックな性質は、新たな課題に直面した際には、国連の組織形体と方針を徹底的に見直すことを正当化するものであろうと言える。六〇周年を迎えた国連の状況を見れば、おそらくハマーショルドもまた、コフィー・アナンが実行したような改革を進めるために国連ハイレベル委員会[7]を設立したであろう。しかしその一方で、成功のための処方箋は存在しないがゆえに、その改革プロセスのなかで逸脱や誤解といったことが生じる可能性があることを忘れてはならない。

同時にハマーショルドは、当時、世界機構を推進するうえで障害となっていた冷戦が終焉を迎えたにもかかわらず、そこからほとんど何も得ていないということを見て落胆することであろう。それどころか、スレブレニツァ[8]とルワンダ[9]で起きた悲劇は、国際社会の進歩の過程において彼の「闘う楽観主義」を揺るがすものとなろう。さらに、論理の分野に関して言えば、彼のアプローチは今なお時事性をもっており、いわゆる「英国学派国際関係理論[10]」によって考え出された国際社会の本質に関する最近の議論と合わせればより有意義なものになると考えられる。

ハマーショルドが温めていた世界機構の政治哲学は、決して世界政治におけるすべての問題や危機を解決する万能薬ではないかもしれない。しかしながら、国連の行動の背景にいかなる力が働いているのか、そして、その範囲、根拠、限界、可能性についてより良く理解する際には助けとなるであろう。シカゴ講演の最後に、彼は次ように述べている。

---

(7) 二〇〇三年にコフィー・アナン国連事務総長の呼び掛けにより発足した国連の諮問委員会で、とくに新たな安全保障上の脅威への対応として国連改革のあり方などについて、アナン事務総長に対して提言を行うために設置された。アナン事務総長が指名した委員は一六名で、緒方貞子・元国連難民高等弁務官らが含まれていた。二〇〇四年に提言をまとめた報告書がアナン事務総長に対して提出された。

(8) ボスニア・ヘルツェゴビナ紛争中（一九九二〜一九九五）に、ボスニア・ヘルツェゴビナのスレブレニツァで一九九五年七月に発生した大量虐殺事件のこと。当時、ムスリム住民が多数を占めるこの町は、セルビア人勢力支配下の飛び地になっていたために国連保護軍の安全地域に指定され、オランダ部隊が駐屯していた。しかし、ムラジッチ司令官率いるセルビア人勢力が侵攻し、この事件が発生した。この事件でのムスリムの男子住民の犠牲者は、殺害・行方不明を含めて約八〇〇〇人に上ると言われている。

(9) ルワンダでの大量虐殺事件のこと。ルワンダでのかねてからのツチ族とフツ族の争いは、一九九〇年にツチ族のルワンダ愛国戦線によってルワンダ内戦へと発展した。一九九三年に和平合意が結ばれたが、一九九四年に当時のルワンダの大統領（フツ出身）とブルンジの大統領が原因不明の飛行機事故により死亡し、両族間の争いが再燃した。一九九四年四月から七月の間に暴徒化したフツ族によって、約八〇万人のツチ族と穏健派のフツ族が虐殺された。

(10) イギリスで発展した国際関係論の一学派で、「現状・科学・方法論・政策」に関心を示すアメリカの国際関係論に対し、イギリスのそれは「歴史・価値・哲学・原理」を重視する傾向があるとされている。

人間社会の発展過程の先端で活動するということは、未知の領域の境界線で活動することである。ある日、これまでに成し遂げてきた多くのことが、ほとんど何の役にも立たないということが分かるかもしれない。しかしわれわれは、創造的進化がもたらす最終的な結果を信じて、限界を認識しながらも、能《あた》うかぎりの理解力をもって行動を起こさなくてはならない。

第9章 国連事務総長の役割とは

シャシ・タルール

初代国連事務総長を務めたトリグブ・リーは、一九五三年四月九日にニューヨークのアイドルワイルド空港でハマーショルドを出迎えたとき、国連事務総長の職務について「地球上でもっとも不可能な任務」と言っている。それから五〇年以上の月日が経ち、七人(1)の人物がまったく異なる国際政治情勢のなかでこの職務を経験してきたにもかかわらず、国連事務総長の役割は少しも楽なものにはなっていないと言える。

ハマーショルドは、優れた知性をもって国連の発展性を的確に見定め、任期中に行動で示すことによって国連機構というものを形づくり、定義づけることにもっとも貢献した人物であった。第七代目の事務総長であり、ハマーショルド以外では唯一ノーベル賞を受賞した国連事務総長であるコフィー・アナンが任期の晩年を迎えた今(2)、その役割がハマーショルド以来の半世紀の間にどのような発展を遂げたかを考察することは、われわれに多くの教訓を与えてくれることになる。

---

(1)　本書出版時点（二〇〇五年）において七名。二〇〇七年一月から現在までは、第八代国連事務総長潘基文。
(2)　原書出版時における記述。翻訳時とはズレがある。

「秘書官（Secretary）」と「司令官（General）」[3]

国連憲章の起案者は、憲章の条文が事務総長の役割に関する規定に行き着くまでに九六条もの項目を割いているにもかかわらず、具体的な事務総長の役割については第九七条から第一〇一条までのわずか五つの条項に手短にまとめているだけである。そして、そこに規定されているのは、事務総長に課せられたまったく異なるタイプの、一見無関係とすら見える二つの役割についてである。

一つは、「この機構の行政職員の長（第九七条）[4]」としての役割、そしてもう一つは、総会と安全保障理事会が任務の遂行（具体的には特定されていないが、暗示的には政治的な任務）を委託することのできる独立した職員としての役割（第九八条）[5]である。ハマーショルドは、国際連合の事務総長の役割が国際連盟の事務総長とは性質を異にしていることを顕示し、実際にその方向に発展させた最初の事務総長であったと言える。

第九九条[6]はさらに踏み込んだ内容となっており、ある状況が事務総長の見識において国際的な平和と安全の脅威と見なされた場合には、事務総長は安全保障理事会に対して注意を促す権限をもつというものである。この条項についてハマーショルドは、明示的に発動されることはほとんどないものの、暗示的には「調査を実施したり、非公式な外交活動に従事したりする幅広い自由裁量」[7]を事務総長に与えるものと解釈していた。そして、第一〇〇条および第一〇一条[8]は、事務総長とその指揮下の職員の独立性を認めるものである。

これら五つの条項は、従来の国際機構の職員に比べてより大きな権限を与えているうえに、「行

（3）国連事務総長は英語で「Secretary General」と表記するが、その職務が「Secretary＝秘書官」という行政上の役割と「General＝司令官」という政治的な役割の背反する二面性をもち合わせることをいみじくも示す象徴的な言葉として著者はとらえている。

（4）（国連憲章第九七条）「事務局は、一人の事務総長及びこの機構が必要とする職員からなる。事務総長は、安全保障理事会の勧告に基いて総会が任命する。事務総長は、この機構の行政職員の長である」国際連合広報センターホームページより引用（www.unic.or.jp）。以下、注（8）まで同じ。

（5）（国連憲章第九八条）「事務総長は、総会、安全保障理事会、経済社会理事会及び信託統治理事会のすべての会議において事務総長の資格で行動し、且つ、これらの機関から委託される他の任務を遂行する。事務総長は、この機構の事業について総会に年次報告を行う」

（6）（国連憲章第九九条）「事務総長は、国際の平和及び安全の維持を脅威すると認める事項について、安全保障理事会の注意を促すことができる」

（7）（国連憲章第一〇〇条）「1．事務総長及び職員は、その任務の遂行に当って、いかなる政府からも又はこの機構外のいかなる他の当局からも指示を求め、又は受けてはならない。事務総長及び職員は、この機構に対してのみ責任を負う国際的職員としての地位を損ずる虞のあるいかなる行為も慎まなければならない。
2．各国際連合加盟国は、事務総長及び職員の責任のもっぱら国際的な性質を尊重すること並びにこれらの者が責任を果すに当ってこれらの者を左右しようとしないことを約束する」

（8）（国連憲章第一〇一条）「1．職員は、総会が設ける規則に従って事務総長が任命する。
2．経済社会理事会、信託統治理事会及び、必要に応じて、国際連合のその他の機関に、適当な職員を常任として配属する。この職員は、事務局の一部をなす。
3．職員の雇用及び勤務条件の決定に当ってもっとも考慮すべきことは、最高水準の能率、能力及び誠実を確保しなければならないことである。職員をなるべく広い地理的基礎に基いて採用することの重要性については、妥当な考慮を払わなければならない」

政上の職務」と「政治上の職務」という特異な二面性を含んだものとなっている。その意味では、「司令官（General）」としての役割が強くなるか、「秘書官（Secretary）」としての役割が強くなるかは、それぞれの事務総長の考え方によるということになる。

その結果として、「職務内容」のすべてを書き出すことのできないポストができあがったと言える。長年の間、事務総長の職務にはさまざまな資質が要求されると解釈されてきたとともに、それらの資質が少しでも満たされなければ非難もされてきた。また、事務総長は、たとえば人類共通の利益の権化として、国連憲章が掲げる精神の後見人として、世界の良心の守護者として（良心の象徴とまでは言わずとも）、少し平たい言い方をすれば世界を代表する主任外交官として、もしくは最高位の国際公務員としてなど、実に多様な形でそのあるべき姿が描かれてきた。

しかし、事務総長の役割に関するいかなる説明のなかにも多くのパラドックスが含まれていると言える。たとえば、事務総長は、政府、とくに安全保障理事会の常任理事国の五か国の政府から支援を受けることが必要とされる一方で、政府への忠誠を超越した存在であることが求められている。事務総長の候補者は、官僚や外交官としての業績によってその資格が認められるが、事務総長に選任された途端、過去の経歴から飛躍して今度は世界のスポークスマンとして振る舞うことになる。

事務総長は、国連憲章によって設置されたほかの「主要機関」[9]が健全かつ十分な情報に基づいた決定（この決定を遂行する義務もまた事務総長が負うことになるのだが）を行うことができるように主要機関に対する支援を任されると同時に、それらの主要機関に対して呼び掛ける、働き掛ける、さらには取るべき行動を提案するといった権限まで与えられている。複雑な組織を統括して各部局の「共有システム」の長としての役割を果たす一方で、加盟国が決定した予算と規則の制限内でしか事務総長の役割を果たすことができないのである。

しかし、「アジェンダを形成する」という無比の権限を事務総長は有している。アジェンダは、事務総長の外交筋や関係者との接触、マスコミ関係者との交流、主要機関への年次および定期報告書などの方法で形成されてゆくことになるが、なかでも国連総会の一般討論の前に行われる世界の指導者たちに向けた恒例のスピーチは、毎年、幅広い範囲で公表されることになる。それだけではない。自らは執行権限をもっていないアイディアであっても自由に発言することもできるし、加盟国のみが遂行し得る地球規模のビジョンを思い切って描くこともできる。このように、事務総長は世界を動かすことができるが、世界に向かって命令することはできない。

政治的な「独身」か、それとも政治的な「処女」か

国連憲章は、事務総長の選定について「選挙」ではなく「任命」という言葉を使用しているが、この言葉は、事務総長の職務に政治的というよりは、むしろ行政的な様相を与えるものであると言える。また、事務総長の選定が常任理事国の拒否権によって左右されるという事実は、ラメシュ・タクールの言葉を借りると、事務総長は「もっとも幅広い支持を得る者」ではなく、「もっとも大

(9)　国連の主要機関は、事務局のほかに、総会、安全保障理事会、経済社会理事会、信託統治理事会、国際司法裁判所がある。

国にとって抵抗の少ない者」であるということを意味している。かといって、このことは決してその職務に就く者の価値を下げることにはならない。つまり、まさしく初代国連事務総長トリグブ・リーが悟ったように、大国からの信頼を得ることなしには有効に事務総長の職務をまっとうすることはできないということである。

それは、外交的または行政的に卓越しているとまでは言わずとも、有能であるだけでなく、政治的にできるかぎりの創造性をもって働く力量が求められていることを意味している。そして、今日までの七人の事務総長は、このような限界を痛感しながらも、程度の差こそあれ、七人すべてが人類のために事務総長という職務を活用する才能を発揮してきたと言える。

「もし、国連事務総長の役割の特徴をひと言で表すとすれば、それは独立性である」

国連憲章第一〇〇条を「事務総長のための賛美歌第一〇〇編」と表現した第六代国連事務総長のブトロス＝ガリはこのように明言したうえで、国連憲章のなかで謳われた事務総長の独立性を守るために、「いかなる圧力、批判、反論に対しても立ち向かう心構えがなければならない」ことを強調している（ブトロス＝ガリ自身、かの賛美歌の祭壇の上で再選に敗れたことを付け加えておかなければならない）。

しかし、冷戦の絶頂期――Ｕ２撃墜事件、ピッグス湾事件[10]、ベルリンの壁の建設が起きているまさにその瞬間――にありながらも、国連事務総長の独立性の原則について初めて明確に見解を顕示した人物がハマーショルドであった。

ソ連の指導者ニキータ・フルシチョフが、「政治的な独身」を貫くことが虚構でしかあり得ない東西に分断された世界において、公平な国際公務員でいることは不可能であるという趣旨の発言をしたのを受けてハマーショルドは、オックスフォード大学での講演でこの意見をさらに展開させて、公平な公務員は「政治的な処女」でなくとも「政治的な独身」を保つことは可能であると語った。つまり、国連事務総長は公平性を失うことなしに政治的な役割を果たすことが可能である、と主張したのである。

国連憲章は国連事務総長に「論争の余地のある政治決定であっても独立的に実行する」任務を与えているため、時として、特定の加盟国の意向に反することがあっても「国連事務総長が政治判断を行う」ことは認められているとハマーショルドは解釈していた。しかし同時に、この政治判断を行使するにあたって国連事務総長は、「国連機構の命令、権利、義務に対して国際法や先行する決定から見て可能なかぎり忠実な解釈」にしたがう義務を負っているのである。つまり、「もっとも重視すべき必要条件として、国連事務総長は特定の国家や国家集団の利益のためではなく、国際的な責任に基づいてのみ決断すること」が要求されるのである。

この考え方は、国連事務総長という役割に対する概念を実によく表現したもので、ほとんど自己否定的にすら聞こえるかもしれないが、これはまさしくハマーショルドの気質と嗜好に当てはまる

(10)　一九五九年一月に起きたキューバ革命によって、アメリカは共産主義国家の脅威を間近に受けるようになる。そのようななか、一九六一年に在米亡命キューバ人を組織化した部隊「反革命傭兵軍」が、アメリカの支援を受けてキューバの革命政権の再転覆を試みるという事件が起きた。その際に、傭兵軍がキューバのピッグス湾に上陸したことから「ピッグス湾事件」と呼ばれている。

ものであったと言える。しかし同時に、どちらか一方の陣営に傾く兆候があればすぐさま超大国からの非難が浴びせられるという、冷戦の絶頂期に国連事務総長が描くことのできた唯一妥当なビジョンでもあった。

実際、ハマーショルドは、国連事務総長たるものは清廉潔白さを保つべきである、そして国連憲章の原則に忠誠であるべきであるという考えに対して執拗なまでの執着心をもっており、「事務総長は単なる個人的な判断といった要素が入り込むのを防ぐために、できるかぎり自らの判断の根拠となる立憲政的な手段と技法を見つけ出しておく必要がある」と述べて、事務総長の座に就く者の個人的な価値判断をあえて強調することを避けていた。

つまり、国連事務総長という立場にあっても一人の国際公務員として個人的な共感や思想をもつのは当然のことであると認めながらも、「それが行動に影響を及ぼさないようにするために、このような人間としての反応を十分に意識したうえで自らの言動を細心の注意をもってチェックしなければならない」と主張したのである。

そして、もしそのような注意を払ったうえで、国連事務総長が「何らかの利害と衝突することになったときは、自分が中立性を守っていることの証であって、中立性を守れなかったということの証拠にはならない」とまで述べている。

ハマーショルドは、国連事務総長というものが世界を二分している東西の利害対立の上位に立つ存在でなければならないという見解を示している。そのうえで彼は、国際公務員に必要とされる条件を裁判官にたとえて分かりやすく説明している（そして実際に、彼は実践の場おいても「判例法」に従うことで国連事務総長の役割を確立しようとしたのである)。

そのなかで彼は、地球を分断するイデオロギーと政治の論争においてどちらか一方の陣営の肩をもつことがなかったばかりか、意識的にその論争から距離を置くように心掛けていたことを明らかにした。しかし一方で、そのときの状況が求めるのであれば、有効性と公平性をもって行動を起こすべきであるとも考えていた。まさしく「ハマーショルド原則」とは、その時代の主要問題に対して自分の意見をもちたいという誘惑に打ち勝ち、徹底して、超然とした態度をとり続けるというものであったと言えよう。

この原則をさらに発展させた人物といえば、ハマーショルドの後継者ウ・タントであろう。彼は「国際連合」という名称を最初に提案したルーズベルト大統領が国連事務総長のポストを「仲裁者（moderator）」と呼ぼうとしていたことを引き合いに出して、「国連事務総長に対する私自身の考えを表現するのにこれ以上ふさわしい言葉はない」とまで断言している。

敬虔で熱心な仏教徒だったタントは、「国連事務総長のもっとも重要な政治上の職務は、国連の役割である調和役に徹することである」と述べて、この点をさらに強調した。つまり彼は、多くの人々に見落されがちとなっている、国連の目的の一つである「諸国の行動を調和するための中心となること」を定義している国連憲章の第一条四項を引用したのである。

そして、第五代国連事務総長のハビエス・ペレス・デ・クエヤルは、国連事務総長の役割を拡大解釈すること、もしくは逆に過小解釈することの二つの誘惑に打ち勝たなくてはならないということを語ったが、彼もまた、国連事務総長には「もっとも慎重な政治的判断と（中略）思慮分別」が必要とされることを強調している。さらに彼は、国連事務総長が「どちらか一方の当事者の道徳観に基づいた個人的な判断によって、もしくはある国のリーダーやメディアが、相手方についてもっともらしく語っている内容によって感化されてはならない」と付け加えている。

しかし、「素晴らしい説教壇（bully pulpit）」とも言える国連事務総長の地位を利用しようとした方法についていえば、ハマーショルドとその後継者たちと、冷戦がもはや歴史書物として追いやられた二〇世紀末以降に活躍したコフィー・アナンとの間には大きな相違点が見られる。（「素晴らしい説教壇」という言い回し[11]は、セオドア・ルーズベルト大統領が一世紀前に使用した言葉であるが、ルーズベルトと同様アナンは、前任者が不適切と考えたために触れてこなかった問題について故意に沈黙を破ることがあった）。

アナンは、人道的な介入の必要性や人間として自らの良心に従う義務などについて提起したり（現に彼は、「私は常々、なぜ今日ではラウル・ワレンバーグのような人物があまりに少なくなってしまったのだろうと不思議に思う」と嘆いている）、国家間の緊張関係を解消するように、また一般市民を守るための責任を果たすように国連加盟国に強く求めたりなど、国連事務総長は最小限の役割さえ果たせばそれでよいという考えを意識的に打ち破ろうとしていたと言える。彼の言葉を借りるならば、「寛容さ、民主主義、人権、グッドガバナンス（よい統治）といった、私が普遍的と信じている価値観を促進する媒体として」国連事務総長の権限を公然と利用したのである。

かつてハマーショルドは、国連事務総長は世界にとって宗教をもたない教皇のような存在であると自ら冗談めかして語ったことがあるが、事実、ハマーショルドの伝記の著者でもある同僚のブライアン・アークハート卿は、この点について「ハマーショルドは任期中の多くの場面で教会をもたない教皇」のような存在であったとコメントしている。しかし、実際に教皇の役割を実践したのはアナンであった。そしてアナンは、〈エコノミスト〉誌の風刺漫画のなかでいみじくも教皇の衣装をまとった姿で描かれることとなった。

アナンは事務総長について、「国連憲章によって委託された道徳上の権威」であると主張することをためらうことはなかった。国連憲章の文言のなかに道徳性が込められていることに気付いた国際法律家は——そして、歴代の事務総長も——ほとんどいないにもかかわらず、まちがいなくアナンは、これこそが冷戦後の世界の状況が事務総長に与えた役割なのだということを認識した最初の国連事務総長であった（アナンの直近の前任者であり冷戦直後に就任したブトロス＝ガリ事務総長は、この役割を果たすことを選択しなかった）。

そして、衛星によるリアルタイムのコミュニケーションが可能となり、ケーブルテレビ向けのニュース専門番組が二四時間放映される時代となった今、アナン以前の事務総長たちがあからさまな疑念ではないにせよ、慎重な態度で扱っていた世界のメディアこそが事務総長にとっての教会となり、国連の「われら人民」は事務総長にとっての教会区民になったと言うことができる。

---

(11)　セオドア・ルーズベルト大統領は、ホワイトハウスがアジェンダを効果的に設定するのに最適な場であるとしてこのように呼んだ。転じて、これまで話題にされてこなかった問題でも提起すれば聞き入れられるだけの高位にある公職や権威についてこの言葉が使われるようになった。

もちろん、これは修辞的なレベルでもっともよく機能する役割であって、必ずしも政府の意思決定に影響を与えるとはかぎらない。つまり、事務総長は扱いにくい問題をあえて取り上げることができる一方で、最適な解決方法と考えられるからといってそれを押し付けることはできないということである。たとえば、一九九九年の国連総会で行った介入についてのアナンの歴史的なスピーチは、シンクタンクやコラムニストの間では話題としてにぎやかな花を咲かせ、国際的なアジェンダに変化をもたらすきっかけを与えることになったが、被抑圧者を守るための軍事的な介入を何一つ導き出すことはできなかった。

また、国連事務総長は、しばしば国際的な正統性の象徴として見なされる。たとえば、コソボやイラクに対する軍事行動の合法性に対する見解を表明する場合には、その任務の重要性に対する自らの意識を反映させられるが、加盟国の行動に与える影響という意味では、ローマ教皇による世界中のカトリック信者に向けた避妊行為に対する非難に比べればはるかに小さなものである。つまり、国連事務総長はこの情報化時代においてであればなおさら、国連憲章のもつ高尚な価値を謳うために、また地球規模の対話を進めるために「素晴らしい説教壇」を有効に活用することができる一方で、二〇〇四年に起きたスーダンのダルフールでの残虐行為に対する世界の対応に示されたように、またもやアナンは軍隊の派遣を約束することも、政府の決断に影響を与えることもできなかった。

このように、諸国間の勢力均衡は加盟国の主権によって保たれるものであり、事務総長によってではないことが明らかである。その意味で、次のアークハート卿の言葉は注目に値する。

国連事務総長はそのすべての特権をもってしても、ほとんど、もしくはまったく権力をもつことはできず、たとえ何らかの出来事に対して影響力を及ぼすことができたとしても、それを制御できる機会はごく稀にしかない。国連事務総長は主権国家に対して、もしくは主権国家を通して働き掛けなくてはならないが、主権国家は必ずしも彼の抱く期待や理想に応えてくれるわけではない。（中略）

国連事務総長は世界の平和と正義を求める人類の希望を体現するものであるが、平和と正義が侵されている状況において、自らの影響力をいくら行使しようと望んだところで最終的な判断を下すことはできないのである。

この一節の後半部分では、国連事務総長の権威には限界があることが強調されているが、さらに言うと、国連事務総長は加盟国の支持なしにはほとんど何もできないことを認識していながらも、加盟国がもろもろの問題に対して行動を起こさないことに対して非難することもできないということである。というのも、国連事務総長がある一つの問題に対して加盟国に不満をぶつければ、そのことによって別のさまざまな問題に対してその加盟国から協力を引き出すことができなくなってしまう恐れがあるからだ。アナンは、出身地ガーナのことわざを用いてこのことを指摘している。

「その人の歯の間にあなたの指がはさまっているときは、その人の頭を叩いてはいけない」

しかし、ある意味で国連事務総長の独立性は、和解し得ない二国間で策略をめぐらしながら巧妙な外交を展開している超大国間の対立が存在している時代のほうが、「常任理事一か国」と呼ばれるように、安全保障理事会のなかで一国家の支配力のみが優勢な時代よりも主張しやすいと言えるかもしれない。

ハマーショルドは「党派の利害から独立した意見をもち、国連憲章の目的にのみしたがう」国際的な良心という概念を国連に見いだし、初めて明示した人物であったが、彼はこの概念を訴えると同時に、実行するのにもっともふさわしい時代背景にいたと言える。そして彼は、このビジョンを実現するために、彼の呼ぶところの「想像的で建設的な立憲政へ向けた改革」という課題に対して実に多くのことに取り組んだのである。

その取り組みのなかで、スエズ、レバノン、ラオスの問題に対する彼の行動は世界の想像力を惹きつけるものであったが、コンゴ動乱で知られているように超大国を敵に回すことにもなった。冷戦中は、彼の後継者であるウ・タント、ペレス・デ・クエヤル、そしてワルトハイムですら用心深く振る舞っていたが、国連憲章の規定通りに政治的な機関が機能しなかった場合には、かぎられたなかでも、彼らは事務総長として何とか役に立つ機能を自らつくり出すことができることを実証してみせた。とはいうものの、いずれの場合にせよ、アメリカ合衆国またはソビエト連邦のどちらかを敵に回すことのないように細心の注意を払ったうえでのみ可能であった（これは、最終的にリーやハマーショルドが犯した過ちであった。とくにハマーショルドは、終盤にかけてフランスの反感までを買うことになった）。

世界の一超大国が絶大な権力をもつという現状のなかで、国連事務総長は以前とは異なる難問に立ち向かわざるを得なくなった。その難問とは、国連事務総長自身の清廉潔白さと独立性を特定の支配国に預けることなく、しかし、国連の生き残りのためにその国とうまく関係を保っていくことである。つまり、冷戦のピーク時と同じ表現がされていないだけであって、アメリカ国民（あるいは、少なくともアメリカの一部の指導者）が「国連はワシントン政府に対して有用性を示すべきである」と執拗に要求しているなかで、事務総長はパラドックスに満ちたバランスのうえで動くことを余儀なくされているという、これまでと同じ事態でしかなかったのである。すなわちアナンは、アメリカの優先事項に対して気を配っていることを示すと同時に、代弁すべきその他の国の人々すべても満足させなければならなかった。

そして、二〇〇〇年、ノーベル委員会が国連とともにアナンにノーベル平和賞を授与するという決定を下したことからも明らかなように、彼がこのような離れ業をやってのけることができたのは、往々にして彼自身がもっている資質のたまものであったと言える。しかし、一超大国の人質となることなくその国家からの擁護を受けるということは、多大なる挑戦であることはいまだに変わりない。そしてアナンは、国連事務総長という職務は、「ある特定の国家や国家集団だけの利益のために仕えているように見えない」場合にこそ有効に機能するものであることを、アメリカ国民に訴えなければならなかった。

ハマーショルドが、国連は主に中小加盟国の利益のために仕えるものと考え、まさにこれこそが国連の未来であると予見していた一方で、ブトロス＝ガリやアナンが国連を率いていくなかで、最大の権力をもつ加盟国にとっての国連の有用性が考慮すべき事項として重みを増してきていると感じていたことは興味深い。ハマーショルドが総会で述べたように、事務総長は中小加盟国の意見を

第５代　ハビエル・ペレス・デ・クエヤル（ペルー）
写真提供：UN Photo/Backrach

第６代　ブトロス・ブトロス＝ガリ（エジプト）
写真提供：UN Photo/Milton Grant

第７代　コフィー・アナン（ガーナ）
写真提供：UN Photo/Sergey Bermeniev

第８代　潘基文（韓国）
写真提供：UN Photo/Eskinder Debebe

初代　トリグブ・リー（ノルウェー）
写真提供：UN Photo

第2代　ダグ・ハマーショルド（スウェーデン）
写真提供：UN Photo／ES

第3代　ウ・タント（ビルマ）
写真提供：UN Photo/YN

第4代　クルト・ワルトハイム（オーストリア）
写真提供：UN Photo/Teddy Chen

意識しなければならないことは確かであるが、少なくとも事務総長の表向きの意見表明においては、「常任理事五か国」の意見に配慮しなければならないというのが現実と言える。

限界、そして可能性

もし、国連事務総長の公的な役割が、「素晴らしい説教壇」という可能性の側面と「拘束衣」とでも呼ぶべき限界の側面を同時に提供するものであるならば、事務総長はいかなる場合に最大限の影響力を発揮し得るのであろうか。たとえば、ブトロス＝ガリは、「事務総長の特別な役割」は「予防外交の静かな実行」にあるとし、事務総長は「紛争が表ざたになる前に、当事国同士が対立を解決する方法を見いだせるように舞台裏で行動できることは多くある」と考えていた。

このような事務総長の役割は、国連が期待するほどには実践の場で主張されることは多くないが、原則としては正統性をもっていると言える。その一方で、ブトロス＝ガリが自らの役割としてこの側面を主張した背景には、さらに実践が困難となる大前提が存在していたと言える。つまり彼は、「全世界からの委任を受けた、政治的・官僚的な圧力の及ぶことのない比較的公平な人物」と自らのことを考えていたのである。

ところが、このような彼の考えは、バルカン諸国、ソマリア、ルワンダにおける紛争をめぐる激しい衝突から得た自らの経験だけでなく、この考えを表明してから一年も経たないうちに国連事務総長の座を去らなくてはならないという劇的な展開[12]によって裏切られることになった。

国連事務総長の職場環境には、実にさまざまなプレッシャーがつきまとう。国連事務総長は加盟国の行動に影響力を及ぼそうとするが、その加盟国とは比較にならないほど脆弱な武器しか持ち合わせていない。ウ・タントは、「加盟国とは異なって主権的な性質を欠いているため、国連事務総長は常に説得・議論・交渉やコンセンサス形成のためにたゆまぬ努力を払って任務を遂行しなければならない」と述べている。しかし、時には国連事務総長が、戦争と平和を分かつ主導権をとらなければならない状況に立たされることもある。そして、そのときには、「国連事務総長の個人的な権威（そして、事務総長という地位さえも）犠牲にすることを覚悟しなければならない」と語っている。

このときウ・タントの心の中には、ベトナム戦争を食い止めようとした努力が実らなかったという自らの経験があったと考えられる。彼のこの努力は、ワシントンにとっては軽蔑の対象となり、モスクワからも決して歓迎されるものではなかったが、ハマーショルドのコンゴでの勇気ある努力にウ・タントは倣っていたのかもしれない。事実、ハマーショルドは、その努力のために常任理事国のほとんどの国と不和に陥り、挙句の果てには、自らの命までも奪われることになってしまった。

言うまでもなく、もっとも強大で影響力のある加盟国のために国連事務総長が不名誉な目的に利用されることもある。つまり大国が、ある政治的な責任を、漠然とした国際的な集合体である国連

---

(12)　任期中に国連平和維持活動や国連改革の方針をめぐってアメリカ政府との対立が深刻化し、一九九六年に再選の選挙が行われた際、アメリカ一国による拒否権の行使によって一期で退任に追い込まれる。独自の考えをもって行動する事務総長と、冷戦直後に単独で覇権を狙う超大国の間に生じた宿命的な軋轢とされる。

に転嫁することもあるということである。

ここで、見方によっては国連は、「舞台」でもあり「役者」でもあるという二面性をもっているということを述べておきたい。すなわち国連は、加盟国がそれぞれの役割を演じて（意見の相違にせよ一致にせよ）熱弁を振るう「舞台」であると同時に、その舞台上で策定された政策を実行する「役者」でもあるのだ。

多くの一般の人々はこの違いをたいていの場合見過ごしてしまうが、そのような人々には「国連」は形のない集合体に見えてしまう。そこでは、「舞台」の上にいる各国政府の「怠慢の罪」（しなくてはならないことをしない罪）や「作為の罪」（してはいけないと知りつつ行う罪）について、おきまりのように国連が責められることになる（このようにして、「役者」としての国連に不名誉を着せるわけである）。

そもそも国連事務総長とは、国連が設立された当時から、「舞台」の上で何かしらよからぬことが起きた場合に、甘んじてその責任を負うために設けられたポストのようなものであると言える。そして、事務総長が常にさらされているもっとも不愉快な利用のされ方の一つは、ある加盟国が失敗を犯した際に都合のよいスケープゴートにされることである（たとえば、ブトロス＝ガリはアメリカがつくり出した一九九三年一〇月のモガディシュでの大惨事[13]が国連の欠陥によるものであると責められたときにスケープゴートにされ、悔しい思いをしている）。いみじくも、アナンがしばしば「事務総長（Secretary General）の頭文字「ＳＧ」が実際はスケープゴート（Scape Goat）を意味している」という冗談を言っていたことは、国連内部ではよく知られているところである。

それでもなおハマーショルドは、事務総長がいかなることを成し得られるかという可能性を実証した人物であったと言える。彼は常識を超えるほどの広範囲にわたって、国連独自の技法をほとんど即興でつくり出した。その一例が平和維持活動であるが、これは国連憲章のなかには規定されていないが、特定の紛争を解決するために、事務総長が単独で行う外交努力と、冷戦下の利害対立によって効力を失った国連憲章の第七章の条項の間をゆく道として生み出された概念であった。彼は、平和維持活動の着想を実現するための原則と実施を考案、起草、発展させるために、事務総長にしかできないことを実践したと言える。つまり、明らかに加盟国が策定できない内容の決定を迫ることはせず、自らの概念を完全につくり込んだうえでそれを支持するようにと加盟国に提案したのである。

同じく、「予防外交」という画期的な手法や事務総長の「斡旋（good offices）」という概念の発想と実践もまた、政府間の政治上の行き詰まりを限界としてではなく、むしろ可能性として利用す

---

(13)　一九九三年一〇月三日、ソマリアの首都モガディシュにおいてアメリカ軍とソマリア民兵との間で発生した「モガディシュの戦闘」と呼ばれる事件のこと。一九九二年より国連平和維持活動のためにアメリカ軍を中心とする多国籍軍がソマリアに派遣されていたが、ソマリア民兵の将軍アイディードが国連軍に対して攻撃を行うと、アメリカ軍は国連とは別に単独で、アイディード派幹部拘束を目的とした作戦に踏み切った。激しい応戦のため一八名のアメリカ兵士が犠牲になるほか、銃撃戦によりソマリアの市民・民兵三五〇名以上が殺害されるという大惨事に発展した。これを機にアメリカが撤退を決定すると、国連平和維持活動も結果的に撤退することとなった。

るという革命をもたらしたと言える。ハマーショルドの後継者たちは、これらの手段を活用し、改善し、さらには拡大すらしてきたが、いずれも決してこの路線を覆すようなことはしなかった。

ある加盟国が事務総長に重圧を加えることと、その同じ加盟国が国連事務総長に支持を与えることとは表裏一体の関係にあると言える。スターリンがローマ教皇に関して発言した悪名高い問い掛け(14)のように、国連自らは「師団」を保有していないものの、事務総長が効果的にその職権を活用するために必要なものは、用意さえできていれば加盟国がすべて提供できるのである。とはいうものの、現実的な制約から、国連事務総長は提供する用意が整っていると分かっているものだけしか加盟国に依頼することができないという立場に置かれることはよくある。事務局による勧告は、通常、政治状況の行方が緊急を要することが認識された場合に出されるわけだが、国連事務総長の要求と加盟国間の合意に明らかな不一致がある場合は、(二〇〇四年のコンゴでの活動で見られたように)我慢するのは常に国連事務総長のほうなのである。

かつてブトロス＝ガリは、国連事務総長に与えられる指示は、「明確で、現実的で、課された任務を成功裏に遂行するために必要な人的・物的資源の支援がなければならない」と悲観しながら指摘したことがある。彼の任期中は、必ずしもそのような支援が受けられる状況ではなかったのである。さらに後続の国連事務総長も、財源に加えて政治的意思(もしくは、政治的意思の欠如)もまた加盟国側が握っているので、常に加盟国の政府側が優勢な立場に立っているということを思い知らされている。

国連憲章の第七条一項のもとでは、国連事務局は国連の「主要機関」の一つであるため総会と安全保障理事会と同等と見なされてもおかしくはないのだが、国連事務総長が任務遂行のための準備を提供する能力を有しているのは（そして逆に、国連事務総長が任務を遂行しようとする努力を妨害するのも）この二つの機関なのである。

国連事務総長という役割が、その定義がきわめて曖昧であった初代トリグブ・リーの時代から、今日では世界の外交問題の重要な政治的役割を担うまでになった一方で、国連の「行政職員の長」としての権威はその間逆に衰退してしまったという状況は皮肉なことと言えるかもしれない。事務総長の任命は、リーの時代に米ソ双方の超大国から干渉を受けることからスタートし、その後も加盟国の予算管理が日増しに厳しくなるなど、実質的には国連事務総長の手足は縛られた状態となっている。このように行政管理の権威が衰退したことによって、国連事務総長自らが職員を管理する裁量さえも残されていないという状況にまでなってしまった。

ブトロス＝ガリとアナンは、自らが統括する行政機構に対して思い切った改革に着手はしたものの、加盟国が権限を握っている手続きや既成の分野での不活発な状況には深いメスを入れることができなかった。たとえば、国連憲章の第九九条は、十分な情報に基づく判断によって国連事務総長は安全保障理事会に注意を喚起することができるとしているにもかかわらず、過去の国連事務総長

(14)　イギリス首相ウィンストン・チャーチルによると、スターリンは第二次世界大戦末期に「ローマ教皇とやらは、いくつの師団をもっているんだね？」という問い掛けをしたとされる。軍隊規模のみを権力の物差しと考えていたスターリンが、ローマ教皇のもつ影響力を十分に理解していなかった例として有名になった格言。

の誰一人として、そのような判断ができるだけの情報を得るための手段を与えられたことがない。
国家とは異なり、国連事務総長は大使館や情報部などといった情報収集機関をもたずに活動をしなくてはならないが、これまで加盟国は、事務局がそのような独立した機関をもつことに対して公然と反対してきた。そして、この経験もまた、歴代の国連事務総長が自らの任務の限界を思い知らされる要因の一つとなっていた。つまり、国連事務総長の行動範囲は自らの理解の範囲を超えることはないだろうし、国連事務総長のその理解の範囲は、加盟国の把握している範囲もしくは加盟国の保持する資力を超えることはないということである。

むろんこのことは、国連だけが唯一の機関でもなければ、国連事務総長だけが唯一の「預言者」というわけでもない世界においては当然のことである。実際、ハマーショルドは、一九六一年に「国連事務総長だけがデルフォイの神託のように国際共同体を代弁するものではない」と断言している。[15]

一九九〇年半ばまでにブトロス＝ガリ国連事務総長は、国連が地域機関、非政府組織、臨時の措置などへ「分権と委託」を進めることによって、増加しつつある国連への要求に対応することが重要であるという見解を示していた。国連事務総長は、世界で起きている危機に対応するために、自分の代理となる特別代表（Special Representatives）や特使（Special Envoys）に加えて、国連の活動を支えてくれる新たなパートナーや支援者を開拓してゆかなければならないであろう。

ブトロス＝ガリが地域機関と密接な協力関係を築くという努力をしてきたことに続いて、さらにアナンは、市民社会と民間セクターとの関係を強化させていった。このことは、国連において発展に向けた重要な原動力になると考えられるようになってきている。日増しに複雑化する今日の世界状況のなかで、さまざまな制約があるがゆえにいつしか国連事務総長は、彼自身（いつの日か、彼女自身）が自らでは制御しきれないような絡み合うネットワークの頂点にいることに気付くであろう。

ダグ・ハマーショルドの遺産

このような展開はハマーショルドが予測し得るものではなかっただろうし、彼に制約を与えてきた政治的な状況がこれほどまでに変化を遂げるとは考えもしなかったであろう。いつのときも、その時代に適した人物が事務総長の座に就いてきたと言えるが、各人が事務局に持ち込んでくる知性と精神の資質が事務総長の役割のあり方に大きな影響力を与えてきたことはまちがいない。そして、ハマーショルドはその最たる例であったと言える。

アナンは次のように述べている。

「ハマーショルドの生と死、言葉と行動は、国連事務総長、そしてまさに国連機構そのものが果たすべき役割を形づくるうえで国連の歴史上誰よりも貢献したと言える。彼の英知、謙虚さ、非の打ちどころのない清廉潔白さ、任務に対するひたむきな献身は、国際社会に仕える職務に就くすべての人々（言うまでもなく、彼の後継者にとってはことさら）のための規範をつくり出した。そして、

(15)　古代ギリシャでは、デルフォイにあるアポロ神殿にて預言者が為政者に神託のお告げを行っていた。

その規範に到達することはとうてい不可能であろう」

さらに、アナンは次のように付け加えている。

「私の経験から、事務総長にとって、新たな課題や危機的な状況に直面したときに『ハマーショルドだったらどう対処しただろうか？』と問い掛けることほど有意義な方策はないと考える」

ハマーショルドの後任のすべてがこのように問い掛けたわけではないことは明らかだが、この問いに対する正しい答えを出すことはもちろん不可能である。しかし、ハマーショルドが描いた国連機構の根幹を支えるビジョンは、ガーナ人の後継者であるコフィー・アナンによって温かく受け入れられたと言える。

ハマーショルドの政治上の遺言と考えられている最後の年次報告書の「序文」のなかでハマーショルドは、国連機構を静的な会議外交の場と見なす人々はまちがっていると言い切っている。多くの人々は、国連憲章が「国際共同体」の存在を認め、「国連機構はそのための手段や意思表示として機能する」ことを明確に示している事実を見過ごしていると言うのである。つまりハマーショルドは、国連憲章の基本原則（彼の見解では、第一条と第二条に反映されている平等な政治的権利、第五五条に規定されている経済機会均等、正義と法のもとでの支配、そして「共同の利益の場合を除く」武力行使の禁止）は、国連が単なる会議体や討論の場であるという考え方には合致しないと考えたのである。

イスラエルで幼稚園を訪問するハマーショルド（1956年5月1日）
写真提供：UN Photo

コフィー・アナン（中央左）とスウェーデン人の妻ナーネ・アナン夫人（2000年2月24日）　写真提供：UN Photo/Eskinder Debebe

ハマーショルドのこの見解を支持するアナンは、国連がこの基本原則を実現することを阻止しようとする加盟国には屈しないという決意をもって、次のように述べている。

「私は国連事務総長にとって、そのほかの選択肢は存在しないと考えている。つまり、国連事務総長はハマーショルドの足跡を辿り、国連憲章で謳われた目標を達成するために、国連のもつ権利と義務を守るほかに道はないのである」

アナンは、この目標があたかも達成されたかのように振る舞うことは決してないし、ましてやハマーショルドが耐え忍んだ数々の制約から解放されたかのように偽ることはなかった。加盟国はいまだに国連事務総長にさまざまな約束を突き付け、資金と行政手続きの柔軟性を与えることを拒み、非現実的な要求を叩きつけ、さらにはその要求の執行に対する彼の見解に異議を唱えている。

とはいうものの、一方で加盟国は、アナンが自分の考えを述べることに対しては非難しないし、彼が「限界に挑もう」としていることに対して敬意を表しているというのも事実である。もっとも最近の例としては、二〇〇三年に国連システムが「道の分岐点」に立たされていると警告したうえで、一九四五年から確立されてきた安全保障理事会のシステムの構造全般を再検討するために国連ハイレベル委員会を彼は設立している。

このようにアナンは、スウェーデン人の先達の描いた「国連はダイナミックな手段」であるべきだというビジョンに対して忠実であったと言える。それだけでなく、アナンは、「国連は国際共同体の意思表明であるというハマーショルドの思想（そこでは、一国家の意思というよりはむしろ国家が集団で決断したことを国連職員が実行する）は、ハマーショルドの時代だけでなく、われわれの時代でも求められている」と主張している。

二一世紀初頭の今日までに国連事務総長は外交面で多大な正統性をもつようになり、より多くのメディアの注目を集めているにもかかわらず、国連憲章が（そして、国連設立者のスピーチが）示しているよりもはるかに微力な政治権力しかもっていない。そのような状況のなかで事務総長の職務を効果的に遂行するためには、事務総長の目的に対するさらに高いビジョンと、それを実現するための自らの能力の可能性と限界を熟知している必要がある。さらに事務総長は、職員や予算の管理能力に長け、外交手腕をもち合わせ（舞台裏での外交活動を含めて）、大国であれ小国であれ加盟国との友好関係を築き上げ、多岐にわたる分野の対話者（外交官、ＮＧＯ、産業界、マスコミ）の忠誠を惹きつけ、事務総長の財源を握り、指令を与える加盟国と疎遠にならぬように細心の注意を払うという能力がなければならない。

それだけでなく、裕福で力のある北側の諸国に対しては、国連が効果的に活動できることを確信させながらも、貧困国や紛争の絶えない南側の諸国に対しても彼らの利益を常に念頭に置いていることを納得してもらわなければならない。そして、安全保障理事会、とくに常任理事国の権力と特権を認識しながらも、総会の優先順位と意欲に対して注意を怠ってはならない。また、加盟国に政治的に達成可能な提案を提示すると同時に、加盟国が提供する手段によってその指令を実行しなければならないし、現在の国連機構を管理して援護しなければならない一方で、そのあるべき姿となるビジョンを予測して発案しなければならない。そして、いかなる国家にも服従することなく、すべての国家に対してオープンであり、かつ清廉潔白な感覚と事務総長の独立性を徹底して保ってゆく必要がある。

アナンは、これらのすべてを、おそらくどの前任者よりもうまく成し遂げてみせたと言える。しかし、この課題の重要性に気付き、それをまた重要な地位まで高めようとした人物はハマーショルドだった。

かつてハマーショルドは、事務総長の職務について、「これは一人の人間の問題ではなく、一つの制度の問題である」と語っている。これまでに七人の人物がこの特別な制度を形づくってきたが、ハマーショルドが基本構造を築いたとするならば、彼の後継者たちは内装と外装のデザインを整え、家具を並べ替え、天窓を開けたと言える。しかし、その天窓を通して、今日もなおハマーショルドの不朽のビジョンが支柱や円柱を照らしながら輝いているのである。

第10章

「独立した国際公務」の確立を目指して

ジェームス・O・C・ジョナー

二〇〇四年から二〇〇五年にかけて、国連事務局の失態に対して多くの非難が浴びせられた。たとえば、「食糧・石油交換プログラム不祥事件」(1)もその一つであるが、かつて国連に従事したことのある人々にとっては、国連機構のイメージが不正行為や不祥事の疑惑によってこれほどまで深刻に低下した時期を思い出すことはできないであろう。

では、このような最近の傾向をどのように説明することができるだろうか。この問題を騒ぎ立てているのは右派の人々だと非難する者もいれば、近年、国際公務の質が徐々に低下しているために、独立した国際公務員にふさわしくない行為を働くという事態を招いていると考える者もいる。この

---

(1)　旧フセイン政権のクウェート侵攻に対する国連安全保障理事会による経済制裁によって困窮したイラク市民を救うために国連によって設立されたプログラムで、一九九六年から二〇〇三年まで実施された。食料や医薬品などの人道物資と交換にイラクに石油輸出を限定的に認めたもの。しかし、計画終了後には市民に一部の物資しか届かず、フセインを含むイラク政府関係者や国連職員が特定の企業から賄賂を受け取る代わりに、優先的に石油を取り引きさせていたという不祥事が明らかになった。数名の国連事務局幹部の責任が指摘されたうえに、アナンの息子が勤務する会社と国連との不透明な関係も明らかとなり、国連創立以来の汚職事件と言われている。

ような状況にある今だからこそ、エリック・ドラモンド卿によって生み出され、ハマーショルドによって育まれた「独立した国際公務」という概念をもう一度改めて振り返る必要がある。

一九五三年に国連事務総長として任命を受けたとき、ハマーショルドはスウェーデン政府出身の経験豊かで定評のある公務員としてこの座に就いたわけだが、彼はすでに公務員に要求される基本的な条件を熟知しており、とりわけ独立性や公平性について十分に理解していたと言える。彼はどの政党にも党員として所属したことがなく、時の政権に仕えることのみに専念してきたのである。

ハマーショルドは、国際公務というものを確立するために必要となる、ある重大な強みをもっていた。それは、彼が国連事務総長という高位のポストに任命される際に、いかなる政府からの恩義も受けることがなかったということである。事実、ハマーショルドは、事務総長の座を得るためにキャンペーンを張ることがなかったどころか、任命について知らされた瞬間には相当驚いたくらいである。

当時は、今日のように事務総長のポストのために大々的なキャンペーンを打ち出すことは一般的ではなかった。そのためハマーショルドは、優秀なテクノクラートであり、熟達した専門家であったという点では傑出していたものの、任命された時点においては国連の内部事情に関してはまったくの無知状態であったと言える。事実、安全保障理事会が彼を事務総長候補として推薦しているとの連絡を安全保障理事会の議長から受けたのは、ハマーショルドがちょうど国連総会から帰国したばかりのときであった。

改革のはじまり

国際公務の概念は、そもそも国際連盟のもとで生まれ、のちに国連憲章に盛り込まれたものであるが、ハマーショルドは国連憲章の原則を熟知していたために、国連憲章の第九七条が規定しているように、事務総長は国連機構の「行政職員の長」と同時に「事務局の長」という二つの異なる役割を担っていることを理解していた。その意味では、事務総長と事務局は区別されているものの、切り離すことができない関係にあると言える。

そして、ハマーショルドは、国連機構の行政職員の長としての職務を遂行するためには、事務局の基盤を固める必要があることを認識した。つまり彼は、国連憲章の第九九条で事務総長に与えられた特殊な政治的役割は、事務局の支援があってこそ初めて遂行できると考えたのである。それがゆえに、第一〇〇条と第一〇一条で規定されている国際公務員の概念を強化する決意をしたのである。

国連事務局の長としての任務を引き継ぐや否や、ハマーショルドは事務局内の国際公務員の士気が低下していることに気付いた。具体的には、マッカーシー時代の暗い影のなかでハマーショルドの前任者であるトリグブ・リーがアメリカの圧力に屈し、国連の国際機関としての地位にもかかわらずFBIが国連本部ビル内に事務所を置くことを承諾してしまっていた。このとき、国連の法律顧問の首席であったアブラハム・フェラーは、マッカーシズムの強引な「赤狩り」と事務局職員から沸き起こる憤慨の間で板挟みとなり、のちに自殺にまで追い込まれてしまっている。このように、リーの任期中に国連事務局は、国際公務員の概念を実現するにあたって最初の大きな壁に直面していたのである。

そこでハマーショルドは、まずは国連本部ビル内からFBIの撤退を取り付けるために、アメリカ当局に国連憲章の規定のもとでは国際公務員を尊重する義務があることを理解させると同時に、すべての事務局職員もまた国連憲章に規定された義務を守るという約束を確認した。この主張に十分な説得力があったため、アメリカは国連本部ビルからFBIを撤退させることに同意することとなった（ただし、その際の条件として国連事務局は、職員候補となるアメリカ人はすべてアメリカ当局の許可を受けなければならないという妥協をしている。むろん、この規則は今日では適応されていない）。かくしてFBIの撤退は、国連職員が士気を取り戻すために大いに貢献することとなった。

このように、組織の背景にきわめて複雑な問題があったにもかかわらず、ハマーショルドは決して組織改革の努力を怠ることはなく、真に公平で国際的な立場を守る事務局を築くために懸命に働いた。たとえば彼は、常任理事五か国が事務次長補（Assistant-Secretaries-General）レベルの上級職に分担して就くというロンドンで一九四六年に決められた仕組みが、独立で公平な事務局を築くうえで有効であるとも、国連憲章に順守しているとも考えていなかったため、事務次長補というポストを廃止して、スウェーデン政府でなじみのあった事務次長（Under-Secretaries-Generals）のレベルに置き換えるという決断をした。

当時、この決断の有効性に対して多くの者が疑念を抱くこととなり、少なくとも二人の事務次長補がハマーショルドの改革に異を唱えて辞任した。

国連事務局の上級職員は国際公務員として行動すべきであるという考えをさらに強化するためにハマーショルドは、各国政府には事務局の人事権をもたないということを明確に示した。国連以前の国際組織である国際連盟事務局の第二代事務総長ジョセフ・アヴェノルが、国際連盟の事務局職員の候補者の選定は事務総長の責任で行うという原則をはっきりと打ち出していたが、ハマーショルドはこの考えを継承し、国際連合においても確実に実行するために、ソ連の国連大使であるアンドレイ・ヴィシンスキーが事務次長の候補として弱冠三五歳のコンスタンチン・ジンチェンコを提案してきたとき、考え直すように突き返している。この候補者を拒否する代わりにハマーショルドは、ストックホルムにソ連大使として派遣されていた顔なじみの人物を提案している。

最終的にソ連は、国連事務総長自身が候補者を選定するという権利を承諾し、イリヤ・チェルニチェフが政治局の事務次長として任命されることになったが、残念ながら、今日ではもはや、必ずしもすべての加盟国がこの原則を尊重しているわけではないというのが現状である。

一九五四年までにハマーショルドは、事務局が国際的な性質や独立性、能力、清廉潔白さといった要素を主張できるまでに改革が進んだことを確信するようになっていた。自らのアプローチに誰しもが賛成するわけではないということを彼は承知していたが、彼にとっては、それが唯一の歩むべき道だったのである。一九五五年の夏に行われたカリフォルニア大学での講演で、彼は次のように述べている。

国際連合は、加盟国によって形づくられるといみじくも言われてきた。しかし同様に、（中略）事務局が国連をどう形づくるかにも大きく依存していると言うことができる。

国際公務の概念を守り抜いて

ハマーショルドは、一九六一年の総会に向けた最後の報告書のなかで、国際公務員が従うべき規範原則を明確に示しているが、そのなかで国連機構を二つの観点からとらえることができると述べている。一つは、利害やイデオロギーの衝突を解決する「静的な会議体」としての見方であり、この見解によると、事務局は完全に国際化されることはなく、加盟国の利害をそのまま反映するだけの存在となる。もう一つの見方は、国連は政府の「ダイナミックな手段」であるという考え方で、和解と執行行為といった機能の発展を目指すものである。

ハマーショルドは後者の考え方を好んだが、それというのも、この考え方の前提となる国際公務の概念を実現させることができると信じていたからである。国際連盟事務局の初代事務総長であるエリック・ドラモンド卿は国際公務の先駆者ともいうべき存在であったが、ハマーショルドがドラモンド卿の国際的な忠誠心という理念を念頭に置いていたことは疑う余地もない。

卓越した国際交渉人としての評判が高まるにつれ、また各国政府が進んで「ダグに任せろ」と言うようになるにしたがって、ハマーショルドの国際公務に対する信念はさらに強まっていった。ところが、一九六〇年から一九六一年にかけて勃発したコンゴ動乱によって、この考え方は二度目の壁にぶつかり、彼の自信はくじかれることとなった。

ハマーショルドとフルシチョフの間の確執と、ソ連の圧力に対するハマーショルドによる抵抗はよく知られているが、ハマーショルドは同様に、アメリカやフランスとも衝突することとなった。とくにシャルル・ド・ゴール大統領は、ハマーショルドによる思索と見なしたものであれば、ことごとく、そしてあからさまに拒絶するという態度をとった。

最終的には、アメリカと西側諸国は独立した国際公務という考え方を受け入れて擁護するまでに至ったものの、コンゴ動乱の間、ハマーショルドの決然たる独立性が彼らの頭痛の種となっていたことはまちがいない。たとえば、アメリカは、ハマーショルドがコンゴ情勢に対してとっていた「公平性」を好ましく思っていなかった。というのも、冷戦の利害対立のなかにあってアメリカは、ソ連が支持するルムンバ首相に反対し、西側陣営寄りのモブツ参謀総長、カタンガ州のチョンベ首相、カサブブ大統領を支持していたが、ハマーショルドにもそのように従ってもらうことを望んでいたのである。

それだけでなく、アメリカが苛立ちを覚えたもう一つの要因としては、ハマーショルドがコンゴ担当の事務総長の特別代表としてラージェーシュワル・ダヤルを重用していたことが挙げられる。ダヤルは、一九五八年のレバノンでの監視団の任務においてハマーショルドとともに見事に職務をこなした国際公務員であり、ハマーショルドは彼の性格や知性、そして外交手腕を高く買っていた。しかし、アメリカからの強力な圧力によって、ダヤルはコンゴにおける任務を辞退しなければならなくなったのである。

ハマーショルドはこのような展開に対して不満を禁じ得ず、ダヤルの辞任に対して何としても代償を支払わせるように図った。まもなく、ダヤルを手厳しく批判したアメリカ大使のティンバーレイクとイギリス大使スコットは、コンゴの首都レオポルドヴィル（現在のキンシャサ）から予定されていた任期が終了する前に引き揚げさせられることとなった。

ソ連からの国連事務局に対する非難に関して言えば、ソ連当局は独立した国際公務の概念を支持したことは一度としてなかったという事実に留意しておく必要がある。ソ連は、あくまでも事務局は政府間において設置されるものであって、国家を超える存在ではないという見解を絶えず表明していた。そのため、ソ連と東欧諸国は終身雇用契約を特徴とする事務局の職員雇用制度に反対をしていた。ハマーショルドが、七五パーセントは終身雇用契約で、二五パーセントは期限付き契約というバランスをとることにしたのは、このようなソ連の立場を考慮してのことであった。

そして、コンゴ動乱は、独立した国際公務の概念に対するソ連の疑念をさらに強める結果になったと考えられる。事実、コンゴ動乱の勃発後にフルシチョフは、アメリカ人のベテラン特派員ウォルター・リップマンに対して、「中立的な人間」の存在など信じるに及ばないとすら語っている。実際、コンゴでの国連軍の行動をめぐる論争は、国際公務の基本的な課題を浮き彫りとすることになった。かくしてフルシチョフは、ソ連が国連機構とコンゴに対する影響力を失ったことに対してあまりにも憤慨したため、独立した国際公務の概念に闘いを挑むことを決意したのであった。

ソ連は、事務総長と事務局の上級職員がアメリカと西側陣営の手先にすぎないと確信するようになっていたが、このような確信のもとでソ連は、いわゆる「コンゴ・クラブ」と呼ばれるグループの会員と構成そのものが、この見解の確固たる証拠であると受け止めたのである。

国連軍派遣のためにコンゴを訪れるハマーショルド（1960年8月14日）
写真提供：UN Photo/HP

同上。写真提供：UN Photo/HP

コンゴ・クラブというのは、ハマーショルドがコンゴの政策や政治的、軍事的、行政的な事項に関する外電や指令を交換する際に、日頃から相談をもちかける事務局の上級職員からなる少人数のグループのことである。その固定的なメンバーのなかには、ラルフ・バンチ(特別政務次官)、アンドリュー・コルディア(ハマーショルドの幹部補佐)、ヘンリー・ラブイスなどがおり、すべてアメリカ人であった。ハマーショルドとしては、これら事務局の上級職員が独立性、能力、清廉潔白さを兼ね備えた国際公務員であると信頼していたため、これほどまで多くのアメリカ人を上級顧問として起用したわけだが、これが理由で、ソ連とその他の国が事務局に西側の影響力が働いていると確信する要因になろうとは認識していなかった。

このような認識不足に対する反応として、ソ連はハマーショルドに辞任の要求を突き付け、国連事務総長のポストに取って代わって、西側諸国、社会主義国、中立または非同盟国という国際社会の構図を反映した代表からなる、いわゆるトロイカ体制に置き換えるように提案した。

ハマーショルドは、すぐにこのトロイカ体制の提案が独立した国際公務の概念に対する直接的な挑戦であるととらえ、徹底的に反対する決意を示した。彼は一寸たりとも妥協を受け入れようとせず、たとえインドのジャワハルラール・ネール首相や、その他の人々が代替案を出そうとしても受け付けることはなかったが、幸いにも、加盟国の大半がハマーショルドの考えを正しいと認識するようになっていった。そして、フルシチョフ自らの熱心なロビー活動にもかかわらず、アフリカ・アジア諸国の大半は国際公務の概念を破棄することを望まず、総会においてハマーショルドを全面的に支援したのである。

トロイカ体制の提案とコンゴ活動における国際公務員に対する批判により、ハマーショルドは国際公務の実効性について再確認が必要だと考えるようになっていた。一九六一年五月三〇日、オックスフォード大学シェルドニアン劇場にてハマーショルドは、未来の効果的な国際秩序の中枢をなすものとして、独立した国際公務の概念について彼にとって最後となる見解を展開している。このスピーチは慎重な考察に基づくものであったが、なかでもハマーショルドは、フルシチョフの「中立的な人間」は存在しないという主張に言及しながら、国際公務の概念が国際連盟から国際連合へどのように進化してきたかを概観している。

彼は、国際公務の概念に反対しているのはフルシチョフとソ連だけではなく、西側諸国といくつかの中立国もまたこの概念に賛同していないことを認識していたが、まさにそれがゆえに、この概念を否定することは国連憲章に示されている多国間外交の実現にとって命取りになると警笛を鳴らしたのである。

概念の実践の難しさ

ハマーショルドは、国際公務の概念を見事な手腕で守り通した一方で、国際公務員という責務が、多くの職員にとって実践するにはあまりに負担が重すぎるのではないかと感じはじめていた。たとえば、一九六一年四月にトロイカ体制の提案に代わる妥協案として出された内閣制度の勧告を拒否した際にハマーショルドは、「出身国政府からの影響をまったく受けていないと信じられる国際公務員は一握りにすぎない」と述べている。

ハマーショルドは、事務局の上級職員に深い信頼を寄せていた一方で、自分自身が任命した職員のなかにさえ実践面で失望させられることがあった。また彼は、機会さえあれば加盟国政府が独立した国際公務の概念をなし崩しにしようとする傾向があることを認識していた。

一九六一年の夏、友人であるボー・ベスコフはハマーショルドの心理状態の変化に気付いたが、おそらくそれは、このままではいつか加盟国政府が国際公務そのものを崩壊させてしまうのではないかという恐怖感をハマーショルドが抱くようになったことが要因であると考えていた。ハマーショルドがこれまで見たことがないほどに「疲れ果て、落ち着きをなくし、悲観的になっている」ことに気付いたベスコフが彼に対して「まだ人間を信じることができるか」と問い掛けたとき、彼は次のように答えている。

「いや、私は人間を信じることなどが可能だとは、これまでに一度たりとも考えたことがない。しかし、最近になって、邪悪な人間というものが現実に存在するということを理解するようになった。とことん邪悪な人間、ただひたすら悪意に満ちている人間が存在するということを」

しかし、独立した国際公務の概念は、最後までハマーショルドにとってもっとも重要なテーマであったと考えられる。彼は、この概念は積極的に擁護されるべきものであると固く信じていたし、バンチはこの概念を守り抜く戦士として、彼に対して大いなる敬意を払っていた。一九六一年九月八日に行われた事務局職員に対する最後の演説のなかで、国際公務に対する確固たる信念を取り戻していたハマーショルドは次のように述べている。

国連事務局が真に国際的であると見なされ、事務局の職員一人ひとりがいかなる政府への忠義も負っていないということが理解されれば、事務局は重要性と責任が増しつつある平和と安全保障を守るための手段として発展することができるであろう。しかし、もしこれとは逆の見方がなされるのであれば、もはや加盟国政府が、通常の外交手法に加えて、共通の利益を追求するための、有効で増大しつつある活動の手段として事務局を活用することはできなくなるであろう。

一九六一年半ばまでに見られた、日増しに深まるハマーショルドの悲観主義と、一九六一年九月の彼の突然の死がゆえに、ハマーショルドが独立した国際公務という強固な概念を自らの遺産として残そうと最期まで思っていたかどうかは定かではない。しかしながら、国連事務局に要求されていたものは何だったのかという問い掛けに対する答えのヒントを残すことにはなったと言えるのではないだろうか。

これまで見てきたように、ハマーショルドは国際公務の概念を守るために勇敢に闘ってきたと言える一方で、国際公務という新たな試みを、政府が自ら進んで擁護するであろうという幻想を抱くことは決してなかった。ここで確かなのは、国際公務の概念を存続させるためには、事務総長の勇気というものが一つの重要な要因となるということである。一九五三年、国連事務総長に就任した直後のスピーチのなかで、彼は次のような考えを述べている。

　国連事務総長が重圧に耐え得るのは、あの手この手の行政措置によってではない。（中略）――それは、つまるところ、その人の人間性に行き着くのである。

ダグ・ハマーショルドの後継者たち

　第三代の国連事務総長であるウ・タントがハマーショルドの後を継いだとき、自分が国際公務の概念を擁護する闘いに臨むことができるという確信が十分にあったわけではなかった。当時は、ソ連がトロイカ体制の提案を押しつけてくるのではないかという懸念が広がっていたが、幸いそれは現実とはならなかった。ウ・タントは、ハマーショルド時代に事務局の中核にいた献身的で経験豊富な顧問の多くをそのまま重用することにしたが、概して彼らは、ハマーショルドが抱いた国際公務を実現する夢と希望を引き続き支えることができたと言える。

　一方でウ・タントは、最初の改革のなかでハマーショルドが一九五四年の改革で廃止した制度を復活させ、事務次長（Under-Secretaries）のポストの代わりに「事務次長（Under-Secretaries-General）」と「事務次長補（Assistant-Secretaries-Generals）」という二種類のポストを設置することにした。しかしながら彼は、上級職員とその出身国政府との政治的な癒着は認めないというハマーショルドの決意は引き継いだのである。

　一方、第四代の国連事務総長であるクルト・ワルトハイムは、国際公務に新たな要素を盛り込んだ。これまでのほとんどの経験をオーストリア外務省で積んでいた彼は、加盟国政府との関係において、厳格な意味での独立した国際公務員の概念にはそれほど重きを置いていなかったと言える。

むしろ、ある意味でワルトハイムは、国際公務員は政治的な駆け引きを行うべきである、とすら考えていた。たとえば、それまでは国際公務員はメディアとの接触を控える風潮があったが、彼は逆にこれを奨励したのである。ワルトハイムが国際公務の概念を真剣に擁護するようになったのは、一〇年の任期のうち、最後のわずか三年間にすぎなかった。

また、第五代の国連事務総長であるハビエス・ペレス・デ・クエヤルは、事務総長に任命されるまでに二度事務局で勤務したことがあったにもかかわらず、彼自身の特別補佐による不適切な行動によって国際公務の管理体制に傷をつけてしまった。ハマーショルドによって培われた気高い国際公務に対するアプローチは狭量なものに取って代わり、職員による規定や規則の違反は絶えることがなかった。しかし、ワルトハイムと同様にデクエヤルも、二期目になってから国際公務の清廉潔白さを取り戻すために懸命に力を尽くしている。

第六代の国連事務総長であるブトロス＝ガリは、事務総長室の重要性を高めるためにありとあらゆる手を尽くしたものの、国際公務員の概念を発展させるほどの決死の努力はしなかった。しかし彼は、独立性の保持と高い能力という、国際公務における二つの重要な要素を強調した。ブトロス＝ガリ自身その資質を十分にもち合わせていたが、彼は事務局職員に対してもこの資質を保つようにと主張していた。

彼は、ハマーショルドを卓越した存在たらしめた清廉潔白さと並々ならぬ勇気という資質をハマーショルドに負けるとも劣らぬくらい発揮したが、それゆえに、彼が二期目の再選を果たすことがなかったことは決して驚くべき結果ではない。

第七代目のコフィー・アナン国連事務総長は、国際公務に対するアプローチに関して首尾一貫した立場をとることはなかった。数多くの政策声明のなかで、彼は国際公務の概念に対するコミットメントを言明している一方で、彼の人事改革の手法は、おそらく不本意ながらではあろうが、独立した国際公務の概念をむしろ弱体化させる結果を招いたと多くの人々にとらえられている。

彼は、ハマーショルドが主張していた終身雇用契約に象徴されるような雇用制度を踏襲せず、いわゆる「継続契約」として知られている方式を採用することを表明した。ハマーショルドが事務局の人事部を強化したことに対して、アナンのもとでの人事部は、職員の採用や昇進の権限のほとんどをプログラム・マネージャーに委ねてしまった。言うならば、人事部は求人情報のメッセンジャーを果たすだけの役割へと化してしまったわけである。今日、事務局職員が国際公務員という地位に失望し、悲観的になっていることが決して驚くべきことではないのはこのためである。

深まる疑念と進む政治化

今日では、国際公務の概念はリップサービスのみで語られるというコンセンサスができつつある。そんな状況のなか、国際公務の根底をなす終身契約の辞令は消滅の一途を辿っている。まるで、ハマーショルドが懸命に擁護した国際公務の概念に対して疑念を抱いていた者が、今では支配権を握るようになってしまったと言える。かつては国際公務を死守するハマーショルドの決意を支持していた西側諸国も、もはや今日では、そのような興味を失ってしまっている。

ハマーショルドのアプローチに対する懸念が聞かれるようになったのは、ずっと以前の一九六一年九月一四日からである。ハマーショルドが受け取ることのなかった手紙のなかでハマーショルドの事務局改革の際に事務次長補を辞任したフランスのギヨーム・ジョルジュ＝ピコは、「ハマーショルドは、国連の加盟国政府にとって、あまりに早く、そして先に行きすぎている」と主張しているが、これはハマーショルドの死後に国連内部でささやかれていたことでもあった。

著名なアメリカ人の国際政治学者であるハンス・J・モーゲンソーは、いみじくも「ダグ・ハマーショルドの国連は死した」と題した一九六五年三月の記事のなかでハマーショルドに対する最終的な彼の評価を述べているが、ハマーショルドが手掛けた刷新の数々を吟味して彼は、これらの刷新は「国家主権と有能な国際機構の間に生じた衝突が原因で存続することができなかった。この二つの概念は、理論上も実践上も両立し得ない」と結論づけている。残念ながら、最近の公共政策で主流となっている現実主義者たちの見解は、このモーゲンソーの考えに近いものと言える。しかし、このような見解は果たして妥当なものであろうか。

独立した国際公務員の概念を否定しようとしている人々に対して「独立した国家公務をもたない国家政府を想像できるか」と問い掛ければ、彼らは異なる見解をとることだろう。そのような政府がまったく機能しないことは、疑いの余地もないからである。そして、ヨーロッパ連合（EU）の事務局などの類似する機関もまた、当然のことながら加盟国の敬意、信頼、支持を得ることのできる公務の機能を維持したいと考えるであろう。というのも、EUもしくは大きな非政府組織（NGO）ですら、その職員が独立と清廉潔白さといった原則を順守できなければ、これらの組織の官僚機構は加盟国や会員が満足するように機能しないからである。

このように、メンバーの共通善のために尽くす独立した公務を遂行する機能をもたない国家政府やEUなどの政府間グループを想像することができないのならば、国際平和や安全保障の維持に従事する国際機構が独立した公務の機能をもたないという状況はなおさら想像できないであろう。

しかし、国際公務の雲行きを怪しくしているのは現実主義や懐疑主義だけではない。一九七〇年から開始された、国連事務総長ポストを獲得するための選挙キャンペーンの実施という嘆かわしい事態は、独立した国際公務の中核を打ち砕く、まさにボディ・ブローを加えることになった。ハマーショルドは、事務総長のポストを狙ってその座に就いたわけではなかったがゆえに、ひも付きの仕事をする必要がなかったということが大きな強みであったことは先述の通りだが、事務総長のポストのためにキャンペーンを張るということは、投票してくれた有権者に対して見返りを約束しているいうことを意味している。そうなれば、国際公務の長が本来保つべき独立性に対して初めから妥協をしなければならないということになる。

実際、国連事務総長の任命にかかわった常任理事国からの代表のうち、何名が事務局の上級職員まで昇進しているのかを調査すれば、そのような現実が明るみに出てくるかもしれない。今や、投票権をもつ安全保障理事会の加盟国の支持を得るために、国連機構内の重要な部署のポストは交渉の切り札とさえなっている。このようないかがわしい行為は国際公務を荒廃させる原因となる。

政府からの出向職員の影響

組織改革というものは、そのやり方によって組織を強化することもできれば、逆に弱体化させることもできる。一九九〇年半ば、西側諸国の政府は国連事務局に対して影響力を行使しようと躍起になっていた。なかでも、国連予算の主要な出資者として国連の官僚機構が膨張し、事務局職員の人数と報酬が過剰であると非難して、一九二〇年以来の慣行となっていた国際公務員の給与体系である「ノーブルメイヤー原則」(2)に準じて国連の専門職職員の給与を上げることを、数年間にわたって拒否するという行動に出た。その結果、専門職職員の給与は事実上凍結され、事務局は有能な職員を集めることができなくなってしまった。

そこで西側諸国の政府は、「出向職員」や「無償派遣職員」といった案を提示して、事務局に多数の出向者を送り込んだが、彼らは必ずしも独立した国際公務の概念に対する忠義をもっているわけではなかった。ある側面ではこのような合理的な措置が役立つようにも見えたが、別の側面においては、独立の国際公務の概念に対する直接的な攻撃ととらえることもできた。幸い、このプログラムについては総会において反論が出たため、事務総長はこれを段階的に廃止するように要求されることとなった。

しかし、いまだに国際公務の清廉潔白さを脅かす不適切な行為がいくつかの西側加盟国によってなされている。具体的には、西側諸国出身の国連事務局の上級職員の報酬を増やすことを目的として、「特別手当」を支払うという措置である。ブトロス＝ガリはこの措置を止めさせようと努力したが、この制度がいまだに続いていると多くの人が考えている。

(2)　世界でもっとも高水準の給与の国家公務員よりも高い給与を支給する行政人事原則。

そもそもハマーショルドは、出向職員という考えを受け入れることはまずなかった。当時、ソ連と東欧諸国からの職員を雇用する唯一の方法であったがゆえに受け入れはしたものの、彼は出向制度そのものに疑念を抱いていたのである。さらに、この出向職員の考えは、イラクとの長引く対立の間に国連の公平性を侵食するものであることが明らかになった。

一九九一年五月から一九九八年一二月にイラクの査察活動を実施した国連イラク特別委員会（UNSCOM）は、主に出向職員から構成されていた。そのためイラク職員は、この出向職員はアメリカ中央情報局（CIA）とMI6のスパイであると繰り返し非難し続けていたが、あとになってから、この出向職員のなかにアメリカとイギリスのスパイが実際に含まれていたことが分かったのである。このことによって、UNSCOMによるきわめて優れた査察の成果は、その査察員がスパイであったという非難によってその信憑性が疑われる結果となってしまった。[3]

このような経緯から、安全保障理事会が9・11後に兵器査察プログラムを再開することを決定したとき、国連に忠義を尽くす国際公務員のみを採用することが広く受け入れられることとなった。委員長のハンス・ブリックスの卓越したリーダーシップのもと、国連監視検証査察委員会（UNMOVIC）はその独立性がゆえに国際的な敬意と信頼を幅広く勝ちとったが、もっとも重要な点として挙げられるのは、イラクの戦争と平和に関する重要事項がUNMOVICの手に託されたことであった。その結果、安全保障理事会は、UNMOVICがイラクの大量破壊兵器の保持を表明したときにのみイラクでの武力行使の承認を行い、逆にUNMOVICがそのような断定を差し控えたときには武力行使に踏み切るということを拒否することにしたのである。

このようなUNMOVICの役割は、ハマーショルドがオックスフォード大学でのスピーチで鳴らした警笛が正しかったことを裏づけるものである。このスピーチのなかでハマーショルドは、国連職員が道徳や倫理の問題では中立を保つことができなくても、職務の遂行にあたっては常に客観的で公平でなければならないと強調している。さらに彼は、国際公務の役割をより大きな文脈に位置づけている。それがゆえに、われわれはハマーショルドがこのスピーチで述べた次の言葉に対して、危険を冒してでも「否」と唱えなくてはならないであろう。

このような見解から、この講演で説明してきたような原則に従う国際的な事務局から、政府間の事務局へと移行しなければならないであろうという結論が導き出されてしまっている。そして、政府間の事務局職員は、政府にとって不都合と見なされる国際主義の方向性に沿った活動を行うことはないであろうということは明らかである。

このように、無抵抗に国家主義を受け入れてしまう態度は、国際公務に象徴される国際主義の方向性（これが緊張を生み出す原因と考えられてしまったのは、いささか驚くべきことであったが）に向かうこれまでの努力を放棄することを意味している。そうなると、加盟国間の合意さえあれば、第一次世界大戦後に創立され、第二次世界大戦の悲劇を教訓としてさらに発展

（3）イギリス情報局秘密情報部（SIS）のこと。「軍情報部第六課（MI6）」はその旧称だが、いまだこの名称で呼ばれることがある。

した国際協力体制に対して屈辱的な妥協を導くことになるであろう。国際的な協力体制を築く基礎となる原則を破棄もしくは妥協することは、国家の権利に関する原則に対して妥協するのと同様に危険な行為と言える。いずれの場合にせよ、支払わなければならない代償は「平和」ということになる。

第11章 ピースキーパー

ジャン・マリー・ゲーノ

あす、私たちは向き合うだろう、
死と私とは。
死は、はっきり目覚めている男に
剣を突き刺すであろう。

ダグ・ハマーショルド『道しるべ』（訳：『道しるべ』二四ページ）

ハマーショルドは、『道しるべ』のなかで自らの内なる精神を赤裸々に綴っている。そのなかで「もっとも長い旅は、内面へ向かっての旅である」と彼は書いているが、死、孤独、希望、信念、公務への義務感など、人がむしろ顔をそむけたくなる事柄についての内省までを多く記している。おそらく、この内面へ向かう旅の核心にあるものは、「この孤独感が生きるに値する何か、そして命を投げ打っても惜しくないほどに偉大な何かを見いだすことにおまえを駆り立ててくれるように祈れ」という『道しるべ』に記された祈りの言葉に表されているだろう。

ハマーショルドにとって、世界平和の維持こそが、この「生きるに値する何か」をなす重要な一部であった。彼は、国連が果たすことのできる役割には二通りの可能性があると考えていたが、自分がこれだと信じるほうに全身全霊を注いだのである。そして、それこそが世界平和の維持であったわけだが、彼の最後の旅はこのことを身をもって示す結果となってしまった。

まず、彼が選択することを拒んだ国連が果たし得る最初の役割とは、「利害やイデオロギーの衝突を解決する静的な会議体であり、加盟国間の利害とイデオロギーの相違をそのまま反映させた（中略）と考えられる事務局がそれに仕える」というものであった。この最初の役割の変形とも言えるのが（彼はこれも拒否したのだが）、国連は純粋に仮想規範的な機関であるという考えで、事務総長は国連憲章の原則を具体化するものの、日常の政治論争には携わることのない超越した存在であるというものである。

彼は、事務総長が「宗教をもたない教皇」としてとらえられることに対してことさら嫌悪感を抱き、「われわれはバチカンではないし、共和国でもない。われわれは、世界の外にいるのではなく、まさに世界の中に存在するのである」と述べている。

そして、国連が果たし得る二つ目の役割、つまりハマーショルドが「命を投げ打っても惜しくないほどに偉大な何か」と信じた役割とは、国連が「ダイナミックな政府間の手段であるというものである。それを通して政府は和解を試みることができるが、同時にそれを通して執行行為といった機能の展開をも試みることができる。この執行行為は、客観的な精神によって国連憲章の原則と目標に沿って実施されるもので、すべての加盟国に代わって行われ、衝突の機先を制するもしくは解決することを目的としたものである」。

彼を死へと連れ去ることになった一九六一年九月一七日の夜間飛行は、まさにそのような「執行行為」すなわち「国連コンゴ活動（ＯＮＵＣ）」の一環であった。彼が降り立とうとしていた現場では、国連軍がカタンガ州の分離を支持するヨーロッパ人を主とする傭兵との戦闘に従事していたが、これは彼にとっては大きな悩みの種となっていた。

もし、彼が生きていたならば、彼の目指す先で停戦を調停するために自称カタンガ大統領モイーズ・チョンベとの会談が行われたはずであった。しかし、彼の死後も国連コンゴ活動は継続され、傭兵を打ち破り、ベルギー軍の撤退を監督し、コンゴの国家分裂を食い止め、独立して歩みはじめたばかりの国家をめぐって列強間の衝突が起きる危険性を抑え込むことに成功している。

ハマーショルドは、彼を世界の有名人たらしめた積極的な行動主義を主張しただけでなく、武力衝突を最小限にとどめるためのまったく新しい特有の手段を平和維持活動のなかで発展させたと言える。この手段は彼の国連の任期中に時間をかけて醸成されたものだが、長年にわたって国連によって断続的にしか利用されてこなかった。しかし、この概念は成長を続け、今日では国連の枠を超えて広がりを見せている。

たとえば、北大西洋条約機構（ＮＡＴＯ）とヨーロッパ連合（ＥＵ）が安全保障の活動の主要な一部として平和維持活動を実施するようになったほか、アフリカ連合もまた平和維持活動を展開する能力を有するようになっただけでなく、今後飛躍的に拡大させようともしている。そのほかの国際機関もまた、平和維持活動に積極的な姿勢を見せている。

ハマーショルドの最初のミッション[1]から五〇年経った今、平和維持活動は成長の一途を辿っており、二〇〇四年時点では世界一七か所で国連平和維持活動が展開されているし、約七万五〇〇〇人の職員が従事している。今日までこのような成長を続けることができたのも、平和維持活動が有効に機能してきたからであり、さらに言えば、平和維持活動の創始者が堅実な基礎のもとにこの制度を開始したがゆえである。

実際、平和維持活動は世界全体の内紛から生じる費用を制限する手段であるという評価がなされているだけでなく、世界全体で行われている戦闘によって生じる死者数が近年急速に減少した主要な要因ともなっている。エルサルバトルからモザンビークまでの数千万人にも上る人々が戦争の脅威から解放された生活を営むことができるのも、国際的な平和維持軍の活動が大きな役割を果たしているからである。

とはいうものの、平和維持活動には議論の余地が残されているというも事実である。平和維持活動が開始された直後、フルシチョフがハマーショルドの辞任を要求したが、それ以来、今日に至るまで平和維持活動はあらゆる国際的な活動のなかでもっとも注目を集め、もっとも批判にさらされ続けてきた。事実、ハマーショルドが命を落としたコンゴ活動ですらいまだにその有効性を疑問視する声がある。

この活動で国連が負った人命コスト、紛争処理をめぐって生じた国連加盟国同士の分裂、国連の監視のもとでのアフリカ人指導者パトリス・ルムンバの殺害など、国連は平和維持に対して大きな代償を支払ってきたし、これからも払い続けることになるであろう。

それだけでなく、平和維持活動に寄せられる多大な期待が十分に満たされることはごく稀で、このことは国連と国連軍の受け入れ国の双方に代償が求められることを意味している。事実、「コンゴの領土的統一を維持する」国連の活動そのものは成功であったが、統一されたコンゴはモブツ大統領によって私物化され、汚職にまみれ、独裁的で腐敗していた。このような結果は、国連のせいではないにせよ、国連平和維持活動の評価に不利に働く要因の一つになる。

ハマーショルドの最初の活動以来、多くの平和維持活動が成功してきたわけだが、その一方で平和維持活動は以下の三つの主要な問題に直面していると考えられ、そのどれもが、今日でもなお長期的な意味での平和維持活動の実行性を脅かしている。

❶平和維持活動はリスクを伴うものであり、時には失敗することもあり得るということである。そして、これらの失敗は成功よりもはるかに目立つもので、活動全体に対する政治的な損害をもたらす危険性がある。

❷平和維持活動は、国連の加盟国政府の近視眼的な利害との衝突を生むことがあるという問題。

❸国際的に広い支持を得られた場合には平和維持活動の大きな強みとなるが、逆に強固な軍事活動を支える団結力を保つことができない場合は、かえって大きな弱点となってしまうという問題。

ハマーショルドはこれらのリスクをしっかりと把握し、細心の注意を払って実行にあたったと言える。

（1）一九五六年一一月～一九五七年六月の第一次国連緊急軍（UNEF Ⅰ）。スエズ運河地帯の停戦と英・仏・イスラエル軍の撤退監視とイスラエルとエジプト両軍の衝突防止に従事した。

国連平和維持活動が生まれる基盤となった「執行行動主義」というビジョンは、初めはゆっくりと発展したが、ハマーショルドの死から一〇年ほどさかのぼった間に四つの発展段階を経ていると考えられる。最初の段階は、独立した国際公務の創出であり、第二段階は、事務総長による調停活動であった。そして第三段階は、国際的な平和と安全保障の推進を探求する事務総長の役割の発展であり、これは予防外交として知られるものであったり、国連の影響力の確立を通して発展したものであった。最後の四つ目の段階は、もっとも高次元のものであるが、事務総長による行動主義が平和維持活動そのものとして現れるという段階である。

事務局の独立性と事務総長による調停

ハマーショルドは、国連事務総長としての最初の二年間、多くの時間を事務局の運営に法的および行政的な秩序をもたらすことに割いたが、この最初の数年間に、のちに発展を遂げることになる行動主義の発端となるある疑問にぶつかった。つまり、国連事務局は、真に独立した国際公務によって支えられるべきものなのか、それとも事務総長と事務局は基本的にはそれらを創設した国家政府の創造物のままであるべきなのか、という疑問である。

彼が国連に就任したとき、国連事務局のあり方に関しては二つの異なる見解の間で論争が展開されていた。一つ目の見解は、ソ連によって擁護されていたもので、事務局の職員は国家の代表として行動し、主たる忠誠心を自身の出身国政府に対してもつべきであるという考え方である。しかし、大多数の人々がもう一つの見解、つまり「事務総長および職員はその任務の遂行にあたり、いかなる政府からも、またはこの機構外のいかなる他の当局からも指示を求めたり受けてはならない」という国連憲章の文言に示されている独立した国際公務の見解に賛同していたのである。

ところが、これら二つの見解のバランスはマッカーシズム[2]の到来によって変化することになった。一九五二年の終わりにアメリカ連邦大陪審[3]は、「きわめて多くの不忠なアメリカ市民の集団が国連に潜入している」と表明したのである。そこでハマーショルドは、事務局の独立性を主張しようと懸命に働き掛け、結果的にはその主張は広く受け入れられることとなった。

当初、ハマーショルドが独立した国際公務を擁護したのは確信に基づく手段としてではなく、むしろ直感的なものであるととらえられていた。つまり、彼の出身であるスウェーデンにおける政治とのつながりをもたない公務という伝統から来るものであろうと考えられていた。しかし、時間が経つにつれて彼は、この独立性というものこそが、国連の果たすべき役割の中核を成すものである

(2)　一九五〇年初頭の冷戦のさなかにアメリカのジョセフ・マッカーシー上院議員によって展開された大々的な反共運動。中国やソ連などの共産主義国に対する脅威が増すなか、アメリカにおいて軍隊、マスコミ、省庁、大学までに告発対象を拡大して「赤狩り」が行われた。しかし、事実の歪曲、偽証、密告の強要などあまりにも強引な手法が反感を招き、マッカーシー議員に対する事実上の不信任が可決し、終焉に向かった。二四九ページ参照。

(3)　一般市民から選ばれた陪審員で構成され、連邦法違反の犯罪を起訴するか不起訴にするかを決定する。現在は主にアメリカにおいてのみ採用されており、権力分立の仕組みの一貫として検察官によってのみ起訴がなされるのを防ぐという意図をもつ。

と理解しはじめたのである。

行動主義を目指すハマーショルドの次へのステップとなったのは、事務総長自らの調停活動であった。朝鮮戦争休戦後に勃発した米中関係の危機は、ハマーショルドに、世界の表舞台で事務総長の独立した役割を切り開く最初のチャンスをもたらすこととなった。この危機の直接の原因は、北朝鮮と中国の国境沿いで任務中に撃ち落とされて捕虜となったアメリカ空軍兵士の処遇に関する論争であった。米中両国は、それまでの経緯から効果的な交渉をするにはきわめて困難な状態にあったが、ハマーショルドは両国間の調停を成功に導いたのである。一九五五年一月の周恩来首相との直接会談を経て、八月初旬には一一人のアメリカ空軍の兵士が解放された。このとき、中国とアメリカの両国からハマーショルドのもとに感謝のメッセージが寄せられている（第3章参照）。

ハマーショルドはこの中国での調停の成功により、初めて真に国際的な人物として公に認められる存在となった。そしてまた、この成功によって、国連事務総長の職務の性質が概して単なる受動的な行政手段から積極的で部分的ではあるものの独立的なものへと移行していった。しかしながら、このような移行を全世界が歓迎したわけではなかったことも事実である。ハマーショルドは、一九六〇年、フランスのド・ゴール大統領がアメリカに滞在している間に国連を訪問してもらうように招待状を出したが、それに対して次のような返答を受け取っている(4)。

国連事務総長殿
貴殿の手紙を受け取りました。ニューヨークへの訪問中に国連を訪問するつもりはないということを申し上げます。さらに言えば、私の知るかぎり、ニューヨークを訪問しているときに国連は会期中ではないはずです。そんなときに、どうしてお伺いすることができましょうか。

予防外交と平和維持活動

国連が現地の情勢の安定化を図るために活動を行うという考えは、そもそも中東における危機から継承されたものであり、ハマーショルドが就任する以前から存在していた。このような国連の活動は、同じくスウェーデン人のフォルケ・ベルナドッテとアメリカ人のラルフ・バンチによるパレスチナとイスラエルにおける活動の成果として生まれたものであった。

このような初期の活動は、非武装兵士による監視員を国から派遣し、停戦協定の監視を行ったうえで双方に対して報告を行うという方策を生み出した。この方策は、きわめて単純な考えに基づいていた。つまり、もし双方とも相手方が攻撃を終了させて武器を引き揚げ、ある地点からは軍備を控えるといった義務を確実に順守していることが確認できれば、双方とも自らの義務を確信もって履行できるであろうという考えである。

一九四八年六月に設立された国連休戦監視機構（ＵＮＴＳＯ）[5]は、この考えの可能性と限界の両方を明るみに出すこととなった。ＵＮＴＳＯは交戦国双方に軍事撤退の真の意思が存在し、かつ指

（4）当時、ハマーショルドがコンゴ動乱において中立の立場を固持していたために、ド・ゴール大統領は不満を募らせていた。

揮統制が機能している場合には武装解除を促進することができた一方で、双方に停戦の意思が欠如しており、武装集団が通常の指揮系統の管轄外にある場合には武力衝突へと再び戻ってしまうことを防げなかったのである。

その後、ハマーショルドの手によって予防外交と国連の影響力の行使という概念は積極的に広げられていったが、この動きは、一九五八年の「国連レバノン監視団（UNOGIL）」の創設とその任務の成功をもって頂点に達したと言える。このとき国連が直面した課題は、次の三つの条件を同時に解決する方法を見つけ出すことであった。

❶シリアから兵士や武器の流入を食い止めることで、キリスト教徒で西側諸国寄りのカミール・シャムーン大統領が率いる政府が納得できるものであること。

❷ガマール・アブドゥン＝ナーセル大統領が率いているエジプトが、レバノンで起きている変革に干渉しないようにすること。

❸アメリカ軍の軍事介入に先行すること。

双方の連携のもとでの軍隊の撤退を促すための外部権力による「斡旋（Good offfices）」やシャトル外交、国連で公開報告を行う兵器査察団や国境監視団の派遣、緊張地域において中立的な監視団が行う信頼醸成のためのパトロールなどといった手法は、その後進化して磨きがかけられ、やがて紛争予防の標準的な手段までになった。

しかし、このような予防外交の活動と並行して、ハマーショルドの行動主義の前には、はるかに大きな挑戦が待ち構えていた。それは、一九五六年のスエズ危機の余波のなか、国連が即座に対応を迫られることとなった任務であった。

具体的には、イギリス、フランス、イスラエルの侵入軍が代わって入ってくるエジプト軍と接触することなく撤退するための措置を遂行することであったが、この措置の実施過程において数多くの関連任務が発生することとなった。そのなかには、エジプトとイスラエル両国の国境の新たな線引き、ティラン海峡の自由通航を妨害する可能性のあるエジプト側の大砲の監視、ガザ地区の管理、侵入軍が接近してきた際にエジプトによって沈められた二九隻の船をスエズ運河から引き揚げる作業、スエズ運河通航に関する新たな国際的レジームの確立などが含まれていた。

これらのどれか一つの任務でも失敗することがあれば、侵入軍が撤退を引き延ばして、運河再開の道が断たれる、ひいては再び衝突の引き金を引くという事態に発展する恐れがあった。そこで、武装解除や事後経過の措置において国連が主要な執行役を担うべきであるという考えを最初に発案したのは、カナダ外相のレスター・ピアソンであった。彼は国連事務総長に、「政治的な安定を取り戻すまで、国境を平和に保つのに十分な規模となる国連軍（真に国際的な平和警察軍）を編成するために加盟国との調整に入る」権限を与えることを提案したのである。

（5）安全保障理事会によって創設された、アラブ・イスラエル戦争の停止を任務とする史上初の国連平和維持活動。UNTSOの軍事監視団は停戦および休戦協定履行の監督と偶発事件の拡大防止のために当地域に滞在し、その後に実施される平和維持活動の支援を行う。その活動は、現在まで続けられている。

当初、ハマーショルドはこの考えに懐疑的であり、次のように書いている。

　われわれが主に懸念しているのは、兵士の調達先となる国は特殊な条件によって選定されることになるであろうが、そのような条件を満たす軍隊が適切な時間内に編成することが果たして可能なのかということである。むろん、私個人として楽観的になれないことが、このことを模索しない言い訳になるわけではないのだが。

　そして、このような軍隊をわずか二〜三日で配備しなければならないことが明らかになると、彼のこの疑念がさらに増大したことは想像に難くない。

　しかし、いざ国連総会から四八時間以内に提案を提出するようにという指令を受けたとき、ハマーショルドはこのあと、数十年間にわたって平和維持活動の指針となる原則の数々を自らの手で練り上げていったのである。

　その原則のなかには、唯一国連の指令のもとでのみ軍隊は活動できること、軍隊は常任理事国もしくは該当する国家や紛争に近接している、もしくは関係の深い国家からの構成員を含んではならないこと、軍隊は公平性を保たなければならないこと、受け入れ国の内政干渉をしてはならないこと、そして自己防衛の目的のみに武力の使用を認めるといったことなどが含まれている。

　このときに設立された国連緊急軍（ＵＮＥＦ）に対する反応は予想を上回り、二三か国もの政府が軍隊の提供を申し出たが、そのなかから八か国が選ばれた。ラルフ・バンチは、「これは歴史上

国連総会の前に打ち合わせを行うハマーショルド（左）とレスター・ピアソン（右）（1956年11月12日）　写真提供：UN Photo

スエズ運河の沈没船の引き揚げ作業を視察するハマーショルド（左）とラルフ・バンチ（右から２人目）（1957年３月25日）　写真提供：UN Photo/M

でもっとも人気が高い軍隊、誰もが競って加わることを希望した軍隊であった」と記している。

一一月の終わりまでに、四一〇〇人の人員からなる大軍隊が配備された。そして、英仏軍の最後の部隊が一二月に撤退するとイスラエル軍がそれに続いて退去し、三月に国連艦隊によってスエズ運河は解放され、四月には国際通航が再開したのである。

ハマーショルドと国連は大勝利を収めることができたわけだが、その一方でUNEFは、このあと数十年にわたって平和維持活動につきまとうことになる課題も露呈した。そこには、ハマーショルドが呼ぶところの安全保障理事会と総会決議の「都合のよいあいまいさ」が存在していた。そして、そのあいまいさは外交レベルでの合意の道を切り開く妥協策とはなったものの、現地においては混乱と摩擦を生み出す原因となり、さまざまな関係者の間で期待が誇張されたり、利害が対立したりする事態を生み出した。

また、どのくらいの規模の軍隊をどのような場合に配備するのかといった基本原則は、本格的には明確にされることはなかったと言える。それだけでなく、指揮統制に関する課題も浮き彫りとなったうえに、派兵に協力した国家のコミットメントの度合いにばらつきが多くて不安定なものであった。さらには、活動の成果を測る指標や国連軍の撤退のタイミングを決める基準が明確に示されることもなかった。

言ってみれば、瞬く間の成功によって、これらの課題の多くが背後に押しやられてしまったのである。そして、これらの課題に直面しなければならなくなったのがコンゴでの苦闘においてであった。

コンゴでの活動が問い掛けるもの

当時、平和維持活動の前に立ちはだかった主な課題のすべてがコンゴでの国連の任務において浮き彫りとなったわけだが、これらの課題の多くは今日に至るまで続いている。

一九六〇年のコンゴでの活動シナリオは規模としては異例であったが、基本的な力学という点では決して特殊なものではなかったと言える。それは、植民地支配体制の崩壊後の混乱、植民地宗主国による長期的な準備の欠如、長引く旧体制の存在、現地での権力闘争、国家の強固なアイデンティティや伝統の欠如、政治制度の欠如と経験のある現地行政官の不足、天然資源の獲得を狙う国々、列強国の干渉の脅威などであったが、このような要因は植民地時代が幕を閉じた直後のアフリカの各地で多く見られた現象であった。つまり、アフリカ大陸の大部分は、植民地支配から一夜にして紛争と無政府状態への移行を余儀なくされてしまっていたのである。

同様に、当時は斬新に見えた国際社会の対応の基本的なパターンもおなじみのものとなっていった。植民地列強国は帝国主義時代が終焉を迎えつつあることを認識しながらも、その後に来る体制の支配権を得ようと様子をうかがっていた。列強諸国は互いの動きを虎視眈々と見張っていたが、それは自国の直接的な野心からというよりは、むしろ相手国がどう出るかに関心があったのである。より広範囲となった国家共同体がより広範囲での戦争が起きる可能性を懸念して、「何かしらの対策」を講じなければならないとは感じていたものの、国連もその他の機関も、各国が簡単に合意できる「何かしらの対策」を見つけ出すことができないままでいた。

その結果として行き着いたのが「国連コンゴ活動（ONUC）」であった。ONUCの主な任務はきわめて明白であり、ベルギー軍隊を確実に撤退させること、公共の秩序と政府の崩壊を防止すること、コンゴの領土的統一と主権を維持すること、そしていかなる外国からの介入にも先行することであった。ところが、この目標をいかにしてONUCが遂行するのかという点については明確に定義されなかったため、平和維持活動は国際外交上の「都合のよいあいまいさ」のうえに展開される事態となり、今日に至るまで主要な課題としてつきまとうことになった。

誰が国連の活動に軍隊を提供するのか？　どのように国連軍はコンゴに入るのか？　どのように国連軍を維持し、誰がその費用を支払うのか？　どのように国連軍を統制するのか？　国連軍の役割は何か？　武器の使用は認められるのか、認められるならばどのような場合か？　武器の使用が認められないのであれば、なぜ国連軍はそこにいる意味があるのか？　派遣された国にさまざまな軍事勢力が圧倒的多数の兵力をもって存在していた場合、劣勢な状況にある国連軍はどうしたら武力衝突に巻き込まれることから回避できるのか？　国連軍と国家主権とはどのような関係にあるべきなのか？　もし、国内で主権争いが起きている場合には国連軍はどちら側につくべきなのか？

こうした疑問に対してハマーショルドは原則ともなるべきいくつかの要点を示しており、それらの原則は、時間を経た現在も、その多くが変わることなくそのまま残されている。

平和維持軍は自己防衛の目的以外では決して武器を使用してはならないし、内紛の当事者となるような行為も慎まなければならなかった。コンゴ政府からの要請に応じて、コンゴ領域内においてコンゴ政府を支援したが、それはベルギーによる介入とあわさって、国際平和の脅威となっていた法と秩序の欠如を回復し維持するためであった。

ハマーショルドがこのような見解を原則として打ち出したことによって、さまざまな場面でコンゴ活動にかかわる多くの主要な関係者の逆鱗に触れることになった。とくにベルギーや安全保障理事国は激怒したが、なかでもニキータ・フルシチョフがハマーショルドの辞任を求めて叫んだ場面は国連の歴史のなかでも比類ない出来事となった（第4章参照）。それだけでなく、ハマーショルドは軍隊を提供したほとんどの主要国とも不仲となり、なかには自国の軍隊にハマーショルドの指示には協力しないようにと命令を出した国もあれば、軍隊をすべて引き揚げるように命令を出した国もあった。そしてハマーショルドは、とうとう一〇〇名以上の国連職員とともに自分自身の命をも失ってしまったのである。

半世紀近くにわたる平和維持活動の経験を踏まえて、われわれはこの原則とそこから生じる決定をどのようにとらえるべきなのだろうか。われわれは、どのようにハマーショルドの平和維持活動の遺産を考えるべきなのであろうか。

ダグ・ハマーショルドの遺産

まずわれわれは、ハマーショルドの活動をその成果によって評価する必要があろう。スエズ危機における国連緊急軍に対する評価に関しては疑いの余地はあるまい。あいまいで厳格さに欠ける目的のもとに展開された活動ではあったものの、紛争処理の歴史においては高得点を記録した活動の一つという位置づけは今日でも変わることはないし、それに対する異論はまず聞かれることはないであろう。しかし、ある意味で国際的な平和維持活動の抱える、より一般的な問題を表すことになった国連コンゴ活動（ＯＮＵＣ）はどうであっただろうか。

悪用され、恨まれ、屈辱を受け、笑いものになりながら、それでもコンゴの任務は成功に終わったと言えるのではないだろうか。そして、ハマーショルドの知性と意志の力（それは、世界でもっとも権力のある人々に対してさえ立ち向かう決意でもあった）が、その成功に大きな貢献を果たしたということができる。彼は、ある危機に直面した際に次のように述べている。

> 私は（国連事務総長の）職務を妥協の成り行きに任せるのではなく、むしろ、独立性、公平性、客観性の原則に厳格に従うことで展開してゆくものであると考えている。

もし、彼の意志がそれほど強いものではなく、コンゴでの試みがほとんど誰もが（しばしば面白がって）予言したように失敗に帰していたとするならば、おそらくその時点で平和維持活動の歴史は幕を閉じていたであろう。そして、この一〇年間で世界全体の紛争による死亡者数の約九〇パーセントを削減するという重要な役割を果たしてきた平和維持活動による介入は決して再起することはなかったであろう。そう考えるのであれば、ハマーショルドの遺産には平和維持活動によって救われた人命の数も勘定に入れなければならない。

ハマーショルドの第二の遺産はより微妙なものであろう。彼は自分の行動主義を当時の政治状況がつくり出したものであると考えていたが、その政治状況はプラスとマイナスの両側面をもっていたと言える。振り返ってみると、プラスな側面としては、彼が「中堅国家（middle powers）」と呼んだ中小国からのコミットメントと善意という確固たる支援が存在していたということである。真に独立した国際公務を確立しようとする努力のなかで経験したように、強大国の二極化によって戦略的に行動する余地は制限されていたことはまちがいない。しかし、その一方で、フルシチョフやド・ゴールによって攻撃されたときですら、ハマーショルドはインドのネール首相や出身国のスウェーデン政府はもちろんのこと、チュニジアからタイに至るまでの国家元首からも真の支持を得ていたし、これらの国家政府は政治上や修辞上の支持だけでなく軍隊や軍需品の準備までしたのである。

このような中堅国の支持は冷戦の基本構造を変えるまでには至らなかったが、ハマーショルドに好機を与えたことだけは確かである。具体的には、スエズ運河での活動において、世界の脅威に発展する恐れのあった武力衝突から列強国を撤退させるという任務を助けるだけでなく、コンゴでの活動においても内紛から列強国間の対立を切り離すという任務に貢献することになった。

今日、「中堅国家」は概して自らの地域内で機構を設立することを目指しているのが現状であり、中堅国家はそのような地域機構に対して政治的な資本投下をしなくてはならない状況にある。しかし、この状況は多くの場合、より広範の地球規模のコミットメントへの犠牲を強いる結果となっていることが明らかである。つまり、この傾向はいくら多くの面でプラスの効果があったとしても、

ハマーショルドの最後のミッションとなるコンゴ訪問（1961年9月13日）　写真提供：UN Photo/BZ

コンゴ首相アドゥラ（右）と言葉を交わすハマーショルド（1961年9月15日）　写真提供：UN Photo/BZ

国連という世界機構だけでなく、世界そのものにとっての代償をある程度は支払わなくてはならないことを意味している。

このことを平和維持活動に当てはめて考えると、もっとも多くの資源を有する地域が平和維持活動のために大規模な軍隊と資源を投入できる一方で、もっとも貧しい地域、すなわちもっとも紛争の絶えない地域はもっとも脆弱な平和維持活動しか展開できないということになる。たとえば、ヨーロッパによるコソボへの平和維持活動、人道的援助、経済再建に対する一人当たりの投資額は、事態がはるかに深刻なコンゴへの一人当たりの投資額の一〇〇倍以上も多いのである。

しかし、現代の人々が、ハマーショルドが「中堅国家」からの異例なほどの支持を得たことを羨むべきかどうかということになると、そうでもないと言える。というのも、ほぼ半世紀の間にそのほかの政治状況の大部分はよい方向へと変化してきていると言えるからである。

ハマーショルドは、平和維持軍の展開方法について政府間の基本合意がまとまらないなかで、彼が言うところの「ほとんど形而上学的なまでに微妙な」調整にあたることを強いられたが、今日ではこの状況は変わったのである。

もはや安全保障常任理事国を平和維持活動から排除する必要はないし、平和維持軍が使用できる軍事行為を以前のように厳しく限定する必要もなくなったのである。もちろん、国連は戦闘行為を行うことができないし、今後も行うべきでないという現実的な理由は存在するが、スレブレニツァやルワンダのような恐怖に対してより有効に対処するために平和維持活動の原則を発展させるべきであるという主張に反対する理由はない。

現在、このような発展はすでにある程度現実のものとなっている。行動主義を実践する機会は徐々に増えつつあり、国連改革を進めるラクダール・ブラヒミが「強靭な平和維持（robust peacekeeping）」の原則と呼ぶものへと進展した。この新たな原則は東ティモールや、最近ではシエラレオネ[6]などで国連に成功をもたらしたが、その中心的な概念は、平和維持軍に訓練を受けさせたうえで武装させ、平和的な解決を妨げる可能性のある「妨害者（Spoiler）」を抑止させるというものである。

　これに関連しているのが、純粋な軍事活動と、選挙や政権移行、法の支配のためのプログラム、武装解除、解散した軍隊に所属していた軍人の社会復帰などといった紛争後の情勢安定化を支援するために必要となる活動を一本化して平和維持活動を展開することである。まさにこのような「強靭な」アプローチは、ＮＡＴＯのバルカン諸国での成功、イギリスのシエラレオネでの成功、規模は小さいものの、フランスとＥＵのコンゴ北東部での成功を支える基盤になったと言える。

　このような行動主義こそ、当時ハマーショルドが実践することは可能でありながらも完全には擁護することができなかったものだが、もし彼が今日まで生きていたならば、このような展開をまちがいなく喜んだであろう。

（6）　西アフリカの西部に位置するシエラレオネ共和国のこと。奴隷制から解放された黒人が入植した地で、一八〇八年にイギリスの植民地となり一九六一年に独立した。一九九一年から二〇〇二年までの間、反政府勢力、革命統一戦線（ＲＵＦ）が政府軍と交戦し、さらにダイアモンドの鉱山の支配権をめぐって大規模な内戦に発展した。一九九八年に国際連合平和維持活動の国連シエラレオネ監視団（ＵＮＯＭＳＩＬ）が設立されて平和構築にあたるが、これを拡大した包括的な平和維持活動を行う国連シエラレオネ派遣団（ＵＮＡＭＳＩＬ）が設立・派遣され、和平合意の遂行、武装解除、停戦監視、国連要員の安全確保、各勢力の信頼醸成、人道支援、民主的な選挙の支援などにあたり、二〇〇五年に任務を完了して撤退した。

第12章 国際的リーダーシップとカリスマ

ドロシー・V・ジョーンズ

われわれはまだ、「国際共存のための国際的なシステム」から「国際協力のための立政憲的なシステム」へ向かう過渡期にいる。

（ダグ・ハマーショルド　一九六〇年）

ハマーショルドは、国連事務総長の任期中に国際的なリーダーの役割といったものを発明した人物である。しかし、その役割は意識的につくり上げられたものではなく、むしろ当時の時代背景とハマーショルドという人物が織りなした偶然のたまものと言ったほうがいいかもしれない。つまり、ソ連の指導者であったヨシフ・スターリンの死によって、以前よりは国際的なイニシアティブがとりやすい時代となったわけだが、この状況をハマーショルドはうまく利用することができたわけである。

しかし、これは決して自己顕示欲といった動機からなされたものではなかった。むしろ、ハマーショルドは世間の注目を集めることはまったく望んでいなかったと言える。事実、記者会見で国際交渉における彼の役割についてばかり質問をしてくる記者たちに対して、ハマーショルドは次のように述べている。

あなた方は、私の舞台俳優としての可能性のほうに興味があるようなので、私はいささか当惑している。舞台の上に立つことは、まったくもって私の望むところではないことを申し上げておこう。

とはいえ、ハマーショルドは自らの強烈な個性から必然的に生じる事態を避けて通ることはできなかった。その強烈さがゆえに、彼は事務総長の任期中に舞台の中心に据えられることとなり、死後もなお、幾年にもわたって彼にまつわる記憶は舞台上に留まることになった。今日においても、人々が国際的な危機に直面した際に導きを求めて振り返るのは、ハマーショルドの言葉であり行動なのである。

その意味でいえば、彼は実際に国際的なリーダーシップの真のモデルになったと言える。このモデルが状況の異なる二一世紀の今日においても役立つのかどうか、もしそうであれば、いかに役立つのかを本章で模索してゆきたい。

比類なきカリスマの持ち主

「ハマーショルドは、国連事務総長の任期中に国際的なリーダーの役割といったものを発明した人物である」と述べた冒頭の言葉は、少し抽象的な表現に聞こえるかもしれない。一見すると、「発明する」という言葉は、政治や政府の分野よりも技術の分野で使用するほうが適切なように感じられるが、もし発明の意味を想像力、思考力、思考錯誤を通して何かを創造することであるととらえるのであれば、この言葉こそが、ハマーショルドの任期中の功績を言い表すのにふさわしいものとなるということがお分かりいただけるであろう。

果たして、ハマーショルド以前にほかの誰を「国際的なリーダー」と呼ぶことができたであろうか？　たとえば、ウィンストン・チャーチルやフランクリン・ルーズベルトは国際的にも名声を勝ち得た人物ではあるが、彼らは国家的なリーダーとしての役割に限定されていた。彼らが国内の支持基盤に支えられていたことは政治的な正統性の根拠となったが、逆に言えば、国際社会の全体を代表してイニシアティブを取ることを著しく制限することにもなっていた。このことは、国際的なリーダーになるためには国際的な支持基盤をもたなければならないということを意味する。

それでは、国際連合の前身である国際連盟の場合はどうであっただろうか。国際連盟とその関連機関は、現代史上初めて国際的な問題と紛争に関する議題と、その解決のための継続的で制度的な枠組みを提供した。しかし、国際連盟にいた多くの忠実な職員のなかで、果たして今日、誰を「国際的なリーダー」と呼ぶことができるであろうか。

国際連盟の事務局職員は真の国際公務員であるべきだという主張が初代事務総長のエリック・ドラモンド卿の功績とされていた時代には、国際的なリーダーの地位はまだ加盟国の地位に次ぐものでしかなかった。ドラモンド卿が公の場での発言や出演を差し控えていたがゆえに、また国際社会のビジョンを高らかに掲げる力量をもっていなかったがゆえに、彼は人々の記憶から事実上姿を消してしまうことになった。

もし、国際労働機関（ＩＬＯ）の事務局長であったダイナミックで社交的なアルベール・トマが国際連盟の事務総長であったならば国際的なリーダーとして認められたかもしれないが、あいにくと彼のリーダーシップにおける才能は、必然的にＩＬＯの限定された目的に対してしか発揮されることはなかった。

それでは、国際連合はどうであろうか。そもそも国連は、国際社会全体のための包括的な制度上の枠組みを提供する二度目となる試みであるが、第二代事務総長に就任したハマーショルドは、前任者のトリグブ・リーによって築かれた事務局体制を踏襲するという選択肢をとることもできた。ところが、当時、国連機構とその行政機能を担う事務局は混乱のさなかにあった。つまり、国連憲章に謳われているように列強国間が協力しあう世界は消え去り、東西陣営が敵対しあうという状況に取って代わられていたのである。混乱に満ち、生気を失った国連に対して、建設的な役割を担うことができるという希望を与えることができたのは、並はずれたリーダーシップをもつ人物だけであったと言える。

ハマーショルドが世界初の真の国際的リーダーとして頭角を現しはじめたのは、まさにこのような状況のときであった。彼は、国連に新たな目的意識を与えただけでなく、意図的にではないにせよ、拮抗する国家のエゴと中心的勢力が支配する国際システムのなかでこそ効果を発揮し得る指導力を示したのである。それは「カリスマ」としか呼びようのない資質であったが、そのなかでも特種なものであったと言える。

カリスマの広義な定義は、他者に感銘を与え、影響力を及ぼすことのできる個人的な資質となるが、それは議論の最初の一歩にすぎない。たとえば、マハトマ・ガンジーとガマール・アブドゥン＝ナーセルも同じくカリスマ性をもった人物であったが、二人とも、異なる目標をもった違うタイプのリーダーであった。

この二人のリーダーシップのスタイルには、「グローバル社会で効果を発揮するリーダーシップ」とはどのようなものかを定義するための手がかりとなる共通点が一つある。それは、彼らのリーダーシップには、一般大衆に向かって訴えかける力をもつカリスマ性が備えられていたということである。つまりそれは、道行く人々に直接に働き掛けるものであり、人々の欲求をかき立て、人々を行動に駆り立てるものであった。

しかし、このようなカリスマ性は、主権国家からなる現在の国際システムに対しては効果を発揮しないだけでなく、これまでの多くの例にも見られるように、それを得ようとする者のキャリアを破滅させてしまうという結果を招いている。

並はずれて賢明であったハマーショルドは、対処しなければならない相手である国家を避けることはなかった。彼は、政府に対してこそ影響力を及ぼし、できるなら行動を起こさせたかったのである。そして、ハマーショルドがそれを一度ならずも成し遂げたという事実は、彼が特殊な資質をもち合わせていたことを証明している。それこそがカリスマ性であり、彼自身がもつ清廉潔白さゆえに生まれたものであった。

彼のもつこの清廉潔白さの存在感は、交渉の場においてもはっきりと感じとることができた。それは、緊張感を和らげながら誰もが勝者と感じることのできる方向へと導いていくものであった。それがゆえに、敵対関係にある両者は自分の公式の見解であっても、たしなみをもって取り下げることができたのである。対立する政府に双方が受け入れることのできる解決策を提示し、円滑な出口へ誘導するという彼の才能は、二一世紀の問題に取り組む場合においても十分適用できるリーダーシップの手法である。

もう一つの手法は、ハマーショルドのような控え目なカリスマ性がゆえに生まれるものであるが、それは人々の注意を外に向かわせるものである。つまり、注意をリーダー自身から足元にある問題へ、そしてその問題を解決する手段へと向かわせるのである。そして、望んでいる成果が実を結んだときには、進んでほかの者にその手柄を譲りわたす。個人として行った仕事に対してその功績を快くほかの者にわたすという心意気が、効果的で国際的なリーダーシップのもう一つの手段となる。

「もし、ハマーショルドだったら」という問い掛け

ハマーショルドの死後から四〇年以上経った今日でもなお、国連に従事する人々は困難な状況に直面したとき、「もし、ハマーショルドが今ここにいたらどうしただろうか？」という問い掛けを行っている。この問い掛けをよく見ると、二つの質問が存在していることに気付く。一つは「彼はどのような方法をとっただろうか？」というものであり、もう一つは、「彼はどのような目的のために仕事をしたのだろうか？」という質問である。

最初に二つ目の質問に答えるのであれば、ハマーショルドは未来のために仕事をした、と言うことができる。彼は、当時の情勢を、国際的な制度と概念の発展の初期段階と見なしていた。そして、その制度と概念は、彼の心の中に鮮明に描かれたビジョンに向かって、徐々にではあるが未来を形

成してゆくと信じていた。さらに、ハマーショルドが描いた未来のビジョンとは、国家が国連憲章に謳われている目標を達成するために力を合わせて努力すると同時に、国連憲章の規則に沿って行動することであった。そもそも、この国連憲章を採択したのは、ほかでもないそれぞれの加盟国の代表であったため、このビジョンは、たとえ時間がかかったとしてもいずれは達成できると彼は信じていた。

この未来のビジョンはまた、国家主権を直接的に否定することなく、共通の目的のためさらに力を合わせて努力する方向へと進化するための行動と概念を助長するものであった。そして、このビジョンは、国連と加盟国の長期的な目標として、時が経った今でもなお色あせることのない説得力をもっている。

自らが描いた未来に向かって物事を推し進めていくというハマーショルドの手法は、国連における自らの立場に対する独自の解釈から生まれたものであったと考えられる。彼は常に自分自身を国連の職員として認識していたが、この見解は見た目より複雑なものであった。つまり「国際連合」という言葉は、「加盟国の集合体」という意味にも「半独立主体の機構」という意味にも解釈できるため、事務総長という地位を自由に解釈することによってハマーショルドはある程度の柔軟性を確保することができたのである。このような柔軟な立場をとることによって彼は、安全保障理事会や総会を通して行動する加盟国の意思を遂行するという大義のもと、特定の行動を拒否することもできれば合意することもできたのである。

たとえば、一九五八年にハマーショルドが、レバノンで展開していた国連活動を監視団から軍隊へと拡大するようにレバノン、イスラエル、アメリカから圧力を受けたとき、彼はこの考えがいかに思慮に欠ける方策であるかということをわざわざ説明する必要がなかった――実際、彼はそう思っていたのだが。その代わりに彼は、ただ単に、そのような行動は安全保障理事会が承認した領域を超えていると述べるだけでよかったのである。つまり、安全保障理事会での加盟諸国の決断そのものが、三国の圧力を拒否する理由ともなったのである。

一方、一九五六年のスエズ危機でイギリスとフランスから反対されたときのように、とるべきと信じる行動について大国の加盟国から反対されたときは、国連憲章の文言に謳われた通りの目的を実現するために必要な行動であると、国連憲章に立ち返って根拠を求めることもあった。

このようにハマーショルドは、定義のあいまいさを逆手にとって創造的に行動するチャンスをうまくとらえたのである。そして、この戦術は、二〇世紀半ばと同様に今日においても役に立つはずである。

このようなハマーショルドの手法は、国連事務総長に就任する前に、スウェーデンの外務省で得た経験によるものでもあったと考えられる。スウェーデン外相ウステン・ウンデンとの長い付き合いは、強圧的で、時には攻撃的な近隣諸国の存在にもかかわらず、国際的地位と中立性を保持したスウェーデンの外交戦略を学ぶよい機会となった。国連においてもハマーショルドは、強圧的で、時に攻撃的な国家に対して、スウェーデンのように比較的劣勢の立場から交渉することが多かった。

とくに、このような状況は、一国家や一組織が公式の場から離れたところで交渉することを促すことになった。人目に触れることのない場所で対話を行えば直接的な対決を回避することができ、成功する可能性が高まるというわけである。ハマーショルドが、「そこでは人間的な側面の要因がより重要性を増し、秘密の取引は、通り抜けられないように見える境界さえも突破する可能性を生み出す」といみじくも言ったように、閉ざされた扉の内側では意見の対立も弱まるということである。

この手法について、ハマーショルドが触れなかった側面が一つある。それは、意見の対立を和らげて解決するというこの「秘密の取引」には、過去多くの場合で見られたように、いつ意見の対立を悪化させる秘密協定に転じるのかという危惧である。二一世紀の国際的リーダーは、この二つの線引きをしっかりと見きわめる必要があることを認識しなければならない。

象を歩かせる忍耐力

「忍耐強くありなさい」――ハマーショルドが二一世紀のリーダーのためにルールブックを書いたとすれば、おそらくこの訓戒からはじめたであろう。これは、忍耐力が交渉人と交渉会談を支える強みとなる外交の場において、これまでの多くの経験によって裏打ちされた教訓であると言える。さらに、このルールにはより深遠な意味が込められている。それは、落胆しているときにハマーショルドを励ましたように、挫折に打ちひしがれたり、国際的なリーダーシップの目標を見失ったりしたときに、ほかの人々に勇気を与えることができるということである。

ハマーショルドは、多くの場面で忍耐力の必要性について語っているが、ある記者会見で、忍耐力こそが最終的には正しい結果を導くのだという信念を表すために印象的なたとえを用いている。

それは、「国連のプログラムが意図した通りの効果を発揮するまでにどのくらいの時間がかかるのか？」という質問を受けたときのことである。「きわめて長い時間がかかるであろう」と答えたあとに、彼は次のような言葉を口にした。

「もし、象が歩くとすれば、そしてそれが正しい方向に向かっているとすれば、われわれは忍耐力を失ってはいけない。そんなに早く動くことはないであろうが、われわれはまちがいなく目標に辿り着くであろう」

ハマーショルドは常に明確な目標をもっていたが、それは忍耐強い不断の努力によってのみ達成され得るものであったと言える。彼は、別の席で次のようにも述べている。

「言うまでもなく、大衆受けする簡単な成功を見せることはペテン師でもできるだろうが、耐久力のある成果は忍耐強い建設者によってのみ達成されるのである」

今世紀に生きる忍耐強い建設者は、ハマーショルドが職務にどう向き合ったかを知りさえすれば、変化の目まぐるしい今日の国際環境のなかでいかにリーダーシップを発揮するのかについて多くのことが学べるだろう。彼は、短期的な要求や危機（どの時代の国際的リーダーもこのようなものに常に忙殺されるが）への対応を長期的な目標へとうまく組み入れること、そしてそのバランスをとることにとりわけ長けていた。彼の忍耐力と、心に描いた未来にまちがいなく向かっているという感覚こそが、それを可能にしていたとも言える。

折に触れて彼は、リーダーの立場にある者がとるべき行為として、第一に、原則にしっかりと則っているかどうか、第二に、そのときに何が実践可能かを十分に理解できているか、そして最後に、全体的な政治的バランスや関係する個人や政府の心理的側面をきちんと考慮しているかどうかが重要である、と語っていた。このアプローチの要素の絶妙な組み合わせによって、ハマーショルドは国連という「象」を歩かせ、必然的な発展の道筋と信じていた方向へと巧みに導いたのである。そして、この「象」はいまだここに存在しており、未来の目標に向かって歩かせ、導いてゆかなければならない。

国連憲章への帰依

ニューヨークの国連本部ビル内にある事務総長室は、ハマーショルドが世界中を旅して回るための、いわば発射台として機能することになった。彼は、自分が必要とされていると考える所であればどこへでも飛んでいったが、常に三つのものを持参していた。それは、新約聖書、詩篇、そして国連憲章の写しであった。

国連憲章は、ごく事務的な言葉で表現するのであれば、言うまでもなく国連の設立を規定する文書であり、そのなかには国連の組織構成、目的、権利、義務に関する条項が書かれているが、ハマーショルドにとっての国連憲章はそれ以上のものであった。国際的な平和と安全保障を維持し、世界人類に安寧と幸福の状況をもたらすという国連憲章の目標は、彼にとってはまさに「約束の地」(1)の輝きを放つものであった。荒れ野の道は長く険しいものかもしれないが、もし国連がその役割を担うのであれば、最終的には必ずその地に辿り着くと確信していたのだ。その国連の役割とは、彼がかつて表現したように、信仰と実践が同等の重みをもって成すものである。それゆえ彼は、国連憲章を導きの書として信仰を反映させながら実践に移すように心掛けていた。

では、国連憲章を活用するということは、どの程度彼の助けになったのであろうか。そして国連憲章は、変化した今日の世界においてどの程度役に立つのであろうか。

交渉の際にハマーショルドの強みとなった要素の一つは、相手側の出席者が問題の解決を自分と同じくらい望んでいるからこそ交渉のテーブルに着いているのだという前提を信じていたことである。たとえこの前提が明らかに事実でなくとも（たいていは事実でないことが多い）、このことは、対立ではなく協力の雰囲気をつくり出すのに大いに役立ったと考えられる。

またハマーショルドは、緊張を緩和させるためのもう一つの戦術を備えていた。控え目にではあるが、彼は不屈の精神をもって合意に至るための十分な指針として国連憲章を全面に押し出したのである。ここでもまた彼は、相手側が自分と同じくらい国連憲章に対して深くコミットメントしており、自分と同じくらい関心をもっているのだから、いかなる合意も国連憲章に沿うものであるだけではなく、国連憲章の長期的な目標に向かうものでなければならないという前提に立って行動したのである。

（1）『旧約聖書』で神がアブラハムとその子孫たちに与えると約束した実り豊かな土地カナン（今日のパレスチナ周辺）のこと。転じて、「あこがれの地」を意味する。

この前提も事実でないことが多々あったが、国連憲章に立ち戻ることで、交渉結果に不満を抱く者にとっては許容できる口実を提供することができたとともに、交渉結果に満足する者にとっては原則を厳格に順守したことを立証することができた。その意味で、国連憲章に根拠を求めることは、ハマーショルドと同じような状況下にある人々にとっても大いに役立つはずである。

有能な人物の手中に国連憲章があっても有効に機能しないケースは、国連憲章へのコミットメントをしていない相手や、国連憲章とは関係のない相手と交渉しなければならない場合である。たとえば、一九六〇年のコンゴ動乱でのカタンガ州の独立運動の件がそうであったが、今日における意欲的な国際的リーダーであれば、誰しも少なからずこのような状況に直面しているであろう。

また、国連憲章は、その条項に示されている規則と原則のもとに国家が相互作用する世界を基本前提としているが、もはやこの前提では、今日の国際社会の実情を説明することができなくなっている。ハマーショルドの時代以来、国際的なアクター⑵は増加し続け、なかでも多国籍企業や非政府組織（ＮＧＯ）が重要なアクターとして存在するようになった。これらのアクターは、国連憲章の目的と両立する国際社会の安定といった面に関心を払う一方で、それとは別の、時には競合さえするような手段や目標をもつこともある。

したがって、二一世紀の国際的なリーダーシップは、ハマーショルドの時代のような国家を扱う能力が求められるだけでなく、非国家アクターをも包含する国際社会のビジョンを明示し、そして彼がしばしば前面に掲げたような、協力的な努力を引き出すようにこれらのアクターを鼓舞しなければならない。これには、彼が手本を示したような特殊なカリスマ性——すなわち、謙虚なアプローチ、創造性に富む行動、自己利益よりも共通の目標を第一に考えるといった要素が要求される。

しかも、これですべてというわけではない。二一世紀の国際的なリーダーシップは、国際社会にまったく関心を示さない原理主義グループをも取り込む方法を見つけなければならない。このような暴力を伴う活動は、ともすればハマーショルドやその他の人々が忍耐強く築いてきたものを破壊してしまうこともある。

リーダーとその支持基盤

多くの研究テーマとしてビジネスや軍隊の分野でのリーダーシップ論が取り上げられ、さまざまな形で分析されてきたが、それと同じことが国際的な分野でのリーダーシップ論に当てはまるわけではない。ハマーショルドが国連事務総長の座に就いたとき、決して経験不足とは言えないまでも、任命された職務に要求されるだけの準備はほとんどできていなかった。だからといって、手引きとなるような研修、セミナー、教科書があったわけでもない。

そこで言えることは、当時も今も、一つの基本的な問題として「支持基盤（constituency）」に関する疑問が挙げられるということである。国家元首にせよ、企業の役員にせよ、非政府組織（ＮＧＯ）の代表にせよ、その目的にかなった支持基盤が存在している。

では、国際的リーダーにとっての支持者とは誰もしくは何であろうか？　いったい誰が国際的リ

（2）　国際社会における行為主体のこと。

ーダーとしてふさわしいのであろうか？　もちろん、国連事務総長は、国連が国際機構としてもっとも多くの加盟国を有しているために国際的リーダーとしてもっともふさわしい存在であることは明らかであるが、これは国際的リーダーの支持基盤の問題を解決することには決してなっていない。では、もし国連事務総長がリーダーシップをとろうとした場合には誰が支持者となるのであろうか？

ハマーショルドは、自らが国連で唯一選挙で選ばれた公職者であるという事実を察知し、それゆえに自らが国際共同体を代弁する義務を背負っていると解釈していた。しかし、この「共同体（community）」という言葉は、便宜上広く使用されているものの国際的な文脈においてはいまだに漠然としたものであるし、何よりこの言葉は、現在の外交情勢を正確に説明する言葉というよりは、むしろいつの日か行き着くであろう目標を指し示す言葉のようにも聞こえる。いずれにせよ、「共同体」という言葉は支持基盤を言い当てるものではないと言える。

そういう意味で、いずれの事務総長も、自らの取り組みを支持してくれる支持層を自分自身で築き上げることから出発しなければならない。それは、ハマーショルドがラルフ・バンチやブライアン・アークハート卿を見つけだしたように事務局の内部にいるかもしれないし、総会に派遣される代表団や国内の意思決定者と密接な関係をもつ国家政府の主要メンバーから出てくるかもしれない。国際的な場面において効果を上げようと思うのならば、いずれのリーダーも自分の描いたビジョンを共有し、その実現に向けた努力を応援してくれる支持者を見つけ出すか、つくり出さなければならない。

もし、国際的なリーダーシップというものが、将来的に国連から別の組織に移行しなければならないとしたら、そのときはいったいどうなるのであろうか？　どのようにこの移行を扱えばいいのであろうか？　現在国家がもっている権力をどのように共有し、委任するように説得すべきであろうか？

このような場合、のちに欧州連合（EU）となる機構の創立者の一人であったジャン・モネをおいてほかに説得力のある人物はいない。彼の活動範囲はかぎられていたものの、ビジネスリーダー、労働組合幹部、政府役人からの支援を細心の注意をもって取り付けた功績は、二一世紀のリーダーシップの規範を示していると言える。そして、彼のリーダーシップについての格言は、当時と変わらず今日にも通用する警告のように聞こえてくる。彼は、人々は自らの名声のためだけに主張する人物についていくことはない、と述べている。

——たとえ意識はしてなくとも、人々が敬意を払う人物が備えている威信とは、その人物がよって立つ組織化された権力や正統な権威から来るものである。

国連を超越しようとするいかなる運動も、将来にわたってそのリーダーが正統な権威に基づいて言動を行うことができるように、組織化された権力のよりどころを見つけるか、もしくは確立しなければならない。

古くからの夢を新しい世界で実現するために

ハマーショルドの時代から二一世紀の初頭までには多くの相違点があるが、もし彼が現代に現れたとしたならば、彼の目には多くのことが奇妙に映るであろう。しかし、この二つの時代の間には相違点とともに不変的なものもある。つまり、変化していることもあれば存続していることもあるということだ。

国際的な平和と安全保障の目標を達成するための闘いは、国際社会において扱うべき問題の領域を拡大しようとする努力と同様に弱まることを知らない。今こそ、ハマーショルドが能力を発揮したように未来のビジョンを描き出し、日々の任務を、日常業務の枠を超えた未来に向けた動きとして位置づけるためにも、そのビジョンを明確に掲げることのできる国際的なリーダーが必要とされている。

そして、ビジョンが人々に受け入れられたあとには、多様なアクターと文化からなる世界において、いかにしてこのビジョンが達成できるのかという疑問が生じることになろう。ひょっとしたら、国連が将来も中心的な地位を占めるかもしれないし、そうでないかもしれない。そして、ハマーショルドが事務総長であったときのように国連が高い尊敬を受け続けるかもしれないし、そうでないかもしれない。しかし、発展途中の現在、国連のほかに何が中心的な地位を占めることになるかを予測することは困難である。

かつてハマーショルドは、「社会発展の最先端で仕事をすることは、未知なる領域の境界線で仕

記者会見にて質問に答えるハマーショルド（1961年6月12日）
写真提供：UN Photo/MB

国連総会にのぞむハマーショルド（記者席より撮影。1954年10月15日）
写真提供：UN Photo/AF

事をするようなものである」と述べたことがあるが、彼が境界線にいてもなお確信をもって活動することができたのは、国連憲章の枠組みのなかで社会がより大きな国際的な協力体制に向かって発展しているという信念があったからである。そして彼は、これを成熟しつつある社会の必然的な発展と考えていた。

しかし、彼のビジョンは大きな文脈では語られることはなかった。そして、その後、大きな文脈で語られたのは、友人であり同僚であったアーミッド・ボカーリが述べた言葉に共感して、ハマーショルドが彼の追悼式においてその言葉を引用したときであった。ハマーショルドは、次のような感動的な表現を引用している。

われわれは、国連を単なる政治思想への一歩と考えるのではなく、人類の偉大な冒険に向けた一歩であるととらえるべきである。そして、そこで行われる政治は、国際政治ですらその一部でしかないのである。

ダグ・ハマーショルドは、この「偉大なる人類の冒険」への強い参加意識をほかの人々に伝える才能をもっていた。二一世紀の国際的なリーダーにとっては、まずこの冒険に参加する意識をもつことが、常に未知である未来への境界を突き進んでゆくという最初の一歩となるであろう。

終章　ダグ・ハマーショルドに導かれて――平和と安全のビジョン

マリン・ヘルヴィグ

われわれは、個人また集団として、正しく真実であると信じることに対して自らがもち得るかぎりの理解力と能力を傾けることができる。そして、われわれは、人生に希望を与えてくれる目標、そして善意あるすべての人々が共有する目標、国連憲章の文言に非常に近い言葉で表現するならば、全人類が平等である世界における全人類のための平和と自由という目標に向かって進んでゆく運動の一翼を担うことができる。

（ダグ・ハマーショルド　一九五三年九月一四日）

私自身もまた、発展する権利と安全な生活をする機会を万人が平等に与えられた世界に住みたいと願う一人である。グローバル化がさらなる排除と疎外の原因となるのではなく、グローバル化の恩恵を地球全体で分かち合うことのできるような世界は、新たなテロ対策法、軍隊の増強、もしくは侵略の脅威といったものによってつくられるものではない。武器や有刺鉄線は、危機が迫るのを少しの間だけ遅らせることができるかもしれないが、われわれの身の安全を確実に保証するものではない。われわれ人類は、相互依存が深まる未来へと向かっており、このことは新たな機会をもたらしてくれると同時に、新たなコミットメントを必要とする状況をつくり出している。

平和への探求にあたって、開発と安全保障という表裏一体の課題は避けて通れぬものとなっている。つまり、貧困そのものが武力紛争に直接つながることはめったにないが、不平等な社会状況は、自分の人生を思い通りにできない、もしくは自分の人生にかかわる決定ができないという状況と合わさることでしばしば暴力や社会不安、そして極端な場合にはテロリズムの温床となる。そういう意味で、持続可能な発展は安全保障の大前提となるわけだが、たとえば自分の意見を口にしようものならどんなひどい目に遭うか分からない。もしくは、畑に行く途中に地雷を踏んで命を失うかもしれないと怯えるような状況では、まずもって達成することはできない。

> 戦争を一地域にとどめておくことがより困難になっているがゆえに、すべての戦争はもはやすべての国家の関心事であると言える。つまり、建設的な行為だけでなく破壊的な行為もまた、今日ではグローバルな規模になっている。
>
> （ダグ・ハマーショルド　一九五九年六月一九日）

この一節において、ハマーショルドは冷戦下で拡大している核兵器の破壊能力について言及したと思われるが、この演説のなかで彼は、「新発明」のスピードがいかなるものであれ、全世界にとって、戦争や武力衝突というものは将来にわたって関心事であり続けると警告を発している。

今日の世界において平和と安全のために最大の脅威となっているのは自然災害、内紛、国際テロリズムと言ったものであるが、そのなかでハマーショルドは、人々が平和で自由に生活できるようにと願いながら紛争予防に人生をかけた人物でもあった。もちろん、今日存在する脅威は冷戦時代とは異なるであろうが、われわれは、武力だけでは明日の問題をごくかぎられた範囲でしか解決できないという認識のもとに行動しなければならない。ハマーショルドの精神を継いで、清廉潔白さを保ち続け、武力紛争を予防する新しい創造的な解決方法を見つけ出し、暴力に頼ることなく紛争に対処してゆかなければならない。

共通善《コモン・グッズ》のために

ある共同体の健全性や強さといったものは、市民一人ひとりがどれだけほかの市民との連帯感を感じているかということで測ることができる。そして、その連帯感がゆえに、共同体のなかで自らが担うべき負担や責任をどれだけ進んで担うことができるかどうかによっても変わってくる。もちろん、このことは人類全体の共同体といった文脈にも当てはまるであろう。

（ダグ・ハマーショルド　一九五九年五月四日）

世界平和のビジョンは、市民の連帯感を基礎にする社会を目指すというビジョンでもあり、その未来のなかでは平等な条件や機会といったものが重要な概念となる。ハマーショルドの人類に対する見解と、万人にとっての平等な権利という信念に対する決意から考えると、たとえば世界中で見られる女性に対する差別的な社会構造に加担するような行為を彼が容認することはないであろう。今日、ジェンダー間の不平等は、地域と国家の両方のレベルにおいて発展の障害となっており、乗り越えていかなければならない課題となっている。そして、平和と安全のビジョンは、女性が交渉のテーブルに着き、持続可能な発展を探求する際の平等なパートナーとしての地位を与えられないかぎり実現することはない。

ハマーショルドの精神をもってすると、世界平和のビジョンは、「共通善《コモン・グッズ》」のために行動する責任をわれわれ一人ひとりがもつべきであるという考えを基礎にしていると言える。国内であれ国家間であれ、富める者と貧しい者の経済的・政治的な格差は、富める者が資源の再分配のために、拘束力のある地球規模のコミットメントをしないかぎり解消しないであろう。そして、貧しい者は、重要な社会経済政策に制約を課すような借款条件や貿易協定などによる縛りを受けずに、さまざまな開発モデルのなかから自らが選択できる機会を与えられなければならない。資源の再分配にあたっては、債務帳消しや開発援助だけでなく、国際機関に影響を与える能力、そして国際法を尊重する能力といったものを人々に与えることも必要となる。

一九九〇年代、冷戦が終焉を迎えたことで、新たな世界秩序をつくり上げていこうという楽観主義が広がった。たとえば、京都議定書(1)や国際刑事裁判所などといった共同の決意と合意に対する信頼が醸成されてきたと言える。ところが、先の9・11を境に、「テロリズムとの闘い」(場合によっては、決して勝利することのない永遠の戦争)によって、戦争のルールや人権の尊重といったことが通用しない事態となってしまった。つまり、少数のもつ武力が多数のもつ権利より勝るようになってしまったのである。

ハマーショルドは、国際協力が不可欠であることを認識していた一方で、その実現がいかに困難かということもまた理解していた。

他の国々に対して団結を積極的に呼び掛けるべき立場にある国々が、自らの国家主権をほんのわずかでも譲歩したことがかつてあったであろうか。

（タグ・ハマーショルド　一九五五年六月一九日）

同時に、国内の格差や矛盾もまた解決してゆかなければならない。このような不公正を是正する責任を負うべき対象者は国家の為政者であり、貧困緩和や持続可能な発展といった課題は、構造改革、汚職防止策、教育・健康・水・エネルギーといった基本的ニーズの強化といった措置なしには達成することができない。しかし、そのなかでもっとも必要とされていることは、貧困層を含むすべての市民が参加可能な民主的なガバナンスである。安定した社会は、人々が自らの未来にかかわる決定に関して声を上げてゆくことができてこそつくり出されるものである。

（1）一九九七年一二月に京都で開催された第三回気候変動枠組条約締約国会議（地球温暖化防止京都会議、ＣＯＰ３）において採択され、二〇〇五年二月に発効した気候変動枠組条約に関する議定書のことで、正式名称は「気候変動に関する国際連合枠組条約の京都議定書（**Kyoto Protocol to the United Nations Framework Convention on Climate Change**）」。地球温暖化の原因である温室効果ガス六種類について、先進国における削減率を国別に定めたうえで、約束期間までにその目標を達成することが義務づけられている。

新しい発想

ハマーショルドは、当時の課題や与えられた任務とその解決方法に対して実践的なアプローチを取ったと言える。そして、そのときの思潮に押し流されたり、古い体制にしがみついたりするのではなく、新たな方法を常に模索し、必要が生じるたびに予防外交、史上初の平和維持軍、開発協力の原則などといった適切な手法を次々とつくり出していった。

彼が生み出したこれらの手法だけでは、将来われわれが対処すべき課題を解決するのには十分ではないだろう。しかし、日増しにグローバル化する世界が新たな協力体制を必要としているように、平和と安全を脅かす新たな状況に対しては新たな解決方法が必要とされていることは確かである。かといって、このことは古いアプローチとの関連性がない、また過去から学ぶべきではないということを意味しているわけではない。むしろそれは、われわれの手で新たな状況が必要とするあらゆる手法を、ハマーショルドと同じく考え出さなければならないということを意味している。

われわれは、彼の業績だけを（そういう意味では、誰の業績であっても）頼りにすることはできないし、言ってみれば、彼の名誉にいつまでもすがっていてはいけないのである。現在、そして未来の課題は、国際協力の新たな手段を求めている。

この新たな状況が自国や自らの領域がグローバルな発展の波にのみ込まれてしまうという脅威に触発されることにより、抵抗運動のようなものを引き起こしたとしてもなんら不思議では

ない。そして、大きな流れから自らを切り離して、閉ざされて守られた社会をつくり出す方法を考え出そうとする人々が出てくるかもしれない。われわれは、そのような行動を理解できるし、同情さえするかもしれないが、もしそれが変革にあらがおうとする抵抗であるならば、それは失敗が運命づけられたものだと認識しなければならないであろう。つまり、そのように自らを隔離してしまっては、しばらくはもちこたえたとしても永遠に続くことはないであろうし、変革に対する抵抗が長引くことで適応することが遅れれば遅れるほど、最終的に壁が崩壊したときの反応はより暴力的なものになることが予想される。

（ダグ・ハマーショルド　一九五五年六月一九日）

今日の国内の政治構造は、正統性を欠くようになってしまったと言えるかもしれない。というのも、グローバル化が進んだ現代の世界においては、国内の政治構造だけでは、国民が望んでいることすべてを実現することができなくなってしまっているからである。そして、一国の政治経済戦略の影響を受けるのは、選挙で新しいリーダーを選ぶ有権者たちだけではなくなっている。その一方で、国際的・多国間的な構造は、十分に民主的であるとは言えない状況にある。それでは、いったい誰が責任を取るべきなのであろうか？　そして、われわれは、彼らにどのように義務を果たしてもらうことができるのであろうか。

―　世界的な相互依存によって絶え間なくもたらされる結果を受け入れるように世論を導くこと

だけが外交官の責任ではない。これに加えて外交官は、長い間にわたって国家や地域の関心事として問題となってきた、国際政治の場での「ギブアンドテイク」や妥協もまた必要であるということを世論に理解してもらえるような助けにならなければならない。

（ダグ・ハマーショルド　一九五三年十月二一日）

包括的で、法的にも保証されたグローバル化のプロセスを模索するにあたっては、ハマーショルドがどのように世界的な相互依存を理解していたかと考えることがよい出発点になる。もし、他国の政府の決定によって、結果的に自国の人々が不利な状況に立たされることとなり、しかもその状況に対して影響力を行使できない場合には、不満、怒り、無気力感といったものが生まれてくることになる。したがって、今日、そして未来においても民主主義が直面している重要な問題は、グローバルなレベルで人々の利益を効率よく代表する構造をいかに発展させるかということになる。さらに、われわれは、妥協すること、また他人のニーズを認めることも学んでゆかなければならない。

理念へ捧げる人生

ハマーショルドは、「国際協力は正義、安全、人権の尊重を実現するための真の変革を起こす原動力である」という理念に突き動かされていた。そしてこの理念は、少なくとも当時は、国連憲章のなかに確実に具現化されていた。つまり、彼を導いていたのは移ろいやすい国家の利益ではなく、より良い未来の世界を描いたこの国連憲章にほかならなかった。

これこそ、おまえが奉仕している理念なのである。―もし、人類の名に値するものがこの世に生き残らねばならぬとするならば、この理念こそ勝利を収めねばならない。（中略）
この理念こそ、おまえは力の限りを尽くして援助し、それが勝利を遂げるようにせねばならない。―人間の手に成るある事業のおかげで、いまやおまえは、その理念を推進せしめるべき公的責任を与えられており、また自分で自分のために責任を作りだすことのできる好機にも恵まれてはいる。だが、それでもなお、おまえが援助すべきものは、事業よりもその体現している理念のほうなのである。

『道しるべ』一九五六年（訳『道しるべ』一三四ページ）

今日においても、至る所でさまざまな未来のビジョンが描かれている。しかしながら、国連憲章が採択されて以来、世界は大きな変化を遂げている一方で、このような変化を反映させたビジョンを明確に表現した世界的な文書は今のところ存在しない。かといって、このことはわれわれが理念に従って行動するべきではない、もしくはハマーショルドのように理念のために奉仕すべきではないということを意味しているのでは決してない。つまり、未来というものは常に目前に存在するものであり、その未来を時代に合わせて変えてゆくチャンスが与えられているのである。しかし、問題は、その未来に向かって導いてくれるリーダーはいったいどこにいるのであろうかということである。
われわれは、よきリーダーが不足している世界に生きていると言える。今こそ、自らの信念に、

また影響力の及ぶ人々に、そして何より、自らの決断と行動に対して責任をとるという覚悟のできているリーダーが求められている。それは、自らの信念を発信し、さらに実行に移すという道徳上の問題でもある。ハマーショルドは、その志が知られているだけでなく失敗もまた知られているが、彼は自らの信念を突き詰め、地球上での自らの役割がいったい何であるかを分析し、自らの人生を使命に捧げた人物であった。

二〇〇一年九月一一日以来、自己批判の精神は衰退の一途を辿り、互いに責任を他人に押し付けるような風潮になってしまった。たとえばアメリカは、反民主主義体制、反体制勢力、アフガニスタンの軍閥を支援してきたことの責任を認めようとはしない。イスラム教の団体は、本来であれば平和を愛する宗教であるにもかかわらず、過激派がそれを乗っ取ってしまったという事実を認めることを拒んでいる。EUは、団結に基づく開発政策を求めている一方で、自らの貿易と農業政策がもたらした結果を認めようとしていない。

このように拡張論者的・自己中心的な政策が不満を生み出しているという事実に対して、自ら責任を引き受ける勇気をもつ国家（そして、リーダー）が今こそ求められているのである。

おまえが試みねばならぬこと—おまえ自身であること。おまえがそうして獲得し得るのは—おまえの心のきよらかさに応じて、〈人生〉の偉大さがおまえのうちに映しだされること。

『道しるべ』一九二五～一九三〇年の記述から。（訳：『道しるべ』二五ページ）

国連職員に向けてスピーチを行うハマーショルド（演壇中央）これが最後のスピーチとなる。（1961年９月８日）　写真提供：UN Photo

故郷ウプサラの大聖堂で行われたハマーショルドの葬儀
（1961年９月29日）　写真提供：UN Photo/GG

ハマーショルドは、たった一人の人間が勇気さえ奮い立たせれば、強国が反抗的な態度を示していたとしても、原則のために立ち上がり、重大な出来事に影響力を及ぼすことができるということを身をもって示した人物であった。

よきリーダーのあるべき姿として、われわれはいかなる重圧のもとでも、自らの信念に自信をもつ勇気のある人を探し出すべきである。権力にしがみつくことばかりを考えるのではなく、長期的な決断ができる強さと能力を兼ね備えたリーダー、理念に従って行動し、その信念を行動で示すことができるリーダー、そしてその行動から生じる結果を受け入れる覚悟のあるリーダー、人々の最悪の部分ではなく、最善の部分を引き出してくれるリーダー、そしてビジョンを描くことのできる（すなわち、天に輝く星をつかみとり、それを地上にもってきて行動へと移すことができる）リーダーを求めているのである。

今日では、誰しもがある部分では国家に属し、その国に特有の習慣や問題を有している。また、ある部分では、世界市民として国家という枠に閉じこもることのできない存在となっている。このように見ると、国家主義と国際主義、つまり国家と世界の間の対立などは存在しないと考えることができる。

（ダグ・ハマーショルド　一九五五年六月一九日）

未来は、国家の優先順位を考慮しながらも、たとえ自国の経済的・政治的な犠牲を払わなければならないことになっても、共通の目標を達成しようと模索する覚悟ができている国際的なリーダーを求めている。そして、国際レベルでの繁栄と発展が、同じように国家レベルでも利益をもたらし、世界的な発展に結び付くのだということを理解しているリーダーこそが、われわれに世界の平和と安全をもたらしてくれるであろう。

将来世代の人々は、われわれがはじめたことを達成することができなかったと語るかもしれない。しかし、彼らに、われわれが信念を失ったり、狭量な自己利益のために努力をねじ曲げてしまったために失敗を招いてしまった、とは決して言わせてはならない。

（ダグ・ハマーショルド　一九五七年九月二六日）[2]

（2）この日、ハマーショルドは国連総会で事務総長に再選されるが、この一節はハマーショルドの再選にあたってのスピーチの一節。

訳者あとがき

私が初めてダグ・ハマーショルドの名を聞いたのは学生時代のことであったが、その後、スウェーデンに関する仕事に就いた縁で再度彼の名前を耳にすることになり、このスウェーデン出身の偉人をより深く理解したいと思うようになった。本書は、その手掛かりを探すなかで出合ったものである。

本書は、スウェーデン政府がハマーショルドの生誕一〇〇周年を記念して二〇〇五年に編纂された評伝集であるが、彼の生い立ち、国連事務総長就任までのキャリア、周恩来やフルシチョフとの交流といった歴史的エピソードから、日誌『Vägmärken（道しるべ）』に秘められた独自の信仰、文学・芸術・音楽といったプライベートでの活動、さらには国連事務総長としての業績や政治思想に対する分析までを各分野の専門家や実務家が多角的な視点から網羅したことで、結果的には、史上類まれな国際的リーダーシップを発揮し、今日の国連の基礎を築いたハマーショルドの真の姿に迫ろうという一大プロジェクトとなった。

ハマーショルドの国連事務総長としての功績の詳細については本書が語るとおりであるが、ここでもう一度簡単にまとめておきたい。

一九五三年の就任直後に彼は国連事務局の改革に着手し、いかなる加盟国からも中立を保つという国連職員の規則を策定し、国連憲章の実現に忠誠を誓う〈中立な国際公務員〉の規範を確立した。そして一九五五年には、朝鮮戦争中に捕虜となったアメリカ空軍兵士の解放のために中国の周恩来首相との交渉にあたるが、これはのちに「北京フォーミュラ」と呼ばれ、国連の機関の一つとして〈国連事務総長の独立した政治的役割〉という概念を、実効性をもって示すこととなった。

この北京フォーミュラは「静かな外交」とも呼ばれ、正式な多国間協議の場に問題をもち出す前に斡旋役として個人的な話し合いを通して両者の緊張を和らげるというハマーショルド独特のアプローチであり、紛争に発展しうる問題はできるだけ早い段階で解決し、武力衝突の発生を未然に防ぐという〈予防外交〉の最初の実践となった。さらに、一九五六年のスエズ動乱の対処にあたっては、国連で初めてとなる〈国連平和維持軍〉を編成し、米ソ両陣営を巻き込みかねないエジプトとイスラエルの武力衝突を阻止する著しい功績をあげた。

当時、冷戦で対立する米ソが安全保障理事会において拒否権をたびたび行使したために決議が滞る状況にあったが、そのなかで彼は、植民地から独立して新たに国連の加盟国となった多くの中小国の支持を得ることで、今日の国連の中心的な外交手段の基礎をつくりだしていった。

本書を手に取り、冷戦という困難な時代に、世界平和の壮大なビジョンの実現に向けてひたむきに任務にあたった姿に感銘を受けた私は、未来を照らし出す強力なリーダーが求められている現在であるからこそ、ハマーショルドという人物をより多くの方々に紹介したいという思いに駆られて翻訳に取り掛かることにした。

ところで、ハマーショルドは自らの手記に『Vägmärken（道しるべ）』という題名を付けるなど、国連での任務を冒険になぞらえることがしばしばあったが、それは彼が熱心な登山家であったことに由来している。彼は、手つかずの自然が残されたラップランド地方での登山をこよなく愛し、実際にスウェーデン登山家クラブの会長を務めた経験もある。

彼にとって、国連での任務はまさに人類未踏の高く険しい山への登頂を試みる冒険そのものであった。そして、その頂上とは、彼のビジョン、つまり国連憲章といったものに統治される国際共同体の実現であった。そこに人類が到達するためには、いくつもの険しい崖や深いクレバスを乗り越えていかなければならない。ハマーショルドは国連での任務を「未知なる領域」と語っているが、人類が山頂を目指して未知の領域に踏み出せるように、平和創造のためのさまざまな手段を彼は生み出した。

冒険旅行に挑む登山家が後から来る者のために道標を残してゆくように、本書に記録された彼の功績の数々は、われわれが頂上に近づくための貴重な道標そのものであり、その頂上は一世代では到達しえないがために、後世に受け継がれるべき人類の遺産となる。その意味で、彼の業績に関する包括的な評伝集である本書は、世代を超えて価値が継続する文献と言えよう。

ところで、本書ではハマーショルドの死についてはあまり触れられていないので、この場において補足しておきたい。当時五六歳、権力の絶頂のさなか、志半ばで彼の命を奪った一九六一年九月一七日夜半の飛行機事故とはいったい何だったのであろうか。

コンゴ動乱の解決にあたって国連からの支援についてコンゴ政府と協議するために首都レオポルドヴィル（現在の首都キンシャサの旧称）に入ったハマーショルドは、コンゴからの分離独立を求めるカタンガ州において、カタンガ軍と国連平和維持軍が交戦していることを知る。そこで、急きょカタンガ州のチョンベ大統領と停戦交渉をするために向かうことになるが、その途上、彼を乗せた航空機はエンドーラの空港へ降り立つ直前に墜落し、同乗していた部下一五人すべてが犠牲となった。

今日に至るまでこの墜落事故の全容は明らかにされていないが、当時コンゴ動乱の対処をめぐってハマーショルドはソ連、アメリカ、フランスなどから非難を受けていたため、墜落が暗殺やテロ行為であったという憶測が飛び交ったことは想像に難くない。

とくに、イギリスがチョンベ大統領と共謀した策略であったという噂がまことしやかに流れたが、後日、国連とスウェーデン政府がそれぞれ独自に行った調査では、事故の直接的な原因を突き止められなかったが、暗殺を示唆するいかなる証拠も見つけることができなかったと報告された。ただ、この航空機が当空港への通常の着陸態勢よりも数フィート低い高度で飛行していたことは確かである。行き先を類似する地名と混同して、パイロットが高度操作を誤ったというのが今日までの通説となっている。

では、ハマーショルドはどのように最期の瞬間を迎えたのだろうか。それを知る手掛かりとして、本書の著者の一人でもあるブライアン・アークハート卿が著したハマーショルドの伝記から次の記述を紹介したい。

「墜落の時刻は、犠牲者の腕時計から推測すると九月一七日の午後一〇時一一分～一〇時一三分（グリニッジ標準時）であった。翌日の午後になって、ようやく捜索隊が事故現場に到着したとき、ハロルド・ジュリエン（Harold Julien）だけはまだ息が残っていたが、その彼も重度の火傷のために五日後に死亡した。

ハマーショルドの遺体は、大破した機体から少し離れた所に横たわっており、犠牲者のなかで唯一、火傷をまったく負っていなかった。墜落後も、わずかの間は生存していたであろうということが検死の結果明らかになった。しかし、複雑骨折した脊椎、肋骨、胸骨、大腿骨、そして内出血といった一連の怪我はまちがいなく致命的なものであった。彼は、機体の火災から免れた灌木の近くに仰向けに横たわっていた。顔の表情は実に安らかであり、手には一つかみの草が握られていた」

（Brian Urquhart, "Hammarskjold" New York, Norton & Company, 1972, p589.）

一晩だけの出張予定であったため、事故当時の彼の所持品は少なかった。そのなかには、「国連憲章」、「詩編」、そしてマルティン・ブーバーから翻訳を依頼されていた『我と汝』の翻訳途中の原稿が見つかった。幸いにもスーツケースも火災から逃れたが、その原稿の筆跡は乱れることなく、多少の修正がなされていただけであった。

飛行機が墜落し、真夜中のアフリカの地で草の上に横たわった最期の瞬間、彼は何を思ったのであろうか。やり残したことを悔いて、人類の行く先を憂いたのであろうか。それとも、われわれの絶え間ない努力によって、いつかはこの冒険のゴールに人類が辿り着けるようにと願ったのであろうか。

今日、国連を取り巻く国際情勢はさらに複雑化している。ソ連崩壊後のアメリカの単独大国主義が今やかげりを見せ、混迷を深める事態に世界はどう対応するのだろうか。国家主権は不可侵とされてきた時代は終わりを迎えつつあると言われる一方で、ルワンダ、スレブニツァの大量虐殺や、シリアのように政府軍が自国民を殺戮することに対して国連が手をこまねいていたり、責任を取らずにいることに対してわれわれはどう対応すればよいのだろうか。また、国家の枠を超えて暗躍する国際テロリストに対して実効性のある対処法はあり得るのだろうか。

これらの難問は、ハマーショルドがいみじくも言った人類の「未知なる領域」にほかならない。そして、これを乗り越えて導いてくれる新しいリーダーの登場が求められている。

ハマーショルドは、一人の人間が勇気と英知をもって立ち上がれば、誰もが不可能だと信じていたことでも成し遂げられるということを示した。そして、知性、洞察力、決断力に加えて、使命感、忍耐力、清廉潔白さを兼ね備え、空前絶後の国連事務総長と評される傑出した業績を残し、死後から半世紀たった現在も真の国際的リーダーとして世界で広く認められている。これからも、彼の業績の数々は、偉大なる人類の冒険旅行の道標として世代を超えて輝き続けることであろう。

最後に、より深くハマーショルドについて知りたいという人のために、「ダグ・ハマーショルド財団」が発行した左記の二冊を挙げておく。もちろん、本文にて引用させていただいた『道しるべ』（鵜飼信成訳、みすず書房、一九六七年、新装版一九九九年）や、先ほど挙げたブライアン・アークハート著の評伝『Hammarskjold』もあわせて読まれることをおすすめする。

・Mary-Lynn Hanley, and Henning Melber, eds., "*Dag Hammarskjöld Remembered*-A Collection of Personal Memories", -(Uppsala, Dag Hammarskjöld Foundation and Association of Former International Civil Servants, 2011.)

・Brian Urquhart, "International Leadership: the Legacy of Dag Hammarskjöld", "*Development Dialogue*", Dag Hammarskjöld Foundation, 1987: 1

なお、「ダグ・ハマーショルド財団（Dag Hammarskjöld Foundation）」は、一九六二年にハマーショルドの故郷スウェーデン・ウプサラに設立された独立の研究機関であるが、ハマーショルドの精神を受け継いで、「社会的および経済的に公正であり、環境的に持続可能であり、民主的そして平和な世界の実現に向けた対話や行動」を促進することを目指し、発展途上国の開発問題を中心とするグローバルな課題についての政策提言を行うほか、今

日に至るまでダグ・ハマーショルドに関する研究を率先して行っている。ご興味のある方はホームページをご参照いただきたい。http://www.dhf.uu.se/

本書の出版にあたっては、多くの方々にお世話になりました。なかでも、写真などをご提供いただきました国連フォトライブラリー（United Nations Photo Library）のスタッフのみなさま、スウェーデン・イスタッド市（Ystads Kommun）のエリノール・エングマン（Elinor Engman）さん、そして編集作業において忍耐強くご指導いただきました株式会社新評論の武市一幸さん、本当にありがとうございました。

また、翻訳作業にあたっては、国連事務次長補などを歴任されたのちに国際基督教大学で教務をとられ、私の恩師でもある功刀達朗先生から多数の貴重な文献をお貸しいただいただけでなく温かい励ましと的確な助言をいただきました。

みなさまに、この場をお借りして心からの御礼を申し上げます。

二〇一三年　六月

光橋　翠

ハマーショルドに関する年表

一九〇五年	スウェーデンのヨンショーピンに生まれる。
一九〇七年	父ヒャルマル・ハマーショルドが県知事に就任したウプサラ県へ移る。
一九一四年	ヒャルマル・ハマーショルド、スウェーデン首相に就任。
一九二三年	ウプサラ一般高等学校を卒業。
一九二五年	ロマンス語、哲学、経済学の学士号を取得。
一九二七年	ケンブリッジにて経済学を学ぶ。
一九二八年	経済学修士号を取得。
一九三〇年	ウプサラ大学にて法学士を取得。
	政府失業対策委員会の秘書官補佐に就任。
一九三三年	ストックホルム大学にて経済学博士号を取得。
	ストックホルム大学上級講師に就任。
一九三五年～一九四一年	スウェーデン国立銀行の秘書官、のちに理事に就任。
一九三六年～一九四五年	スウェーデン財務省事務次官。
一九四〇年～一九六一年	スウェーデン観光協会の理事、のちに副会長に就任。
一九四一年～一九四八年	スウェーデン国立銀行の総裁に就任。
一九四八年～一九五三年	ヨーロッパ経済協力機構（ＯＥＥＣ）スウェーデン代表に就任。
一九四九年～一九五一年	スウェーデン外務省事務次官。
一九五一年～一九五三年	スウェーデン外務省無任所内閣大臣に就任。
一九五三年	国際連合事務総長に就任。

	国連事務局の再編に着手。 第一回国連の日コンサートを開催。
一九五四年	スウェーデン・アカデミーの会員に就任（第一八席）。
一八五五年	北京にて周恩来と交渉。 中国の米空軍兵士捕虜が解放される。
一九五六年	国連初の平和維持軍である国連緊急軍（ＵＮＥＦ）の創立。
一九五七年	国連ビル内に瞑想室を開設。 ＵＮＥＦ部隊とガザにてクリスマスを祝福。
一九五八年	国連事務総長の二期目の開始。
一九五九年	国連史上初となる事務総長特別代表をギニアに設置。 ネパールを訪問、のちに〈ナショナル・ジオグラフィック〉（一九六一年）誌に掲載されることになるエベレストの写真を撮影。
一九六〇年	コンゴへ平和維持軍（ＯＮＵＣ）を派遣。 ニキータ・フルシチョフの辞任の要求に対するかの有名な演説を行う。 国連の日、総会開幕の前にベートーベン第九交響曲を演奏。 サン＝ジョン・ペルス『年代記』を翻訳。
一九六一年	オックスフォード大学にて演説「法律および実践における国際公務員」。 国連職員七名とスウェーデン人乗務員八名とともにエンドーラにて死去。 没後、ノーベル平和賞を受賞。
一九六三年	『道しるべ』出版。

夫人の恋人』などを発表したが、発禁処分となるものもあった。

【ワ】

ワルトハイム，クルト（Kurt Waldheim, 1918～2007）オーストリアの外交官、政治家。1955年に初代国際連合代表となる。1972年第4代国連事務総長に就任し、1977年には再選される。キプロス紛争、南北イエメン問題、中東問題などに取り組み、1981年に辞任。

ワレンバーグ，ラウル（Raoul Wallenbergs, 1912～1947）スウェーデンの政治家、実業家。第2次世界大戦末期にハンガリーでナチスの大虐殺からユダヤ人の救出に尽力。救ったユダヤ人の数は10万人にも及ぶとされているが、ブタペストで旧ソ連軍により逮捕されて行方不明となったまま。

王炳南（Wang Bingnan, 1908～1988）中国の外交官。中華人民共和国建国後、周恩来のもとで中国外務省総局局長として外交全般を取り仕切る。1954年のジュネーブ会議では中国代表団の事務局長を務め、駐ポーランド大使の任期中に9年間続いた米中間大使級会談の中国代表を兼任。

ワン・ワイタヤーコン親王（Prince Wan Waithayakon, 1891～1976）タイ国王のラーマ4世の孫で外務大臣。1947年駐アメリカ大使兼国連大使に就任し、1956年には国連総会議長を務める。

とになり一命を取り留める。2006年にはスウェーデン・アカデミーの最も名誉ある賞「スウェーデン・アカデミー・グレート賞（Great Prize）」を受賞。

ルース，イヴァル（Ivar Rooth, 1888～1972）スウェーデンの財政家。スウェーデン国立銀行総裁を経て、国際通貨基金の総裁に就任。1947年年には国連年金基金の投資委員会の委員長に就任。

ルーズベルト，フランクリン（Franklin Roosevelt, 1882～1945）第32代アメリカ大統領。「ニューディール」で景気回復に努めるとともに、種々の社会改革を推進。第2次世界大戦の勃発後は連合国側を支援し、1941年に参戦。戦時大統領として強力な指導力を発揮しつつ、ソ連との協調を重視しながら戦後の平和構想の立案に尽力。終戦を目前に脳溢血で死去。

ルッベスタッド，アクセル（Axel Rubbestad, 1888～1961）スウェーデンの農民党の政治家。第2次世界大戦中に無任所大臣に就任し、民間防衛と燃料供給の問題を担当。

ルーミー，ジャラール＝ウッディーン（Jalalu'd-Din Muhammad Rumi, 1207～1273）ペルシア四大詩人の一人で、神秘主義詩の最高詩人。代表作は詩集『精神的マスナビー』など。

ルムンバ，パトリス（Patrice Lumumba, 1925～1961）コンゴの独立運動指導者、政治家。1960年コンゴ共和国独立後、初の選挙で首相になるが、コンゴ動乱のクーデターによりその座を追われ、政権を取り戻す努力をした末に処刑された。

ロッジ、ヘンリー・カボット（Henry Cabot Lodge, 1902～1985）アメリカの政治家。1953年アイゼンハワー大統領の任命により国連常駐代表。1960年ニクソン大統領候補と並んで共和党の副大統領候補に指名されたが惜敗。南ベトナム駐在大使、バチカン駐在特使などを歴任。

ロムロ，カルロス P.（Carlos P. Romulo, 1899～1985）フィリピンの政治家、外交官。1942年アメリカ人以外で初めてのピュリッツァー賞を受賞。1944年～1947年アメリカ領フィリピン代表としてアメリカ議会に在籍。1949年～1950年は国連総会および国連安全保障理事会の議長を務めた。

ロレンス，デイビッド・ハーバート（David Herbert Lawrence, 1885～1930）イギリスの小説家、詩人。現代の物質文面を批判し、人間の自然な本能としての性愛に帰ることを強調し、『息子と恋人』、『チャタレー

判を受け、1953年辞任。

リドマン，サラ（Sara Lidman, 1923～2004）スウェーデンの作家。スウェーデン北部の貧しい農民生活などをテーマとしたほか、ベトナム戦争や南アフリカのアパルトヘイトに反対する政治批評も多く発表し、共産主義運動にも関与。

リドマン，スヴェン（Sven Lidman, 1882～1960）スウェーデンの軍人、詩人、作家。1917年に信仰に目覚め、その経験を小説『年老いた女中のいる家』に記す。

リップマン，ウォルター（Walter Lippmann, 1889～1974）アメリカの政治評論家、社会心理学者。1947年に『冷戦―アメリカ合衆国の外交政策研究』を発表し、「冷戦」という言葉を初めて使用。1958年および1962年ピュリッツァー賞受賞。

リルケ，ライナー・マリア（Rainer Maria Rilke, 1875～1926）オーストリアの詩人、作家。1902年にパリにロダンに師事。代表作に『ドゥイノの悲歌』など。

リンダール，エリク（Erik Lindahl, 1891～1960）スウェーデンの経済学者。スウェーデン学派に属する。

リンデグレン，エリク（Erik Lindegren, 1910～1968）スウェーデンの作家、詩人、翻訳家。ハマーショルドの急逝によってスウェーデン・アカデミーの会員の座に就く。スウェーデン王立歌劇場でオペラの台本を手掛けるほか、オペラの批評家としても活躍。

リンド，ペール（Per Lind, 1916～？）スウェーデンの外交官。カナダ、オーストラリア、イギリスの大使を務めたのち、1969年に外務省行政局長。国連での任期中にハマーショルドの補佐を務め、ハマーショルドにとってあらゆる問題を率直に話し合える腹心の部下であった。

リンネ，カール（Carl von Linné, 1707～1778）スウェーデンの博物学者。『自然の体系』などを出版し、生物を属名と種小名で表す「二名法」の分類法を体系化。

リンネル，ステューレ（Sture Linnér, 1917～2010）スウェーデンの外交官、ギリシャ文学研究者。コンゴ動乱の際にハマーショルドのもとで国連シビリアン・オペレーションの長官を務める。ハマーショルドが搭乗し、後にアフリカのエンドーラで墜落死することになる飛行機に乗り合わせる予定だったが、離陸直前に緊迫したキンシャサの情勢を受けて残るこ身の国際政治学者。1937年にアメリカに移住し、シカゴ大学で教鞭をとる。

モーリヤック，フランソワ（François Maruiac, 1885～1970）フランスの作家。1909年処女詩集『合掌』を発表。第1次世界大戦に従軍し、戦後、『癩者への接吻』によって小説家としての地位を確立。1952年ノーベル文学賞受賞。

モネ，ジャン（Jean Monnet, 1888～1979）フランスの財界人・政治家。1919年～1923年国際連盟事務局次長を務めたのち、欧州連合の起源となるヨーロッパ石炭鉄鋼共同体の設立に寄与し、自ら初代委員長。

モブツ，セセ・セコ（Mobutu Sese Seko, 1930～1997）コンゴ民主共和国の大統領。独立後に国軍参謀総長となったのち、冷戦下でルムンバ首相を逮捕。1965年に再度大統領に就任するが、その直後より治安維持を理由に政治活動を禁止して独裁色を強めるほか、西側諸国や国際機関からの多大な支援金を受け取り、着服したと言われる。

【ヤ】

ヤーリング，グンナー（Gunnar Jaaring, 1907～2002）スウェーデンの外交官経験ののち、インドおよびパキスタン担当大臣などを歴任。1956年国連大使となり、安全保障理事会でスウェーデン代表。第3代国連事務総長ウ・タントのもとで中東和平の特命全権大使も務めた。

【ラ】

ラガワン，ネーディヤム（Nedyam Raghavan, ？）1952年から1955年に在中国インド大使。

ラーゲルクウィスト，ペール（Pär Lagerkvist, 1891～1974）スウェーデンの作家・詩人。1951年ノーベル文学賞受賞。代表作品『バラバ』など。

ラブイス，ヘンリー（Henry Labouisse, 1904～1987）アメリカの外交官、政治家。ハマーショルド国連事務総長のもとで国連パレスチナ難民救済事業機関（UNRWA）の長官。ウ・タウント国連事務総長のもとでユニセフにて長官を務め、1965年にユニセフを代表してノーベル平和賞受賞。1960年のコンゴ動乱の際には上級顧問としてハマーショルドを補佐した。

リー，トリグブ（Trygve Lie, 1896～1968）ノルウェーの政治家で初代国際連合事務総長。イラン問題やパレスチナ問題などで国連の政治的権威の確立に努め、平和維持機関としての国連の基礎を築くが、朝鮮戦争の処理に際して社会主義国側からの批

1901〜1976）フランスの作家、政治家。考古学調査のためにインドシナに発掘調査旅行をする。第2次世界大戦では対独抵抗運動に身を投じ、戦後はド・ゴール政権下で文化相を務める。主著に『沈黙の声』など。

ミコヤン, アナスタス（Anastas Mikoyan, 1895〜1978）旧ソ連の政治家。第2次世界大戦中は国家防衛委員会の委員、1946年副首相を務め、スターリンを補佐。スターリンの死後はフルシチョフのスターリン批判を支持し、フルシチョフ内閣の第一副首相。フルシチョフ失脚後もブレジネフ政権の補佐役として活躍した。

ミュア, エドウィン（Edwin Muir, 1887〜1959）スコットランドの詩人、批評家。主著に『スコットランド紀行』など。

ミュルダール, グンナー（Gunnar Myrdal, 1898〜1987）スウェーデンの経済学者、社会学者。1934年国会議員となり、のちにスウェーデン国立銀行の理事に就任し、「戦後経済計画委員会」の議長。1974年にフリードリヒ・ハイエクとともにノーベル経済学賞を受賞。

ミラー, ヘンリー（Henry Miller, 1891〜1980）アメリカの小説家。主著に『北回帰線』、『南回帰線』など。

ムーア, ヘンリー（Henry Moor, 1898〜1986）イギリスの彫刻家。1929年制作の『横たわる人』は、ムーアの作品に重要なモチーフとなる。第2次世界大戦中には従軍芸術家を命じられ、地下鉄や防空壕に避難する市民のたくましい様子を描き、世界的な評価を得る。

ムッソリーニ, ベニート（Benito Mussolini, 1883〜1945）イタリアの政治家。1921年国家ファシスト党の党首となる。1922年ローマ進軍を経て政権の座に就き、独裁政権を確立。1945年パルチザンに逮捕され、即決裁判を受けて銃殺された。

メノン, V. K. クリシュナ（V. K. Krishna Menon, 1897〜1974）インドの政治家、外交官。1962年までインド国連代表。J・ネルーの非同盟外交の立役者として国連で活躍。

メルヴィル, ハーマン（Herman Melville, 1819〜1891）アメリカの小説家、詩人。1951年『白鯨』を刊行するが、生前にはその真価を認められることはなかった。20世紀に入り、その人間存在の深淵への洞察と多様な象徴主義的作風のゆえに世界文学の巨匠の一人となる。

モーゲンソー, ハンス・J（Hans J. Morgenthau, 1904〜1980）ドイツ出

ボカーリ，アーミッド（Ahmed Bokhari, 1898〜1958）パキスタンの外交官。インドにてオール・インド・ラジオ局の局長を務めたのち、1951年〜54年はパキスタンから初の国連代表となる。没するまでハマーショルド国連事務総長のもとで国連事務次長として情報担当を務めた。

ボードレール，シャルル（Charles Baudelaire, 1821〜1867）フランスの詩人。詩集『悪の華』でフランス近代詩を確立。しかし、出版当時には受け入れられず、風俗壊乱のかどで起訴され、罰金と詩六編の削除を命じられた。

ボーへマン，エリク（Erik Boheman, 1895〜1979）1918年スウェーデン外務省に入省し、パリやロンドンの駐在大使館に勤務。公使を歴任したのち事務次官。戦後は、ロンドン、ワシントンの駐在大使を務めたのち国会議員（1959〜70）。

ボーランド，フレデリック（Frederick Boland, 1904〜1985）1956年にアイルランド初の国連大使となる。フルシチョフが靴を机に叩きつける事件が起きた1960年10月12日の国連総会では議長を務めた。

【マ】

マーシャル，ジョージ（George Marshal, 1880〜1959）アメリカの軍人、政治家。「マーシャル・プラン」として知られるヨーロッパ復興計画の概略を発表。1949年アメリカ赤十字社総裁に就任。1953年ノーベル平和賞受賞。

マッカーシー，ジョセフ（Joseph McCarthy, 1908〜1957）アメリカの政治家。上院特別調査委員会の委員長として「赤狩り」に乗出し、反共旋風を巻き起こしたが、反発を受け、1954年上院の非難決議により急速に影響力を失った。

マリク，チャールズ（Charles Malik, 1906〜1987）レバノンの哲学者、外交官。1945年駐アメリカ大使、国連大使に就任し、サンフランシスコ会議ではレバノン代表。1958年には国連総会の議長を務めたが、総会において旧ソ連を批判する発言をしばしば行った。

マルティンソン，ハリー（Harry Martinson, 1904〜1978）スウェーデンの作家、詩人。1974年にエイヴィンド・ユーンソンとともにノーベル文学賞を受賞したが、両者ともノーベル賞選考委員会に所属していたことからこの受賞は批判を招いた。これを理由に自殺を図った。

マルロー，アンドレ（André Malruax,

脚。

フローベール，ギュスターヴ（Gustave Flaubert, 1821～1880）フランスの小説家。写実主義文学の代表者。パリ大学に学ぶが、神経障害で放棄。1856年『ボバリー夫人』を発表、風紀を乱し反宗教的なものとして起訴されたが無罪。

ヘーゲルストレム，アレクス（Axel Hägerström, 1868～1939）スウェーデンの哲学者、法学者。

ベスコフ，ボー（Bo Beskow, 1906～1989）スウェーデンの画家、作家。絵本作家エルサ・ベスコフの息子で実験的な芸術家として知られる。ハマーショルドと生涯を通じての親交があり、国連ビル内の瞑想室のための絵画を依頼され、その作品は古典的な抽象画の傑作とされている。また、晩年のハマーショルドを描いた肖像画が国連事務局内に飾られている。

ヘッセ，ヘルマン（Herman Hesse, 1877～1962）ドイツの詩人、小説家。代表作に『車輪の下』など。1946年ノーベル文学賞受賞。

ヘップワース，バーバラ（Barbara Hepworth, 1903～1975）イギリスの女性彫刻家。ダグ・ハマーショルドを記念し、1964年に建てられたブロンズ彫刻「シングル・フォーム」は最も有名な作品の一つで国連本部ビルに飾られている。

ベルグソン，アンリ（Henri Bergson, 1859～1941）フランスの哲学者。国際連盟の知的協力委員会の議長も務め、1927年ノーベル文学賞受賞。著書『創造的進化』など。

ペルス，サン=ジョン（Saint-John Perse, 1887～1975）フランスの詩人、外交官。本名はアレクシ・レジェ（Alexis Lēger）。1960年ノーベル文学賞受賞。1914年外務省に入り、外務省秘書官長を務めるが、ヴィシー政権により解任され、アメリカに亡命。1924年、ペンネームを初めて用いて『遠征』を出版。ハマーショルドと深い親交があり、彼によりノーベル文学賞の推薦がなされた。

ベルナドッテ，フォルケ（Folke Bernadotte, 1895～1948）スウェーデンの外交官。1946年スウェーデン赤十字社総裁。1947年第１次中東戦争を解決するため、国連パレスチナ調停官に就任。イスラエルとアラブの和平に尽力するが、1948年戦闘中のエルサレムで「イスラエル自由戦士団」によってフランス大使とともに射殺された。

リカ人職員の間に反体制派が潜伏しているという容疑に対するアメリカ大陪審とアメリカ上院内部安全保障小委員の追及と調査の対応は過酷なもので、これを苦にしてリーの辞任表明の3日後に自殺を図る。

フォースター，E. M.（Edward Morgan Forster, 1879～1970）イギリスの小説家、批評家。インドを舞台にイギリス人とインド人の対立を描いた『インドへの道』などの小説を発表後、評論、旅行記などに転じる。

ブクハリ，アフマド（Ahmed Bokhari, 1898～1958）パキスタンの外交官。全インドラジオ局の局長。1951年～1954年パキスタンから初の国連大使。1954年～1958年にはハマーショルド国連事務総長のもとで国連事務次長となり、情報局を担当。

ブトロス＝ガリ，ブトロス（Boutros Boutros-Ghali, 1922～　）カイロ大学で国際法と国際関係論の教授を務めたのち、外務担当の国務大臣、副首相。国連の国際法委員会の委員を務め、1991年国連総会において第6代国連事務総長に任命される。「平和のための課題」と題する報告書を発表し、大きな反響を巻き起こした。その後も次々と提言書を発表し、国連改革とPKO改革に力を入れた。再任を希望したが、アメリカの拒否権により退任。

ブリックス，ハンス（Hans Blix, 1928～　）スウェーデンの外務大臣を務めたのち、1981年～97年国際原子力機関（IAEA）事務局長。2000年～03年国連監視検証査察委員会（UNMOVIC）の委員長を務めた。

ブルガーニン，ニコライ（Nikolai Aleksandrovich Bulganin, 1895～1975）第2次世界大戦後に旧ソ連の軍事相兼副首相。スターリンの死後、マレンコフ新政権のもとで第一副首相兼国防相。フルシチョフが党第一書記となると、マレンコフを継いで首相。1955年フルシチョフとともに旧ユーゴスラビアを訪問し、チトー大統領に和解を申し入れるなど平和共存外交を推進するが、党内闘争でフルシチョフ派を支持しなかったため失脚し、1958年には首相の地位を追われた。

フルシチョフ，ニキータ（Nikita Khrushchev, 1894～1971）モスクワ党委員会第一書記に就任後、スターリンのもとで反対派の一掃に活躍。スターリンの死後に党第一書記となるが、「スターリン批判」を行う。アイゼンハワー大統領との間に友好関係を築いて、冷戦による緊張を一時的に緩和したが、国内で農工業の政策で成果を上げられず1964年に失表となり、ハイチ、南アフリカを担当したのち、2001年からはアフガニスタンおよびイラクを担当。アナン国連事務総長の命により設置された国連平和活動検討パネルの議長として、2000年 PKO をより継続的かつ強化するための改革案の提案を行う。その報告は「ブラヒミ報告」と呼ばれている。現在はロンドン大学 LSE 校特別上席研究員。

プルースト，マルセル（Marcel Proust, 1871～1922）フランスの小説家。持病の喘息が悪化したことをきっかけに7巻15冊からなる『失われた時を求めて』を執筆し、20世紀フランス文学の最高傑作と称される。

フレーディン，グスタフ（Gustaf Fröding, 1860～1911）スウェーデンの詩人、作家。ウプサラ大学に学んだのちジャーナリストとなる。アルコール依存症となり、晩年には精神病院で過ごしたが詩作活動は続けた。

ヘデニウス，インゲマール（Ingemar Hedenius, 1908～1982）スウェーデンの哲学者。ウプサラ大学の教授で、キリスト教に対する批判を展開。1949年発表の『信仰と知識（Tro och Vetande)』ではキリスト教の神学と教会を批判し、宗教的な論争を巻き起こした。

ベルティル王子（Prins Bertil/Carl Eugén, Bertil Gustaf Oskar, 1912～1997）スウェーデン前国王グスタフ6世アドルフと王妃マルガレータとの間に生まれた三男。甥のカール16世グスタフ（現スウェーデン国王）が成人して王位を継承するまで国王代理を務める。

ベルフラーゲ，レイフ（Leif Belfrage, 1910～1990）スウェーデンのウンデン外相のもとで外務事務次官を務める。

ビョルリング，ユッシ（Jussi Björling, 1911～1960）スウェーデンの歌手。ヨーロッパの有名歌劇場で活躍。1940年代～1950年代はメトロポリタン歌劇場にて看板テノール歌手となる。49歳で心臓疾患により死去。

ビング，ルドルフ（Rudolf Bing, 1902～1997）オーストリア生まれのオペラ監督。1950年～1972年メトロポリタン歌劇場の総支配人。1946年イギリスに帰化し、1971年にはエリザベス女王2世よりナイト爵位を与えられる。

フェラー，アブラハム（Abraham Feller, ？）1946年に国連の法律顧問部に首席として就任以来、初代事務総長のトリグブ・リーの側近として補佐。しかし、国連事務局に在籍するアメーデンの官僚。ダグの兄。ウプサラ大学で法学を修めたのち官職や法律職を歴任。1935年セーデルマンランド県知事。

バーンズ，ジューナ（Djuna Barnes, 1892～1982）アメリカの作家。20世紀モダニズム英文学の発展に重要な役割を演じ、ボヘミアンとして暮らした人物の一人。小説『夜の森』は近代小説のカルト的作品。16歳の時に、父もしくは父の承諾を得た隣人と思われる人物によって強姦されるという経験をもつ。作品は独特の文体で今日でも光彩を放っており、死後、多くが再版された。

バンチ，ラルフ（Ralph Bunche, 1904～1971）アメリカの政治学者。黒人奴隷の孫として生まれ、人種問題や植民地問題の権威となる。国連憲章の草案作成に携わる。1949年にはイスラエル・エジプト間の休戦調停にあたり、その功績によりノーベル平和賞を受賞。1968年に国連副事務総長となるが、2年後に健康上の理由で辞任。その後、ウ・タント事務総長の顧問。

パンディット，ヴィジャヤ・ラクシュミー（Vijaya Lakshmi Pandit, 1900～1990）初代首相ジャワハルラール・ネルーの妹。1947年インド独立に合わせて外交官となり、ロシア、アメリカなどの大使に就任。1946年～68年には国連インド代表。1953年の国連総会では初の女性議長を務めた。

ピアソン，レスター（Lester Pearson, 1897～1972）駐米カナダ大使を務め、国連およびNATOの設立に貢献。1956年の「スエズ危機」の際、平和維持軍（当時は国連緊急軍）の創設を提唱し、紛争の解決にあたったことが評価され、1957年ノーベル平和賞受賞。1963年～68年にはカナダの第14代首相。

フォークナー，ウィリアム・カスバート（William Cuthbert Faulkner, 1897～1962）アメリカの小説家。代表作に『響きと怒り』など。1949年ノーベル文学賞受賞。

ブーバー，マルティン（Martin Buber, 1878～1965）オーストリア生まれの「対話の哲学」といわれる思想の代表者。1923年にフランクフルト大学教授となり、宗教学とユダヤ教倫理を講じるも1933年ナチスにより退職させられ追放処分を受けて出国し、1938年ヘブライ大学教授。主著に『我と汝』など。

ブラヒミ，ラクダール（Lakhdar Brahimi, 1934～　）1984年～1991年アラブ連盟副事務局長。アルジェリアの外務大臣を経たのち国連特別代代首相。マハトマ・ガンジーの影響を受け、インド独立運動を促進。再三逮捕されて約10年間を獄中で送る。1947年インド独立に伴い首相兼外相に就任。

ネルボ，アマード（Amado Nervo, 1970～1919）メキシコでジャーナリストとして活躍したのち、駐アルゼンチン大使および駐ウルグアイ大使を務めた。

【ハ】

パウンド，エズラ（Ezra Pound, 1885～1972）アメリカの詩人。第２次世界大戦中ファシスト側の宣伝放送に協力、戦後アメリカに送還されて戦争反逆罪で告発されたが、精神異常と認定され、12年間病院に収容されたのち釈放。

バーゲン，エドガー（Edgar Bergen, 1903～1978）アメリカの俳優。スウェーデン系移民としてシカゴで生まれる。「チャーリー・マッカーシー」と名付けられた人形ともに1930年代以降ラジオ、テレビでも活躍。

パーション，ヨーラン（Göran Parsson, 1949～　）スウェーデンの社会民主労働党の党首（1996～2007）となり首相（1996～2006）を務める。

パステルナーク，ボリス（Boris Pasternak, 1890～1960）旧ソ連の詩人。叙事詩『シュミット大尉』などの作品で第一次ロシア革命をうたった。長編小説『ドクトル・ジバゴ』をイタリアで出版し、翌年ノーベル文学賞を受賞するも辞退。

バッゲ，ヨスタ（Gösta Bagge, 1882～1951）スウェーデンの経済学者、保守政治家。1935年右派国家組織党（現在の穏健党）の党首。1939年～44年は文部科学大臣を兼務。自由主義に基づく経済政策を支持し、財務大臣ヴィグフォシュの福祉国家的な経済政策を批判し、激しい論戦を展開した。

ハマーショルド，ダグ（Dag Hammarskjöld, 1905～1961）本文参照。

ハマーショルド，ヒャルマル（Hjalmar Hammarskjöld, 1862～1953）第15代スウェーデン首相。ダグの父。法務大臣、ヨータ上訴裁判所の裁判長、教育大臣、在デンマーク・スウェーデン大使を経て、1907年にウプサラ県知事。厳格な性格が独裁的で権威主義的と政敵からは非難されたが、ノーベル財団理事長（1929～47）やスウェーデン・アカデミーのメンバーなど数々の名誉職に就く。

ハマーショルド，ボー（Bo Hammarskjöld, 1891～1974）スウェ

圏との接触（中国承認）などの現実主義の路線を取る。

トマ，アルベール（Albert Thomas, 1878～1932）国際労働機関（ILO）の初代事務局長（1919～1932)。フランスの労働運動や政治政党において活躍。

トーマス，ディラン（Dylan Thomas, 1914～1953）イギリスの詩人、作家。20世紀前半の最も重要な詩人の一人。代表作『愛の地図』、ラジオ劇『ミルクウッドの下で』など。アルコール中毒にて39歳で他界。

ドラモンド卿（Sir James Eric Drummond, 1876～1951）イギリスの外交官。国際連盟の初代事務総長（1919～33）を務め、政治的な中立を厳守する国際公務員の規範を確立させた。この規範は、国際連合にまで受け継がれた。

トルストイ，レフ（Lev Tolstoi, 1828～1910）ロシアの小説家、思想家。代表作『戦争と平和』『アンナ・カレーニナ』など。「トルストイ主義」と呼ばれた思想に基づく活動を展開し、私有財産、非戦論、非暴力主義を唱え、政治・社会にも大きな影響を与えた。

トロヤノフスキー，オレグ（Oleg Troyanovsky, 1919～2003）スターリンの外交政策アシスタント兼通訳を経たのちにフルシチョフの外交政策アドバイザーとなる。1977年～86年国連大使を務めた。

【ナ】

ナザレのイエス（Jesus of Nazareth, BC 4年頃～AC30年頃）キリスト教の創始者イエス・キリストの原型となった、歴史上実在したとされている人物。

ナーセル，ガマール・アブドゥン＝（Gamal Abd al-Nasser, 1918～1970）エジプトの軍人、政治家。1954年首相となり、1956年には国民投票により大統領。同年スエズ運河国有化を宣言。汎アラブ主義の第一の指導者としてアラブ諸国の統合を唱道、1958年シリアとの合邦によるアラブ連合共和国（1961年9月解体）の成立に伴い、同国大統領。

ナラシムハン，C. V.（Chakravarthi V. Narasimhan, 1915～2003）インドの外交官。1956年国連アジア極東経済委員会の事務局長。1958年にはハマーショルドのもとで特別政務局次長。事務次長として3人の事務総長のもとで定年まで勤める。

ネルー，ジャワハルラール（Nehru, Jawaharlal, 1889～1964）インドの初

後はスターリンと一線を画し、「チトー主義」と呼ばれる独自の社会主義路線を開拓し、非同盟を宣言。1963年に終身大統領となる。

チャーチル，ウィンストン（Sir Winston Leonard Spencer Churchill, 1874～1965）イギリスの政治家。第1次世界大戦時には海相、軍需相。第2次世界大戦の開戦時に海相となり、1940年に首相。ヤルタ会談やポツダム会談などに参加して戦後の国際体制の策定に携わる。1953年ノーベル文学賞受賞。

チョンベ，モーイズ（Moise Tshombe, 1919～1969）コンゴの政治家。1960年、コンゴ独立にあわせてカタンガ州首相に就任。旧宗主国ベルギーなどの支援のもとに傭兵を用いて分離独立を主張し、中央政府と対立したことからコンゴ動乱へと発展。

ディキンソン，エミリー（Emily Dickinson, 1830～1886）1,700編以上に上る作品は生前認められなかったが、死後次々に詩集が刊行され、アメリカ最高の女流詩人と認められた。

ティングステン，ヘルベルト（Herbert Tingsten, 1896～1973）スウェーデンの政治学者。ストックホルム大学の政治学教授を経て、「Dagens Nyheter紙」の編集長。早くからナチズムに反対するほか社会主義の脅威を示唆するなど、スウェーデン社会のオピニオン・リーダーとして手腕を発揮。著書において、ファシズムの台頭や南アフリカのアパルトヘイトなど、主要な政治問題の多くを予期したと言われている。

ティンバーレイク，クレア（Clare H. Timberlake, 1907～1982）アメリカの外交官。1960年のコンゴ独立を機に駐コンゴ・アメリカ大使に任命され、1961年まで務める。

デ・クエヤル，ハビエス・ペレス（Javier Pérez De cuéllar, 1920～）ペルーの政治家。1971～75年国連大使。1975年～77年国連事務総長特使としてキプロス紛争調停に取り組む。1979～81年国連事務次長を務めたのち、1982年より第5代国連事務総長。在任中にイラン＝イラク戦争の停戦調停、キプロス問題、アフガン問題、ペルシア湾岸危機の解決に尽力し、1991年に退任。

ド・ゴール，シャルル（Charles de Gaulle, 1890～1970）1958年フランス第5共和政を発足させ初代大統領（1969年まで）。核抑止政策、対米従属の拒否、主権を維持したヨーロッパ統合などのナショナリズム、民族独立運動への理解、独仏協調、共産ジュリー』。２回の離婚後、錯乱状態に陥るが、キリスト教神秘主義に救いを見いだす。

セーデルストレム, エリザベス（Elisabeth Söderström, 1927～2009）スウェーデンのソプラノ歌手。スウェーデン王立歌劇場やメトロポリタン歌劇場など世界の有名歌劇場にて活躍。1993年～1996年ドロットニングホルム宮廷劇場の指揮者。

セランデル, ステン（Sten Selander, 1891～1957）スウェーデンの詩人、作家、植物学者。スウェーデンの自然や景観を記録した多くの著作を残した。

ゾリン, ワレリアン（Valerian Zorin, 1902～1986）1922年ロシア共産党入党。1952年からは駐国連安保理ソ連常任代表を兼任。1961年からソ連共産党中央委員会委員。1960年～1962年、再び駐国連安保理ソ連常任代表となる。

【タ】

タクール, ラメシュ（Ramesh Thakur, ？）インドの政治学者、平和研究者。ニュージーランドのオタゴ大学政治学部教授に就任後、オーストラリア国立大学平和研究所長。2007年国連大学上級副学長および国連事務総長補を兼任。現職はオーストラリア国立大学国際関係学の教授。

ダーゲルマン, スティーグ（Stig Dagerman, 1923～1954）スウェーデンの小説家、劇作家。31歳で自殺するが、『蛇』、『死刑囚』などを著す。

ダヤル, ラージェーシュワル（Rajeshwar Dayal, ？）インドの外交官。コンゴ動乱（1960年～65年）の収束と独立を確保するための司令官にハマーショルドにより任命され、現地コンゴで任務に当たる。

ダレス, ジョン・フォスター（John Foster Dulles, 1888～1959）アメリカの外交官、政治家。国際法律事務所に勤務の間に1945年の国連創設会議に参加。1950年国務省顧問に任じられ対日講和条約の交渉などにあたり、アイゼンハワー政権の国務長官に就任。

チェルニチェフ, イリヤ（Ilya Tchernychev, ？）旧ソ連の外交官。1953年～54年国連政務部の事務次長を務めた。

チトー, ヨシップ・ブローズ（Josip Broz Tito, 1892～1980）ユーゴスラビアの最高指導者。1943年、ナチスによるユーゴスラビア占領下で対独抵抗運動の指導者となり、臨時政府を設立し、1945年に首相に就任。戦ショーベリ，レイフ（Leif Sjöberg, 1925～2001）スウェーデンの文学者。スウェーデンの質の高い文学が英語圏に普及していないことを問題視して、欧米の著名な詩人との共同でスウェーデン語の名作を翻訳出版するという手法を確立。その第一弾がW・H・オーデンとともに手掛けたハマーショルドの『道しるべ』（1964年英訳版）であった。

ジョルジュ＝ピコ，ギョーム（Guillaume Georges-Picot, ？）フランスの外交官。1956年～1959年まで国連大使を務める。

ジョンソン，アレクシス（Alexis Johnson, 1908～1997）アメリカの外交官。駐日大使、政治担当国務次官などを歴任し、1947年在横浜総領事。1955～1958年、ジュネーブでの米中大使級会談の米国代表。

ジンチェンコ，コンスタンチン（Zinchenko, Konstantin, ？）旧ソ連の外交官。国連初代事務総長トリグブ・リーのもとで政治局の事務次長補を務める（1949～1953）。

スコット卿（Sir Ian Scott, 1910～2002）コンゴにてイギリス総領事を数年務めたのち、1960年のコンゴ独立を機に、初の駐コンゴ・イギリス大使に就任（1961年まで）。

スタインベック，ジョン（John Steinbeck, 1902～1968）アメリカの小説家。『怒りの葡萄』でピュリッツァー賞を受賞。『エデンの東』など著者多数。1962年ノーベル文学賞を受賞。

スタッフォード卿（Sir Stafford Cripps, 1889～1952）第2次世界大戦中は旧ソ連大使や航空機生産大臣などを歴任。戦後は商務省大臣、財務大臣を歴任し、イギリスの戦後経済復興計画の策定に従事。

スターリン，ヨシフ（Joseph Stalin, 1879～1953）1922年旧ソ連共産党書記長に就任し、没するまでその地位を保持。レーニン死去後、独裁体制を固めて大粛清を執行。第2次世界大戦後は東欧諸国に共産党政権を確立させて「共産党ブロック」を築き上げ、冷戦の東西対立を深めた。

スティッカー，ディルク（Dirk U. Stikker, 1897～1979）オランダの銀行家、政治家。1945年にオランダ労働者財団の発起人の一人となり、戦後の団体交渉組織の基礎を築く。外務大臣のほか、1961年北大西洋条約機構（NATO）の第3代事務総長。

ストリンドベリ，アウグスト（August Strindberg, 1849～1912）スウェーデンの劇作家、小説家。代表作『令嬢

Jebb, 1900〜1996）イギリスの外交官、政治家。1945年、国連設立準備委員会事務局長。1945年に国連事務総長代行となり、初代事務総長としてトリグブ・リーの就任まで代行を務めた。1950年から国連大使、1954年〜1960年駐フランス大使。1960年自由党の副党首ともなった。

子思《しし》（前483頃〜前402頃）中国の思想家。孔子の孫。門弟は戦国時代末期まで一学派をなし、その著述に『子思子』23編があるが子思の自著ではない。宋代に至り、孔子—曾子—子思—孟子と伝わった学問が儒教の正統とされた。

シャムーン，カミール（Camille Chamoun, 1900〜1987）元レバノン大統領。1957年に米大統領アイゼンハワーが中東諸国への軍事支援を公式に表明した「アイゼンハワー・ドクトリン」を受け入れたことにより、汎アラブ主義を唱えるエジプトのナーセル大統領と対立。レバノン危機の結果、大統領を失脚。1984年から没するまではレバノン副首相。

周恩来（1898〜1976）1949年に中華人民共和国が成立すると同時に政務院（のちの国務院）総理に就任し、病死するまで務めた。1954年のジュネーブ会議に中華人民共和国代表として出席するほか、インドのネルー首相とともに平和共存・内政不干渉などの「平和五原則」を発表。1955年には、インドネシアで開かれたアジア・アフリカ会議（バンドン会議）にも出席。

十字架の聖ヨハネ（Juan de la Cruz, 1542〜1591）スペインのカトリック司祭。カルメル会の刷新に取り組み、『暗夜』などの著す。カトリック教会・聖公会・ルーテル教会の聖人で、記念日は12月14日。

シュバイツァー，アルベルト（Albert Schweitzer, 1875〜1965）フランスのプロテスタント神学者、音楽家、医師。バッハ、キリストなどの神秘主義の研究を行うほか、独自の生命観を唱えた。1952年ノーベル平和賞受賞。主著に『文化哲学』。

ジョイス，ジェームス（James Joyce, 1882〜1941）アイルランドの小説家。チューリッヒ、パリなどで過ごして悪戦苦闘の作家生活を送る。代表作『ユリシーズ』など。

蔣介石（1887〜1875）北伐を完遂し、中華民国の統一を果たす。1948年初代総統に就任し、没するまで独裁権力を保持。しかし、毛沢東率いる中国共産党に敗れて1949年台湾に逃れた。

ーデンの演出家、作家、翻訳家。ストックホルム王立ドラマ劇場の芸術監督やノーベル委員会の議長を務めた（1970～1980）。

グッルベリ，ヒャルマル（Hjalmar Gullberg, 1898～1961）スウェーデンの作家、詩人。スウェーデン放送劇場にて芸術監督。1944年にルンド大学名誉博士。

グロイムコ，アンドレイ（Andrei Gromyko, 1909～1989）旧ソ連の外交官。アメリカ駐在大使、国連創立の国際会議のソ連代表、国連安全保障理事会旧ソ連代表、外務次官を歴任。1957年外相に就任後28年間外相として活躍。

ケイ，ダニー（Danny Kaye, 1913～1987）アメリカの俳優、歌手。『ホワイト・クリスマス』など多数の映画に出演。1954年国連のユニセフ親善大使。1954年アカデミー賞特別賞受賞。

ケンピス，トマス・ア（Thomas á Kempis, 1380頃～1471）オランダの宗教家で神秘思想家。代表作『キリストにならいて』。

コルディア，アンドリュー（Andrew Cordier, 1901～1975）アメリカの国連職員。1946年～1961年国連事務次長と事務総長特別代表を兼務し、朝鮮戦争、スエズ危機、コンゴ動乱の収束に従事。主要ポストを過剰に兼任しているという旧ソ連の非難を受けて1962年に辞職。

コンラッド，ジョセフ（Joseph Conrad, 1857～1924）ポーランド出身のイギリスの小説家。船員の経験をもち、代表作として『ロード・ジム』がある。『闇の奥』は、映画『地獄の黙示録』（1979年）の原作。

【サ】

サンデモーセ，アクセル（Aksel Sandemose, 1899～1965）ノルウェーの作家。『ラブラドル地方からの物語』が処女作。1930年母の出身国ノルウェーに移住。1941年対独抵抗運動に参加し、スウェーデンに亡命するが、戦後ノルウェーに戻る。

シェイクスピア，ウィリアム（William Shakespeare, 1564～1616）イギリスの詩人、劇作家。代表作『ハムレット』、『ロミオとジュリエット』。

ジェームス，ヘンリー（Henry James, 1843～1916）アメリカの小説家。イギリスで活躍した英米心理主義小説の先駆者。代表作『ある婦人の肖像』、『黄金の盃』など。

ジェブ，グラッドウィン（Gladwyn

ノーベル文学賞受賞。代表作に『荒地』など。

エンジェル，エデュアルド・ズレタ（Eduardo Zuleta Angel, ？）コロンビアの外交官。1946年１月10日の国際連合の第１回目総会の準備委員会の委員長を務め、総会においても議長を務めた。

オーデン，W. H.（Wystan Hugh Auden, 1907～1973）イギリスの詩人。1946年アメリカに帰化。『詩集』発表以来、マルクスの社会意識とフロイトの精神分析をもってイギリスを批評し、人間の真の接触を可能にする社会の創造を主張するが、次第に宗教的となり、信仰と知性の葛藤が愛に包摂されるという信念を神秘的象徴的な言葉に託して歌うようになった。

オニール，ユージン（Eugene O'neill, 1888～1953）アメリカの劇作家。1936年ノーベル文学賞受賞。ピュリッツァー賞を４回受賞。代表作『夜への長い旅路』。

オプノ，アンリ（Henri Hoppenot, 1891～1977）1952年国連安全保障理事会のフランス代表。1955年最後となる旧フランス領インドシナ長官に就任。

オリーン，ベルティル（Bertil Ohlin, 1899～1979）スウェーデンの経済学者。ストックホルム大学などで教壇に立ち、のちに国会議員や商業大臣など歴任。1977年ノーベル経済学賞を受賞。

【カ】

カザルス，パブロ（Pablo Casals, 1876～1973）スペインの音楽家。スペイン内戦時はフランスに亡命し、フランコ独裁政権への抗議と反ファシズムを貫いた。1971年10月24日（国連の日）の国連本部での演奏会にて国連平和賞を受賞。

カールフェルト，エリック・アクセル（Erik Axel Karlfeldt, 1864～1931）スウェーデンの詩人。1919年ノーベル文学賞受賞を拒否するも死後1931年に受賞。

ガルボ，グレタ（Greta Garbo, 1905～1990）スウェーデン出身のハリウッド女優。『椿姫』などに出演したが、公の場に姿を見せることはなかった。1954年アカデミー名誉賞受賞。

ガンジー，マハトマ（Mohandas Gandhi, 1869～1948）インド独立を導いた政治指導者。「非暴力・非服従」の精神を提唱し、その平和主義的思想は世界中に大きな影響を与えた。

ギエロフ，カール・ラグナル（Karl Ragnar Gierow, 1904～1982）スウェ

メリカの北爆停止を主とした調停案を提出。1971年12月末、国連事務総長を辞任。

ウ・ヌー（U Nu, 1907～1995）ミャンマーの政治家。日本軍の占領下で1943年に外相・情報相に就任。戦後アウン・サンが暗殺されると反ファシスト人民自由連盟総裁に就任。1948年ビルマ独立の際に初代首相。以後、２度首相を務めた後、1962年にクーデターで失脚。1969年にタイに亡命したのちも反政府闘争を展開。

ウルフ，ヴァージニア（Virginia Woolf, 1882～1941）イギリスの女流作家。代表作『ダロウェイ夫人』。人物の「意識の流れ」を叙述し、登場人物の心理を深く掘り下げる手法を確立。第２次世界大戦中に入水自殺。

ウルフ，トーマス（Thomas Wolfe, 1900～1938）アメリカの作家。代表作に自伝的大河小説である『汝再び故郷に帰れず』など。

ウンデン，エステン（Östen Undén, 1886～1974）スウェーデンの法学者、政治家。1917年よりウプサラ大学で教授。２度無任所大臣を務めた後、２度外務大臣。第２次世界大戦中は、国会の外交問題委員会の委員長を務めた。

エークマン，ベルティル（Bertil Ekman, ？）スウェーデンの詩人。学生時代にノルウェーの山岳地帯を登山している最中に死亡。

エーケルンド，ウィルヘルム（Vilhelm Ekelund, 1880～1949）スウェーデンの詩人。1908年スウェーデンを去り、1921年に帰国。象徴的で哲学的な作風は、20世紀のスウェーデン文学に大きな影響を与えた。

エーケロフ，グンナー（Gunnar Ekelöf, 1907～1968）スウェーデン初の超現実主義の詩人、作家。1958年ウプサラ大学の名誉博士号。

エックハルト，マイスター（Meister Eckhart, 1260年頃～1328年頃）ドイツ神秘主義の哲学者。1314年以降、ストラスブール、ケルンで教授、説教活動。1326年異端の嫌疑を受け、1329年には著作中の28か所が有罪とされた。

エランデル，ターゲ（Tage Erlander, 1901～1985）スウェーデン社会民主党の党首で、23年間首相を務め（1946～1969）、長期政権を維持。

エリオット，T. S.（Thomas Stearns Eliot, 1888～1965）イギリスの詩人、批評家、劇作家。アメリカに生まれるが1927年イギリスに帰化。1948年の祖父グスタフス・フリドルフ・アルムクヴィスト（Gustavus Fridolf Almquist, 1814～1886）とは異母兄弟。

イーサクソン，フォルケ（Folke Isaksson, 1927～　）スウェーデンの作家、翻訳家、文芸評論家。W・H・オーデンやウィリアム・ブレイクの作品翻訳を行う。

李承晩（イ・スンマン，1875～1965）韓国の政治家。1911年アメリカに亡命して朝鮮独立運動を展開。1945年に帰国し、反共反信（信託統治反対）と単政（南朝鮮単独政府）を推進。1948年、大韓民国の独立時に初代大統領。1960年まで独裁的権力を保持したが、学生蜂起によりハワイに亡命。

イーデン，アントニー（Anthony Eden, 1897～1977）1923年、イギリス保守党下院議員。チャーチル戦時内閣の陸相を務めたのちに首相（1955～1957）。スエズ動乱に出兵し、国内外から激しい非難を浴び、1957年首相を辞任。

イプセン，ヘンリック（Henrik Johan Ibsen, 1828～1906）ノルウェーの劇作家。『ペール・ギュント』や『人形の家』などの作品がある。

ヴィグフォシュ，エルンスト（Ernst Wigforss, 1881～1977）スウェーデンの財務大臣（1925～1926、1932～1949）として社会民主党による福祉国家形成に向けた思想を展開した論客で、年金や健康保険制度など社会福祉政策の増税を行う。

ヴィシンスキー，アンドレイ（Andrei Y. Vyshinsky, 1883～1954）旧ソ連の政治家、法律家。スターリン体制下では大粛清に加担。1949年に外務大臣を経て、国連の旧ソ連首席代表を務めるなど冷戦外交で活躍。

ヴィルヘルム王子（Prins Wilhelm/Carl Wilhelm Ludvig, 1884～1965）前国王グスタフ６世アドルフの弟。セーデルマンランド公爵。

ウェンベリ，カール（Karl Vennberg, 1910～1995）スウェーデンの詩人、作家、翻訳家。多くの詩集を出版するほか、文学評論はスウェーデン文学界に大きな影響を及ぼす。

ウ・タント（U Thant, 1909～1974）ミャンマーの教育者、政治家。1957年８月ビルマ国連大使。1961年、国連暫定事務総長、1962年11月第３代国連事務総長に就任。西イリアン問題、キューバ・ミサイル危機、カシミール紛争、ベトナム戦争、中東戦争などの解決に尽力。ベトナム問題でア

本書に登場する人物の紹介

(詳細が不明の場合は本文中にスペルのみ記した。また、生没年が不明の場合は？とした)

【ア】

アイゼンハワー，ドワイト・デイヴィッド（Dwight David Eisenhower, 1890～1969）第2次世界大戦中、ヨーロッパの連合軍最高司令官。のちに、アメリカ合衆国第34代大統領（1953～1961）。

アヴェノル，ジョセフ（Joseph Avenol, 1879～1952）国際連盟第2代事務総長（1933～1940）。1922年、フランス財務省から国際連盟に派遣され、初代事務総長エリック・ドラモンド卿が辞任した際には事務次長であった。

アスペンストロム，ヴェルネル（Werner Aspenström, 1918～1997）スウェーデンの詩人。スウェーデン・アカデミーの会員で、スティーグ・ダーゲルマンとも交友があった。

アナン，コフィー（Kofi A. Annan, 1938～　）ガーナ出身の第7代国際連合事務総長（1997～2006)。1962年に国連に入り、ジュネーブの世界保健機構の行財政担当官をはじめ各国の国連の関連機関で勤務。2001年、国連とともにノーベル平和賞受賞。

アリストテレス（Aristotle, BC384～BC322年）ギリシャの哲学者。17歳の時にプラトンの門下生となる。政治、文学、倫理学など、あらゆる学問領域の分類と総括を行う。

アルムクヴィスト，カール・ヨーナス・ローウェ（Carl Jonas Love Almqvist, 1793～1866）スウェーデンの小説家、詩人。ウプサラ大学卒業。1830年代後半からリアリズムに転じ、教会の封建性を批判した『礼拝堂』、因襲的婚姻を痛罵した『それも可能だ』など多くの著書を残し、19世紀スウェーデンの社会改革に大きな影響を与えた。ハマーショルド

com.
Dobbins, James, Seth G. Jones, Keith Crane, Andrew Rathmell, Brett Steele, Richard Teltschik and Anga Timilsina, *The UN's Role in Nation-Building: From the Congo to Iraq*. Santa Monica, California: RAND Corporation, 2005.
Hammarskjöld, Dag, *Introduction to the annual report of the Secretary-General on the work of the Organization, 16 June 1960–15 June 1961*. A/4800/Add.1, 21 August 1961.
⑩ Hammarskjöld, Dag, *Vägmärken*. Stockholm: Bonnier, 1963. English translation by Leif Sjöberg and W. H. Auden. *Markings*. New York: Knopf, 1964.
Mack, Andrew (ed.), *Human Security Report 2005*. New York and Oxford: Oxford University Press.
⑪ UN, *Report of the Panel on United Nations Peace Operations*. A/55/305, S/2000/809, 21 August 2000.
Urquhart, Brian, *Hammarskjold*. New York: W.W. Norton & Co, 1994.

Malin Herwig

Foote, Wilder (ed.), *Servant of Peace: A Selection of the Speeches and Statements of Dag Hammarskjöld, Secretary-General of the United Nations 1953–1961*. New York: Harper & Row, 1963.
⑫ Hammarskjöld, Dag, *Vägmärken*. Stockholm: Bonnier, 1963. English translation by Leif Sjöberg and W. H. Auden. *Markings*. New York: Knopf, 1964.

注および邦訳が出版されているもの

❶本章はダグ・ハマーショルドの国家公務員時代のキャリアに関する最新の研究資料に基づいて執筆されたもので、上述のリストのほかにストックホルム王立図書館のダグ・ハマーショルド・コレクションおよび政府失業対策委員会、スウェーデン財務省、ストックホルム大学、スウェーデン外務省、スウェーデン労働運動に保管されている各記録文書を参考とした。
❷浅野敏夫・佐川和茂訳『スタインベック書簡集：手紙が語る人生—スタインベック全集19』、日本スタインベック協会監修、大阪教育図書、1996年
❸『スウェーデン観光協会年鑑1962年』に掲載されたダグ・ハマーショルドによる最後の寄稿「Slottsbacken」の英訳（英語題名："Castle Hill"）はダグ・ハマーショルド財団の公式サイトよりダウンロード可能。http://www.dhf.uu.se/publications/other-publications/castle-hill/
❹鵜飼信成訳『道しるべ』みすず書房、1967年
❺合田正人・松井久訳『創造的進化』ちくま学芸文庫、2010年
❻佐藤誠・安藤次男他訳『国際理論三つの伝統』日本経済評論社、2007年
❼鹿島平和研究所訳『ウ・タント伝—平和を求めて』鹿島研究所出版会、1968年
❽鵜飼信成訳『道しるべ』みすず書房、1967年
❾中村恭一訳『炎と砂の中で—PKO（国連平和維持活動）に生きたわが人生』毎日新聞社、1991年
❿鵜飼信成訳『道しるべ』みすず書房、1967年
⓫国連広報センター『国際連合平和活動に関するパネル報告書』http://www.unic.or.jp/security_co/pdf/a_55_305_j.pdf よりダウンロード可能。

⓬鵜飼信成訳『道しるべ』みすず書房、1967年

sembly, New York, USA, 23 September 2003. Available at http://www.un.org/webcast/ga/58/statements/sg2eng030923

Boutros-Ghali, Boutros, Cyril Foster Lecture given at the University of Oxford, England, 15 January 1996. UN Press Release SG/SM/5870/Rev.1., 12 January 1996.

Cyril Foster Lecture given at the University of Oxford, England, 13 May 1986. In *United Nations, Divided World*. Adam Roberts and Benedict Kingsbury (eds.). Oxford: Clarendon Press, 1993.

Hammarskjöld, Dag, Speech to the UN-staff, 1 May 1953. SG/299

Hammarskjöld, Dag, *The International Civil Servant in Law and in Fact: A Lecture delivered to the Congregation on 30 May 1961*. Oxford: Clarendon Press, 1961.

Thakur, Ramesh, *The Political Role of the Secretary-General*. Unpublished. United Nations University, 2004.

Thant, U, *View from the* UN. New York: Doubleday, 1978

Urquhart, Brian, *Hammarskjold*. New York: Knopf, 1972.

Urquhart, Brian, "International Peace and Security: Thoughts on the Twentieth Anniversary of Dag Hammarskjold's Death". *Foreign Affairs*, Fall 1981.

James O. C. Jonah

Barros, James, *Betrayal from Within: Joseph Avenol, Secretary-General of the League of Nations*. New Haven and London: Yale University Press, 1969.

Beskow, Bo, *Dag Hammarskjöld: Strictly Personal, A Portrait*. Garden City, New York: Doubleday, 1969.

❼ Bingham, June, *U Thant – The Search for Peace. A Biography*. New York: Knopf, 1966.

Boutros-Ghali, Boutros, *Unvanquished – A* US *and* UN *Saga*. New York: Random House, 1999.

Cordier, Andrew W, *The Quest for Peace – The Dag Hammarskjöld Memorial Lectures*. New York and London: Columbia Unievrsity Press, 1965.

Foote, Wilder (ed.), *Servant of Peace: A Selection of the Speeches and Statements of Dag Hammarskjöld, Secretary-General of the United Nations 1953–1961*. New York: Harper & Row, 1963.

❽ Hammarskjöld, Dag, *Vägmärken*. Stockholm: Bonnier, 1963. English translation by Leif Sjöberg and W. H. Auden. *Markings*. New York: Knopf, 1964.

Hoskyns, Catherine, *The Congo since independence, January 1960–December 1961*. New York and Toronto: Oxford University Press, 1965.

Kalb, Madeleine G, *The Congo Cables*. New York: Macmillan Publishers Co., 1982.

Lash, Joseph P, *Dag Hammarskjöld – Custodian of Brushfire Peace*. New York: Doubleday and Company, 1961.

Meron, Theodor, *The United Nations Secretariat*. Lexington, Massachusetts and Toronto: Lexington Books, D.C. Heath and Company, 1977.

Miller, Richard I, *Dag Hammarskjöld and Crisis Diplomacy*. Oceana Publications Inc., 1961.

O'Brien, Conor Cruise. *To Katanga and Back – A* UN *Case History*. New York: The Universal Library, Grosset and Dunlap, 1962.

Padelford, Norman J. and Leland M. Goodrich (eds.), *The United Nations in the Balance*. Washington and London: Frederick A Praeger Publishers, 1965.

Romulo, Carlos P. and Beth Day Romulo, *Romulo – A Third World Soldier at the* UN. New York: Praeger, 1987.

Stople, Sven, *Dag Hammarskjöld – A Spiritual Portrait*. New York: Charles Scribner's Sons, 1966.

Urquhart, Brian, *Hammarskjold*. New York: Knopf, 1972.

❾ Urquhart, Brian, *A Life in Peace and War*. New York: Harper & Row, 1987.

Jean-Marie Guéhenno

Collier, Paul and Anke Hoeffler, "The Challenge of Reducing the Global Incidence of Civil War". Paper for the Copenhagen Consensus 2004, 26 March 2004. Availaible at http://www.copenhagenconsensus.

cles 1949–1976. Vol. 1. Beijing: Party Literature Publishing House of the CCCPC.
UN, General Assembly Resolution 906 (IX), 10 December 1954.

Per Lind and Bengt Thelin

Unpublished sources:
The Royal Library, Stockholm,
Dag Hammarskjöld collection L 171 and Hjalmar Hammarskjöld collection L 175

Published sources:
Beskow, Bo, *Dag Hammarskjöld: Strictly Personal, A Portrait*. Garden City, New York: Doubleday, 1969.
Cordier, Andrew W. and Wilder Foote (eds.), *Public Papers of the Secretaries-General of the United Nations. Volume II–V: Dag Hammarskjöld 1953–1961*. New York and London: Columbia University Press, 1972–1975.
Dag Hammarskjöld Foundation, *Development Dialogue* 1987:2, 1997:1–2, 2001:1
Fröhlich, Manuel, *Dag Hammarskjöld und die Vereinten Nationen. Die politische Ethik des UNO-Generalsekretärs*. Paderborn, Münich, Vienna and Zürich: Schönigh, 2002.
Foote, Wilder (ed.), *Servant of Peace: A Selection of the Speeches and Statements of Dag Hammarskjöld, Secretary-General of the United Nations 1953–1961*. New York: Harper & Row, 1963.
Little, Marie-Noëlle (ed.), *The Poet and the Diplomat*. Syracuse, New York: Syracuse University Press, 2001.
❷ Elaine Steinbeck and Robert Wallsten (eds.), *Steinbeck: A Life in Letters*. New York: Viking, 1975.
❸ *Svenska Turistföreningens Tidskrift*. Stockholm: Swedish Touring Association, 1962.
Thelin, Bengt, *Dag Hammarskjöld. Barnet–Skolpojken–Studenten*. Stockholm: Carlsson, 2001.
Urquhart, Brian, *Hammarskjold*. New York: Knopf, 1972.

KG Hammar

❹ Hammarskjöld, Dag, *Vägmärken*. Stockholm: Bonnier, 1963. English translation by Leif Sjöberg and W. H. Auden, *Markings*. New York: Knopf, 1964.

Manuel Fröhlich

Annan, Kofi, *Die Vereinten Nationen im 21. Jahrhundert. Reden and Beiträge 1997–2003*, Manuel Fröhlich (ed.). Wiesbaden: Verlag für Sozialwissenschaften, 2004.
Archer, Clive, *International Organizations*. Third edition, London and New York: Routledge, 2001.
❺ Bergson, Henri, *Creative Evolution*. Westport, Connecticut: Greenwood Press, 1975.
Cordier, Andrew W. and Wilder Foote (eds.), *Public Papers of the Secretaries-General of the United Nations. Volume II–V: Dag Hammarskjöld 1953–1961*. New York and London: Columbia University Press, 1972–1975
Fröhlich, Manuel, *Dag Hammarskjöld und die Vereinten Nationen. Die politische Ethik des UNO-Generalsekretärs*. Paderborn, Münich, Vienna and Zürich: Schönigh, 2002.
Urquhart, Brian. *Hammarskjold*. New York: W.W. Norton & Co, 1994.
Weiss, Thomas George, David P. Forsythe and Roger A. Coate, *The United Nations and Changing World Politics*. Fourth edition. Boulder, Colorado: Westview Press, 2004.
❻ Wight, Martin, *International Theory. The Three Traditions*. Gabriele Wight and Brian Porter (eds.). New York: Holmes & Meier, 1992.
Zacher, Mark W, *Dag Hammarskjold's United Nations*. New York, London: Columbia University Press, 1970.

Shashi Tharoor

Annan, Kofi, Speech at the Council on Foreign relations, New York, USA, 19 January 1999. Available at http://www.cfr.org/pub3110/kofi_annan/remarks_by_kofi_annan.php.
Annan, Kofi, "Dag Hammarskjöld and the 21st Century." Lecture given at Uppsala University, Sweden, 6 September 2001. UN Press Release SG/SM/7941, 6 September 2001.
Annan, Kofi, Speech at the UN General As-

参考文献一覧

（白ヌキ数字は邦訳書の紹介などを意味する）

Hans Landberg

Appelqvist, Örjan, *Bruten brygga: Gunnar Myrdal och Sveriges ekonomiska efterkrigspolitik 1943–1947*. Stockholm: Santérus, 2000.

Erlander, Tage, *Dagböcker 1945–1949, 1950–1951, 1952, 1953*. Hedemora: Gidlund, 2001, 2002, 2003.

Hammarskjöld, Dag, *Ungdomsårens vittnesbörd: brev och uppteckningar 1925–1931*. Karl E. Birnbaum (ed.). Stockholm: Kungl. Samf. för utgivande av handskrifter rörande Skandinaviens historia, 2001.

Henriksson, Rolf G. H. (ed.), *Konjunkturinstitutet under Erik Lundbergs tid: Tillbakablickar vid 50-årsjubileet*. Stockholm: Konjunkturinstitutet, 1987.

Karlsson, Birgit, "Sweden and the OEEC, 1947–50: Walking the Tightrope." *Scandinavian Economic History Review* 44, no. 3 (1996): 222–243

af Malmborg, Mikael, *Den ståndaktiga nationalstaten: Sverige och den västeuropeiska integrationen 1945–1959*. Lund: Lund University Press, 1994.

Sévon, Cay, *Visionen om Europa: Svensk neutralitet och europeisk återuppbyggnad 1945–1948*. Helsinki: Soumen historiallinen seura, 1995.

Silva, Charles, *Keep them strong, keep them friendly: Swedish-American relations and the Pax Americana, 1948–1952*. Doctoral thesis, Stockholm University, 1999.

Thelin, Bengt, *Dag Hammarskjöld. Barnet–Skolpojken–Studenten*. Stockholm: Carlsson, 2001.

Undén, Östen, *Anteckningar.1918–1952* and *Anteckningar. 1952–1966*. Karl Molin (ed.). Stockholm: Kungl. Samf. för utgivande av handskrifter rörande Skandinaviens historia, 2002.

Wadensjö, Eskil, "Före Stockholmsskolan: Arbetslöshetsutredningen, Ernst Wigforss och Gösta Bagge." *Ekonomisk Debatt* 4 (1987).

Wadensjö, Eskil, "The Committee on Unemployment and the Stockholm School." In Lars Jonung (ed.), *The Stockholm School of Economics revisited*. Cambridge: Cambridge University Press, 1991.

Wigforss, Ernst. *Minnen III 1932–1949*. Stockholm: Tiden, 1954.

❶ The chapter is based on current research aimed at assembling material for a presentation of Dag Hammarskjöld's career as a civil servant. Besides the sources listed above, the author has drawn on the Dag Hammarskjöld collection in the Stockholm Royal Library, the archives of the Unemployment Commission, the Swedish Ministry of Finance archives, the Stockholm University archives, the archives of the Swedish Ministry for Foreign Affairs in the National Archives, and collections in the Swedish Labour Movement Archives.

Qu Xing

Boudrou, Thomas, *Sheathing the Sword: The* UN *Secretary-General and the Prevention of International Conflict*. New York: Greenwood Press, 1991.

Collections of Documents on the Foreign Relations of the People's Republic of China, 1954–1955. Vol. 3. Beijing: World Affairs Publishing House, 1958.

"Foreign Ministry Spokesman Denouncing the Embargo Resolution against China and the DPRK Illegally Adopted by the US-Manipulated UN General Assembly." In *Collections of Documents on the Foreign Relations of the People's Republic of China*. Vol. 2. Beijing: World Affairs Publishing House, 1958.

Minutes of Talks between Premier Zhou EnLai and UN *Secretary-General HZ, 6–10 January 1955*. Beijing: Foreign Ministry archives.

Party Literature Research Center of the CPC Central Committee, *Zhou EnLai's Chroni-*

7．K・G・ハンマル（K.G. Hammar, 1943〜）（スウェーデン）
スウェーデンの聖職者。1997年〜2006年ウプサラ大司教およびスウェーデン教会の教会長を兼務。キリスト教神秘主義の立場をとり、ダグ・ハマーショルドの『道しるべ』の長年の愛読者でもある。

第3部

8．マヌエル・フレーリッヒ（Manuel Fröhlich）（ドイツ）
ドイツのフリードリヒ・シラー（Friedrich Schiller）大学、国際政治学教授。博士論文「Dag Hammarsjkörd und die Vereinten Nationen（ダグ・ハマーショルドと国連）」（2002年）など、国連、ダグ・ハマーショルド、主権国家、平和維持活動についての著書多数。

9．シャシ・タルール（Shashi Tharoor, 1956〜）（インド）
インドの政治家。1978年より国連職員となり、国連高等弁務官（UNHCR）や国連平和維持軍に関するポストを歴任したのち、1996年にコフィ・アナン事務総長の補佐となり、国連広報担当事務次長に就任（2001年1月〜2007年2月）。その後インドに戻り、国会議員となりインド外務大臣（2009年〜2010年）、人材開発大臣（2012年〜）を歴任。執筆家でありコラムニスト。これまでに小説三作品を含む著書八作品を出版し、多くの文学賞を授賞。

10．ジェームス・O・C・ジョナー（James O. C. Jonah, 1934〜）（シエラレオネ）
30年以上国連事務局に勤務し、その間、国連人事局事務次長補（1979年〜1982年）や国連政務事務次長（1992年〜1994年）などを歴任。その後、シエラレオネに戻り、国連大使（1996年〜1998年）、財務・開発・経済担当大臣を務める（1998年〜2001年）。現在は、ラルフ・バンチ国際関係学研究所の上級研究員。

11．ジャン・マリー・ゲーノ（Jean-Marie Guéhenno, 1949〜）（フランス）
2000年10月〜2008年8月まで国連平和維持活動担当事務次長を務める。法律家、判事、外交官、パリ政治学院（l'Institut d'études politiques de Paris）教授などの職歴をもつ。現在は、コロンビア大学国際紛争解決センターのセンター長を務める。政治哲学と政治史についての著書多数。「La fin de la démocratie（民主主義の終焉）」（1993年）と「L'avenir de la liberté（自由の未来）」（1999年）の著者。

12．ドロシー・V・ジョーンズ（Dorothy V. Jones）（アメリカ）
シカゴのニューベリー図書館（Newberry Library）の駐在研究員、米国ノースウェスタン大学歴史学の研究者であり、国際関係における倫理問題をテーマに研究活動に従事している。「Code of Peace: Ethics and Security in the World of the Warlord States（平和の規範：軍事国家の世界における倫理と安全保障）」（1991年）と「Toward a Just World: The Critical Years in the Search for International Justice（国際正義を求めて：20世紀前半の国際司法史）」（2002年）など著書多数。

終．マリン・ヘルヴィグ（Malin Herwig）（スウェーデン）
国連開発計画（UNDP）カザフスタン貧困削減チーム責任者。スウェーデンの市民団体「ピースクエスト（Peace Quest）」および「スウェーデン全国青年団協議会」の前会長、ヨーテボリ委員会のメンバー。

筆者紹介

第1部

1. ブライアン・アークハート卿（Sir Brian Urquhart, 1919～）（イギリス）
第2次世界大戦中はイギリス軍に在籍（1939年～1945年）。戦後は、イギリスの外交官として国際連合設立準備委員会の執行委員会のメンバーとなり、国連事務局の設立に従事する。その後、国連設立時の事務総長代行グラッドウィン・ジェブ、第一代事務総長トリグブ・リー、第2代事務総長ダグ・ハマーショルドの側近として従事する。特にハマーショルドの任期中は主要な顧問の一人としてハマーショルドの政策を支えた。特別政務部に就任しラルフ・バンチの代理を務める。1972年～1986年、特別政務部事務次長に就任。著書に、「Hammarskjörd（ダグ・ハマーショルド）」（1972年）、「A Life in Peace and War（邦題：炎と砂の中で――PKO（国連平和維持活動）に生きたわが人生）」（1987年）、「Ralph Bunche: An American Odyssey（ラルフ・バンチ：アメリカのオデュッセイ）」（1998年）。

2. ハンス・ランドベリ（Hans Landberg）（スウェーデン）
歴史学の教授および上級講師。スウェーデン調査計画調整協議会（the Council for Planning and Coordination of Research）の元事務局長。

3. 曲　星（Qu Xing）（中国）
政治学博士。1985五年以来、中国外交学院で教務をとり、のちに副院長に就任。その後、駐フランス大使（2006年～2009年）などを経て、現在は中国国際問題研究所所長を務める。

4. セルゲイ・フルシチョフ（Sergei Khrushchev, 1935～）（ロシア）
旧ソ連党首兼首相ニキータ・フルシチョフの息子。モスクワ工科大学にて工学博士を修得し、ソ連の軍事技術の開発に従事する。1991年ソ連崩壊を機にアメリカに移住し、1999年に帰化する。フルシチョフ晩年の回想録の共著者。現在は米国ブラウン大学の上席研究員を務める。

5. スヴェルケル・オストロム（Sverker Åström, 1915～2012）（スウェーデン）
スウェーデン大使。1939年～1982年までスウェーデン外務省に勤務。その間、国連大使（1964年～1970年）、外務長官（1972年～1977年）、駐フランス大使（1978年～1982年）などを歴任。1968年には地球環境問題への取り組みを国連総会で初めて提案し、1972年のストックホルム国連人間環境会議の開催を実現した。スウェーデン外務省ではダグ・ハマーショルドの同僚であり、個人的な友人でもあった。

第2部

6. ペール・リンド（Per Lind）（スウェーデン）
スウェーデン大使。1951年に外務省欧州担当協議会に就任し、そこでダグ・ハマーショルドと出会う。1953年にダグ・ハマーショルドが第2代国連事務総長に就任する際には、ハマーショルドからニューヨークに同行するように依頼され、1956年までダグ・ハマーショルドの専属補佐として彼の職務を支えた。その後、スウェーデン外務省に戻り、外務省の主要ポストを歴任したのち、カナダ、オーストラリア、イギリスなどで大使を務める。

   ベングト・テリン（Bengt Thelin）（スウェーデン）
神学修士号・博士号。スウェーデン教育庁の元教育長官。ハマーショルドの研究家であり、「Dag Hammarskjörd. Barnet−Skolpojken−Studenten（ダグ・ハマーショルド　幼年期－学童－学生）」（2001年）を含む著書多数。

訳者紹介

光橋　翠（みつはし・みどり）

1977年、東京に生まれる。

1996年、国際基督教大学（国際関係学科）に入学し、在籍中に米国ジョージタウン大学へ留学。

2002年、東京大学大学院新領域創成科学研究科にて国際環境協力を専攻し、修士号を取得。

スカンジナビア政府観光局、米国ウィリアム・J・クリントン財団を経て、現在は、サステナブル・アカデミー・ジャパン副代表として持続可能な社会のための人材育成事業に従事。

編著書として、『幼児のための環境教育――スウェーデンからの贈りもの「森のムッレ教室」』（新評論、2007年）がある。

世界平和への冒険旅行

――ダグ・ハマーショルドと国連の未来――

2013年7月10日　初版第1刷発行

訳　者　光　橋　　翠

発行者　武　市　一　幸

発行所　株式会社　新　評　論

〒169-0051
東京都新宿区西早稲田3-16-28

電話　03(3202)7391
振替　00160-1-113487
http://www.shinhyoron.co.jp

装丁　山田英春
印刷　フォレスト
製本　清水製本所

定価はカバーに表示してあります。
落丁・乱丁本はお取り替えします。

ISBN978-4-7948-0945-2
Printed in Japan

新評論　好評既刊

R.ブレット＆M.マカリン／渡井理佳子訳

世界の子ども兵［新装版］

見えない子どもたち

26 カ国に及ぶ現地調査を通じ，子どもたちを戦場から救い出す方途を提示。2004 年の大ヒット映画『イノセント・ボイス 12 歳の戦場』が訴えているものを知る最良の書!

［A5 並製　300 頁　3360 円　ISBN978-4-7948-0794-6］

H.M.エンツェンスベルガー編／小山千早訳

武器を持たない戦士たち

国際赤十字

『数の悪魔』の著者が贈る，いのちの戦いの歴史!　人命を救うため丸腰で戦火に立ち向かった人々＝赤十字委員会の起源と歴史を詳説した，他に類を見ない「赤十字史」。

［四六上製　304 頁　2520 円　ISBN4-7948-0603-5］

J.ブリクモン／緒言：N.チョムスキー／菊地昌実訳

人道的帝国主義

民主国家アメリカの偽善と反戦平和運動の実像

「テロとの戦い」を標榜するアメリカを中心に展開されてきた戦争正当化のイデオロギーと，政治・経済システムの欺瞞を徹底的に暴き，対抗の道筋を提示。保阪正康氏絶賛!　（2012.1.8 朝日）

［四六上製　312 頁　3360 円　ISBN978-4-7948-0871-4］

＊表示価格はすべて消費税（5%）込みの定価です

新評論　好評既刊

M.クレポン／白石嘉治編訳／付論：桑田禮彰・出口雅敏

文明の衝突という欺瞞

暴力の連鎖を断ち切る永久平和論への回路

「9.11」で「テロの恐怖」に脅えた世界は，S.ハンチントンが 1996 年に発表した「文明の衝突」論に飛びついてしまった——今，その破局のシナリオを批判的に再考し，平和への思考を編み直す。

[四六上製　228 頁　1995 円　ISBN4-7948-0621-3]

勝又郁子

クルド・国なき民族のいま

「民族の世紀」といわれた 20 世紀，「国を持たない民族」は何を思い，どのように戦い続けてきたか。中東で出会ったクルドの人々の声に耳を傾け，その歴史と記憶を丹念に記録する。

[四六上製　320 頁　2730 円　ISBN4-7948-0539-X]

中野憲志編

藤岡美恵子・LEE Heeja・金朋央・宋勝哉・寺西澄子・越田清和・中野憲志著

制裁論を超えて

朝鮮半島と日本の〈平和〉を紡ぐ

「北朝鮮問題」の解明と真の解決のために！「平和国家」日本の二重基準政治に加担する私たち自身の植民地主義を批判的に剔出し，〈市民の連帯〉に基づく平和への思想を紡ぎ直す。

[四六上製　290 頁　2730 円　ISBN978-4-7948-0746-5]

＊表示価格はすべて消費税（5%）込みの定価です

新評論　好評既刊

林　幸子

テレジンの子どもたちから

ナチスに隠れて出された雑誌「VEDEM」より

チェコ・テレジンのユダヤ人強制収容所で，劣悪な環境のもと，家族と隔離されて暮らしていた少年たち。彼らが密かに発行し続けた雑誌に込められた心の叫びを丁寧に再現する。

[A5 並製　234 頁　2100 円　ISBN4-7948-0488-1]

谷　喬夫

ナチ・イデオロギーの系譜

ヒトラー東方帝国の起原

ナチズムは絶滅政策だけでは解明できない――そのユートピア計画の系譜を 19 世紀思想史の中に丹念に位置づけ，「蛮行の理由」を明らかにすることでナチ思想研究の空白を埋める意欲作。

[四六上製　256 頁　2415 円　ISBN978-4-7948-0924-7]

富永孝子

深海からの声

U ボート 234 号と友永英夫海軍技術中佐

ドイツ潜水艦 U ボート内で自決した日本海軍技術士官とその家族らへの丹念な取材を通じ，「戦争の現実と不幸を語り継ぐこと」の意味を“戦後 60 年”を機に問い直す。構想 20 年の渾身作!

[四六上製　454 頁　2940 円　ISBN4-7948-0663-9]

＊表示価格はすべて消費税（5%）込みの定価です